U0461579

法|学|研|究|文|丛
——— 金融法学 ———

金融衍生工具原理、构造与法律制度

阳东辉 ◉ 著

知识产权出版社
全国百佳图书出版单位
— 北京 —

图书在版编目（CIP）数据

金融衍生工具原理、构造与法律制度／阳东辉著 . —北京：知识产权出版社，2023.9

ISBN 978－7－5130－8593－9

Ⅰ.①金…　Ⅱ.①阳…　Ⅲ.①金融衍生产品—金融法—研究—中国

Ⅳ.①D922.280.4

中国国家版本馆 CIP 数据核字（2023）第 077268 号

责任编辑：彭小华　　　　　　　　责任校对：王　岩

封面设计：智兴设计室　　　　　　责任印制：孙婷婷

金融衍生工具原理、构造与法律制度

阳东辉　著

出版发行：**知识产权出版社** 有限责任公司	网　　址：http：//www. ipph. cn
社　　址：北京市海淀区气象路 50 号院	邮　　编：100081
责编电话：010－82000860 转 8115	责编邮箱：huapxh@ sina. com
发行电话：010－82000860 转 8101/8102	发行传真：010－82000893/82005070/82000270
印　　刷：北京九州迅驰传媒文化有限公司	经　　销：新华书店、各大网上书店及相关专业书店
开　　本：880mm×1230mm　1/32	印　　张：13.75
版　　次：2023 年 9 月第 1 版	印　　次：2023 年 9 月第 1 次印刷
字　　数：331 千字	定　　价：88.00 元

ISBN 978－7－5130－8593－9

前　言

　　2008 年因美国抵押贷款市场破产引发的金融危机造成了全球金融市场的大动荡，这种金融动荡造成的金融市场功能障碍直到今天仍未完全消除。我们从血与泪的教训中认识到，金融领域比国际社会原来想象的更为脆弱。

　　金融系统的脆弱性主要基于以下多种原因：金融衍生工具的复杂性让人们看不到风险的存在；衍生工具的杠杆效应加剧了金融产品的供需失衡；信用评级不透明摧毁了投资者的信心；全球金融市场的普遍联系让各国央行独力难撑。

　　金融危机过后，各国对金融监管制度进行反思，直接催生了 2013 年《巴塞尔协议Ⅲ》的出炉，其核心内容是提高最低资本金的比率要求。随后，我国银行业监督管理部门也及时跟进，颁布了《商业银行资本管理办法（试行）》，构建了包含资本要求、杠杆率、拨备率和流动性要求四大金融监管工具的新框架。但是，巴塞尔协议只是协调全球银行监管规则的最低标准，对于期货、期权、互换等衍生工具的监管而言，其作用十分有限：首先，金融衍生工具交易过程的复杂性降低了企业资产负债表的透明度，更难以确定金融体系中风险的分布规律；其次，衍生工具允许金融公司采取复杂的交易策略，这涉及多个金融市场，其流动性假定必须接受压力测试；最后，新的金融工具与技术进步加快了资产价格对冲击的反应速度，从而减少了中央银行的反应时间。

金融衍生工具给金融市场带来了革命，同时，将风险管理带进了现代社会。对于那些希望控制金融风险以及通过金融工具投资获取收益的人而言，迫切需要了解衍生工具的运行机理、风险管理方法和法律监管框架。

本书在对金融衍生工具进行类型化研究的基础上，试图构建金融衍生工具法律监管的基本框架，同时，结合后危机时代国际金融监管立法的最新发展，未雨绸缪，为我国金融衍生工具监管立法的改革与完善提出相应的建议。期望读者通过对本书的学习，能够对各种金融衍生工具投资业务所涉及的系统性风险有清晰、全面的了解；同时，希望本书的出版能够为我国金融衍生工具法律监管的理论研究和立法、执法与实务工作提供参考和借鉴。

阳东辉

2023 年 6 月

目录

CONTENTS

| 第一篇 |

金融衍生工具基本原理

第一章

金融衍生工具概论

概念（concept）和范畴（category）是人类理性思维的基本形式，是人类认识经验的科学概括，概念与范畴是主观思维形式与客观内容的统一体，这两个概念之间没有实质区别。如果人类在认识过程中没有产生新的概念、范畴，那就意味着对客体的认识还停留在感性阶段，还没有进入理性思维阶段，还谈不上理论活动和理论表现。❶ 概念、范畴及其体系的科学性和成熟度是衡量人类社会一定历史阶段理性思维水平的标尺，也是各门科学成熟与否的判断标准。研究金融衍生工具法律监管制度必须从金融衍生工具的基本概念和范畴入手，逐步展开。本书第一章主要厘定金融衍生工具的基本概念和范畴，从而奠定本书研究的逻辑起点和基本框架。

---

❶ 张文显：《法哲学范畴研究》，中国政法大学出版社 2001 年版，绪论部分。

第一节 金融衍生工具概念的界定

概念是思维的基本单位，在法学研究中，它是法律逻辑的起点，是法学研究的基本单元和必备工具。没有内涵和外延精确的专门概念，法律问题无法解决，法学研究也无从展开，法学实践也会迷雾重重。没有概念，我们便无法将我们对法律的思考转变为语言，也无法以一种可理解的方式把这些思考传达给他人。如果我们试图完全抛弃概念，那么整个法律大厦就将化为灰烬。● 从历史上看，科学研究，尤其是理论研究，在某种意义上就是提出、分析、论证和积累概念的过程。● 研究金融衍生工具法律监管制度，首先必须对其基本构成要素——金融衍生工具的概念予以确定和界分。

一、金融衍生工具的概念

《巴伦金融投资词典》将金融衍生工具定义为"其价值取决于基础金融资产、指数和其他投资业绩的合同"。● 根据金融衍生工具的定义，这种工具的价值源于基础金融资产、指数或者其他投资的业绩表现。基础资产或者指数的市场走势造成了金融衍生工具公允市场价值或者现金流的波动。典型的基础资产或者指数包括利率掉期、伦敦同业拆借利率（LIBOR）、远期原油合约价格、

● ［美］E. 博登海默：《法理学——法律哲学与法律方法》，邓正来译，中国政法大学出版社 1999 年版，第 486 页。
● 张文显：《法哲学范畴研究》，中国政法大学出版社 2001 年版，绪论部分。
● Barron's Dictionary of Finance and Investment Terms 136（4th ed. 1995）.

外汇期权即期汇率。"基础资产"的变化幅度取决于名义金额。名义金额的价值或者数量是固定的，且通常不会易手。名义金额通常包括利率掉期本金额、小麦期货合约蒲式耳定额或者法国法郎外汇远期合约金额。

金融衍生工具的作用类似于保险单，许多类型的金融衍生工具（比如金融互换）之所以被创设，其目的在于满足投资者对冲投资损失的需求。许多金融衍生工具的变量组合可以还原成远期产品和期权产品。可以这样说：金融衍生工具主要是作为风险管理的工具和规避金融风险的基本形式出现的。

由于新型金融衍生工具以及新的衡量和管理公司财务风险的方法的出现，公司的财务现状发生了改变。通过使用金融衍生工具，公司不再受制于利率、汇率以及商品和不动产的价格变化，从而能够"躲避真实世界的喧嚣"。金融衍生工具能够分散财务风险，将产品内容分割进行交易，从而实现特定的风险管理目标。为了完成这一目标，企业会要求交易商或经纪人购买或签署金融衍生合约。这使得企业在确保科学管理的前提下承担一定的风险，并将其余的风险转移给更愿意承担风险的其他企业。金融衍生工具能够给企业和机构投资者提供一种将投资与潜在损失隔离开来的工具，因为合理使用金融衍生工具可以使企业抵御利率、外汇、商品价格和质量变动方面的风险，稳定现金流的速度、精度和灵活性，从而控制潜在的损失，降低交易成本。另外，金融衍生工具还给企业和投资者提供了一种投机获利的机会，保证金制度和基础资产价格的诡异多变为广大投机者创造了以小博大的赢利机会。相对于现货交易，投资衍生工具更符合成本效益原则，因为保证金制度能够降低交易成本，发挥杠杆效应。

金融衍生工具的独特之处在于合同当事人不用在初始阶段投

资或者兑换名义金额，它表现为对基础资产或者指数的价值变换进行投资。譬如，名义金额 1000 万元的浮动利率与相同名义金额的固定利率交换，无人支付或收受 1000 万元，只需用名义金额乘以固定利率与浮动利率之差，即可确定双方需要交换多少现金。

二、金融衍生工具的特征

（一）跨期性

金融衍生工具一般是依据交易双方对未来利率、汇率、股价等基础金融资产或指数变动趋势的判断，约定在未来某一确定时间进行交易的合约。金融衍生工具交易的盈亏水平直接取决于交易双方对未来价格因素预测的准确性，其价值一直处于变化之中，是一种未定权益。因此，金融衍生工具跨期交易特点突出。

（二）不确定性

由于金融衍生工具是基于投资者对未来的利率、汇率等价格变动趋势的判断，因此，合约的价值会随着市场利率、汇率等的变化而变化，可以说，金融衍生工具参与者的利益是不确定的，相当于"射幸合同"。金融衍生工具基础资产价格的变幻莫测，决定了交易双方盈亏的前途未卜，这也是金融衍生工具风险很高的一个重要原因。

（三）杠杆性

金融衍生工具只要求参与者交纳一定数额的保证金，这笔保证金只为交易金额的一定百分比，通常为 10%～15%，以达到以小博大的效果。当市场价格变化与自己的预测方向相反时，投资者会遭受巨大的损失。由于金融衍生工具的杠杆效应，基础工具价格的轻微变动，就会使投资者的盈亏成倍放大，这种杠杆效应是金融衍生工具高风险之源。

（四）虚拟性

金融衍生工具的虚拟性是指金融衍生工具能够独立于真实资本之外运行，给投资者带来一定收益的特性。有时交易商在签订金融衍生工具合约时，并不存在该交易标的或者没有符合合同数量的交易标的，但是它们同样可以从事金融衍生工具交易，所以说金融衍生工具具有虚拟性。在所有的金融衍生工具中，证券衍生工具的虚拟性最为明显，因为其基础资产（如股票、债券）本身就是虚拟资本，若衍生工具以此为基础资产，其虚拟性则更加突出。

（五）高风险性

风险与收益总是如影随形，相伴相生，有收益就会有风险，而且收益越高，风险也就越大。金融衍生工具最基本的功能是投机获利，通过以小博大的方式获取高额利润，交易者只需交纳小额保证金就可从事杠杆交易，但一旦市场走势与自己的预测方向相反，甚至相距甚远时，他们则可能损失惨重。因此，金融衍生工具具有高风险性，特别是在监管不健全和投资者不熟悉该产品的情况下，风险性更高。另外，金融衍生工具市场也可能因缺乏交易对手，导致投资者不能平仓或变现，带来流动性风险。

（六）复杂性

与基础工具相比，金融衍生工具的构造比较复杂，除了期货、期权、互换等基本衍生工具，"再衍生工具"更是把期货、期权和互换进行组合，使其构造更为复杂，要求采用高深的数学方法和计算机技术，设计仿真市场模型进行分析，这些复杂的技术和深奥的专业知识往往难以为一般投资者所理解，因此，金融衍生工具的投资者通常需要咨询专业人士或委托专家进行投资理财。

第二节　金融衍生工具的类型

古希腊哲学家亚里士多德是最早对范畴做过系统研究的科学家。他认为范畴是对客观事物的不同方面进行分析归类而得出的基本概念。[1] 我国著名哲学家高海清先生认为："范畴是内容更为抽象、概括性也更大的概念。"[2] 通过对范畴展开研究，可以促进认识的精确化和完善化，以其对事物本质和客观世界规律的正确反映指导人们的行为、提高实践活动的能力和自觉性。[3] 构建范畴体系是一门科学走向成熟的必由之路，任何一门科学总是表现为将已经取得的理性知识的成果——概念、范畴、定律和原理系统化，构成一个科学的理论体系。每个法律部门都有其特有的范畴体系。[4] 笔者认为，金融衍生工具的基本范畴就是对金融衍生工具的基本归类和界分，它反映了金融衍生工具的基本样态和类型，它既是圈定金融衍生工具边界的红线，也是将金融衍生工具具体化和精细化的标尺。

按照不同的标准，金融衍生工具可以分为不同的类型。按照金融衍生工具基础资产即标的资产的不同，可以将金融衍生工具分为汇率衍生工具、利率衍生工具、指数衍生工具、股票衍生工具。[5] 按照产品形态不同，可以分为独立衍生工具和嵌入式衍生工

[1] 杨波、金石："中国特色检察学研究的基本范畴"，载《西部法学评论》2009 年第 1 期。

[2] 高海清：《高海清哲学文存（第 2 卷）》，吉林人民出版社 1997 年版，第 285 页。

[3] 张文显：《法哲学范畴研究》，中国政法大学出版社 2003 年版，绪论部分。

[4] 岳彩申：《论经济法的形式理性》，法律出版社 2004 年版，第 120 页。

[5] 顾功耘主编：《金融衍生工具的法律规制》，北京大学出版社 2007 年版，第 7 页。

具。按照交易场所不同，可以分为交易所交易的衍生工具和场外交易（OTC）的衍生工具。

但是国际上采用的最基本和最普遍的分类方法是按照金融衍生工具自身交易方法的不同，分为远期合约、期货合约、期权合约、掉期合约和结构性金融衍生工具等类型，大多数金融衍生工具都是以此为基础或组合而成的。因此，本节重点介绍此种分类方法。

一、远期/期货

远期是金融衍生工具最基本的形式，它是指用户承诺在指定的日期、以指定的价格购买或者出售某种资产。远期合约具有以下四个主要的特征：第一，当基础资产的价值向一个方向移动时，那么从远期合同中获得的利润等于该基础资产向相反方向运动所遭受的损失；第二，当当事人之间签订远期合约时，并没有现金交易；第三，远期合约到期结算；第四，远期合约主要在场外市场交易，合约内容由交易双方协商确定。最常见的远期合约是互换合约。远期合约的所有者有义务在特定的时间以合同签订时约定的价格（履约价格）购买特定的资产。合同到期后，如果市场价格高于履约价格，合约所有人将获得利润；若到期日市场价格低于履约价格，那么合约所有人将蒙受损失。远期合约的最大功能是转嫁风险，其中最典型的是远期利率协议。远期利率协议可以提前锁定未来的利率成本或收益，它不仅交易方式简单，而且期限灵活方便、成本低，是一种广泛应用的防范国际金融市场上利率变动风险的金融衍生工具。

"远期"或"期货"均是在未来某个时间以约定的价格购买或出售某种资产的协议。同意购买该资产的当事人采取"多头"立场；同意出售该资产的当事人采取"空头"立场。当事人签订远期合约时，他们设定的是交货价格，所以合约的初始价值——成本，对双方当事人来说为零。在到期日前，如果资产价格上升，那么多头市场的价值会增加，同时，空头市场的价值会减少；如果资产价格下降，情况就恰好相反。

远期和期货通常用于套期保值和投机目的。它们能使当事人从远期利率差异中获取套利利润，或者基于期货的相对价格和基础货币市场金融工具，俘获诱人的交易差价。由于期货允许当事人通过保证金方式廉价地举债进行交易，与现货合约相比，它们具有更大的杠杆效应，因此，期货被认为是一种较低成本的投机方式。由于许多期货市场的交易是匿名进行的，而相同基础金融资产的现货交易可能要求公开披露，对于那些关注公开披露或者接受监管机构调查的投资者而言，期货交易比现货交易更具吸引力。此外，期货还可以用来规避账面损失或者用于其他会计和监管目的。

期货交易往往受交易成本因素的驱动。从理论上讲，在完善的资本市场上没有交易成本，因此，根本不需要固定到期日的远期合约；远期合约在经济上相当于长期资产的多头加上短期资产的空头。因此，巨大流动性固定收益期货市场的存在强有力地证明：交易成本严重限制了在货币市场上复制期货交易，降低交易成本是期货交易的强烈动机。期货交易的主要功能是风险转移和价格发现。风险转移功能是指当套期保值者发现期货价格和现货价格存在一种失衡时，他们会同时在两个市场中进行抵销交易以锁定利润。价格发现功能是指通过将众多的影响某种商品价格的供求关系因素集中于期货市场内，以众多的买方和卖方公开竞价的方式，集中确定统一的交易价格，该价格一旦形成，实时公之于众并影响供求关系，从而形成新的价格。期货交易价格既是市场价格的指示器，也是新价格的形成因子。

自 19 世纪 60 年代以来，商品期货交易就在有组织的交易所进行；但是，金融期货交易以 1972 年 5 月 16 日美国芝加哥商品交易所率先推出的外汇期货为标志，该交易所的国际货币市场推出了包括英镑、加拿大元、德国马克、日元、法国法郎等货币在内的货币期货交易，标志着外汇期货交易的正式出现。期货合约与远期合约的相似之处在于二者均要求所有者在合同到期时以指定的合同价格（现货价格）购买特定的资产。二者的不同之处是，期货合约的目的不在于实际交割，而远期合约须持有到合同最终履行；另外，期货交易是在有组织的交易所内完成的，合约的内容，诸如交易品种、规格、质量、交割时间、交割地点都是标准化的，而远期合约则是非标准化的，远期合约的条款内容取决于双方当事人之间的约定。

二、期权

期权是指在将来某个时间以特定的价格购买（看涨期权）或出售（看跌期权）资产的权利。不同于远期合约的当事人，期权的持有人可以选择按照指定的价格、指定的日期购买或者出售基础资产，但是，它不是一种义务，而是一种选择的权利。如果基础资产价格上升，看涨期权持有人会获利颇丰。如果基础资产价格下降，期权持有人将不会行使这种选择权；那么期权持有人将只会损失支付给卖方的佣金。与远期合约不同，考虑到买方在到期日之前或者在到期日享有选择权，现金交易是以佣金的形式支付给卖方。另外，当期权持有人行使购买权或者在到期日之前出售基础资产时，期权必须结算。最后，期权可以在交易所或者场外交易市场交易。

最初出现的期权是 1973 年美国交易所上市交易的股票期权，现在期权已经发展到包括单只股票、股票指数、外汇、债券、商品和期货合约等多种期权类型。在期权合约中，所有者享有购买或者出售资产的权利，而不承担购买或者出售资产的义务。这和远期合约、期货合约、互换合约的所有者不同，因为在这些合约中，所有者具有购买、出售或者交换的义务。期权有两种形式：看涨期权和看跌期权。看涨期权赋予所有人有权在约定的未来某个时间以当前约定的价格购买资产。看跌期权赋予所有人有权在约定的未来某个时间以当前约定的价格出售资产。

每一种期权合约都包括两个方面：购买期权的多头和出售期权的空头。多头，如已购买的看涨期权，实际上是基础资产的一个杠杆支点，因此，投机者通常使用期权来获得杠杆效应。空头可以获得预先支付的现金，但是以后可能具有潜在的赔偿责任，而且通常要求公开保证金。

期权交易的主要目的是获取盈利和回报，以满足市场不能提供或提供过于昂贵的特定需求。事实上，现代金融的中心命题之一是通过使用合适的期权，产生和对冲任何付款义务。期权也可用于投机，以对冲或有负债（或对冲一部分明确的法律责任）以及套利。因此，期权交易的动机与期货交易存在相同之处。

三、互换

互换，也被称为"金融掉期"，它是 20 世纪 80 年代金融创新的产物，于 1981 年被公开引入。虽然互换看起来很复杂，但是，互换的核心问题是涉及直接的远期贷款交易。简单地说，互换是双方当事人之间签订的、约定在特定的期间、按照预定的公式交换现金流的私人协议。互换合约的双方有义务在某段时间兑换或交换特定的现金流。互换是最常见的场外衍生工具，与其他场外衍生工具一样，互换合约的当事方需要承担一定的风险。互换是两个对手之间的协议，在该协议中双方同意相互定期付款。最常见的互换种类是利率互换和货币互换。互换经历了诸多演变，旨在为工业企业、金融机构、银行、保险公司和主权政府的特殊目的服务。互换可以用于降低资金成本、规避管理风险以及在全球资本市场套利。

最基本的互换是"普通"利率互换，即甲方同意向乙方支付约定期限内名义本金的固定利率，同时，乙方同意向甲方支付相同时期和相同本金的浮动利率。利率互换与那些以某种参考利率为基础的远期合约相似，如伦敦同业拆借利率（LIBOR）。相对而言，利率互换更类似于货币互换，两者的不同之处在于：货币互换是以不同的货币进行支付，而利率互换是交付同种的货币。同样，互换和远期交易的经济等价性意味着交易成本会对许多互换交易产生激励作用。否则，互换交易的对方只会从事等值的贷款或远期交易，而不会进行互换交易。

互换交易存在三种基本风险：对方信用风险、市场风险、法律或监管风险。对方的信誉是互换交易中一个特别重要的问题，它会导致许多互换参与人只愿意与信用评级高的对方当事人签订合约。

互换交易的一个重要原因——有大量经验证据支持的理由，就是能够利用不同金融市场之间的套利机会。套利机会往往是因互换收益存在差额和市场上不同利率存在差异而产生。同样，借款人使用互换是为了利用特定借贷市场的比较优势，从而减少固定或浮动利率的借贷成本。互换还为管理资产和负债提供了新的有效方法。对冲互换合约并不需要经常关注和重新平衡期货与期权的对冲情况。也许最重要的是，互换不具有与现金交易相同的资产负债表意义，后者通常包括定期报告要求、最低资本要求及其他监管限制。仅仅是没有资产负债表意义就足以激励交易。

四、结构性票据

结构性票据（Structured Notes）是一种结合固定收益型产品（债券、票据、存单或商业票据）和衍生性金融产品（如期权）的投资工具，它由发行机构发行，将其中大部分的本金投资于固定收益产品，将剩余的少数本金投资于衍生性金融产品，以实现保本与增值的目的。结构性票据是由票据结合其他衍生工具组合而成的，收益率主要与其他金融衍生工具的业绩表现挂钩。常见的有与一揽子股票挂钩的"股票挂钩票据"以及与一家或多家公司信贷业绩挂钩的"信贷挂钩票据"。它是金融中介为了满足发行人或投资者的特定需求而创立或"制定"的。典型的结构性票据由两部分基本的结算组成："依赖商品"的结算，通常依据某些基础金融工具或指数的公式；"与商品无关"的结算，等于某些标准金融工具，常常是零息债券。发行结构性票据通常是作为借款人中期票据（MTN）计划的一部分。

偿还结构性票据的本金和支付利息的数额可能以一个或多个公式为基础。例如，可以保证本金的归还，但是，利息的变化是以某些基础金融工具或指数的业绩为基础。基础金融工具、指数以及发行人的信用都处在不断的变化之中，有时甚至会发生很大的改变。

许多结构性票据可以被看作是零息债券和一个或多个期权的组合。由于结构性票据是由几个不同的"部分"组成，因此，出现了结构性票据的价值是否大于各个组成部分价值总和的问题。

如果结构性票据的价值低于各部分价值之和，那么不清楚为什么信息灵通的投资者会购买结构性票据，而不是购买各个组成部分。如果结构性票据的价值超过了各个组成部分的价值之和，那么特定投资者购买结构性票据的理由就是它可以避免管制成本或者资格条件要求，或者允许投资者购买正常情况下不能购买的"组成部分"。结构性票据是最复杂和最臭名昭著的金融衍生工具，也是最近几年许多广为人知的案件的损失之源。

五、资产证券化

资产证券化是始于 20 世纪 70 年代的一种金融衍生工具创新。它是指将不具有流动性的特定资产池或特定现金流转化为可交易的证券，然后，将它们转让给新成立的特殊目的机构（Special Purpose Vehicle，SPV），再由 SPV 向投资者发行证券的一种融资形式。传统的证券发行是以企业的资本或盈利能力为基础，而资产证券化则是以发起人的特定资产池或现金流为基础。资产证券化的基础资产范围很广，从住房抵押贷款、基础设施建设到应收账款、知识产权、未来收益（如高速公路收费）、债券组合等多种类型。

资产证券化的一般操作流程为：发起人将证券化资产（特定资产组合或现金流）出售给 SPV，然后，SPV 将这些资产汇集成资产池，再以该资产池产生的现金流作为支持来发行证券融资，最后用资产池产生的现金流来偿还投资者的债务。这些证券的质量究竟如何，需要依赖专业机构进行判断，对 SPV 发行的证券进行评级判断的往往是一个或多个独立的评级机构，如标准普尔公司和穆迪投资者服务公司。由于大多数投资者既没有时间也没有资源充分调查他们投资的公司财务状况，这些评级就具有特殊意义，因为投资者依赖这些机构评定的等级来决定他们对特定投资可以获得的最低回报。

关于资产证券化的动机，一种合理的解释是：通过 SPV 证券化比直接借款的成本更低，因为证券化降低了监督成本。一般来说，SPV 的唯一资产是它购买的金融工具，它唯一的义务与它发行的证券有关。由于享受破产豁免的 SPV 能够将证券的付款来源与发行人的其他风险予以隔离，因此，在很大程度上排除了监管发行人财务状况的需求。特殊目的公司还可以作为一种分离金融工具现金流的组织，同时，通过根据不同的评估等级分离现金流的方式来创造杠杆效应。SPV 最常见的交易动机是享有税收和会计处理方面的优惠待遇。

六、新型金融衍生品

随着全球化的发展，我们会遇到许多新型的场外远期、期权、互换以及其他金融衍生工具，包括神秘的按揭衍生产品、利率衍生品和外国期权。毫无疑问，新型金融衍生工具的主要用途是投机。新型金融衍生工具允许投机者依据自己对一个或多个金融衍生工具或指数的狭隘的、具体的理解，采取非常具体的杠杆立场。然而，即使最精明的投资者也不能完全理解深奥的金融衍生产品存在的风险。

推动金融衍生工具交易的最大动力来自金融中介机构收取的费用的激励。由于金融衍生工具日益普及，来自金融衍生工具交易和结构化产品的利润率有所下降，因此，金融中介机构设法创造出更多的新型金融衍生品，以期获得更多的利润。金融中介机构创设了许多购买者不能发现"隐藏"成本和费用的复杂的互换和结构性票据。

第三节　金融衍生工具的功能

自 2008 年全球金融危机发生以来，因金融衍生工具导致的损失数量惊人。这些难以想象的巨额损失引发了法学界有关金融衍生工具利弊问题之争。关于金融衍生工具的利弊分析，一般存在两种观点，即肯定说和否定说。

肯定说认为，金融衍生工具是一种有益的金融创新，它可以扩大融资渠道，规避市场风险，促进实体经济发展。归纳起来，它至少具有三个方面的优点：第一，减少或对冲因利率、汇率、商品价格和其他金融变量价格波动产生的风险；第二，使预测的成本降低、效率提高；第三，捕捉套利机会，从而减少融资和其他金融成本。在最乐观的情况下，金融衍生工具通过给投资者和交易商提供规避风险和获取回报的模式，降低交易和代理成本，增加流动性，可以使整个金融系统受益。

否定说认为，金融衍生工具总的来说是"坏的"。金融衍生工具市场是世界上最危险的市场，更多地被用于纯粹的赌博，而不是传统的投资目的，金融衍生工具的广泛使用可能造成市场系统性崩溃。❶ 由于金融衍生工具交易会产生巨大的成本和风险，因此，必须对它们进行利益平衡。

笔者认为，要准确评价金融衍生工具的功能，必须带着客观、公正的立场进行全面评判，对金融衍生工具正反两个方面的作用都不能忽视，唯有如此，才能趋利避害，真正发挥金融衍生工具

---

❶ Remarks of Commissioner Steven M. H. Wallman, The Second Annual Conference & Member Meeting End – Users of Derivatives Association, Inc., Apr. 9, 1996, pp. 4 – 6.

支持实体经济发展的功能。

一、金融衍生工具的消极功能

持金融衍生工具"否定说"的少数派认为，至少在某些情况下，金融衍生工具总的来说是"坏的"。他们认为，金融衍生工具的危害主要表现在三个方面：（1）构成了世界上最危险的市场；（2）被更多地用于纯粹的赌博，而不是传统的投资目的；（3）某些用途可能造成巨大的损害。然而，通常这些关注不会超出一个模糊的观念，即金融衍生工具的广泛使用可能造成市场系统性崩溃。

本书表达的观点代表了一种客观立场：金融衍生工具的特定用途可能会导致社会的净收益或损失，即关于这些用途，金融衍生工具总的来说要么是"好的"，要么是"坏的"，同时，关于某种用途究竟是好是坏的客观性评价不仅取决于适用的规范分析，而且取决于是否存在便利的套利监管机制。

二、金融衍生工具的积极功能

迄今为止，经济学界和法学界的主流观点认为，尽管金融衍生工具存在巨大的风险，但它总的来说是"好的"。随着期权等衍生品交易行为的增多，现货价格波动得以缓释，也就是说金融衍生工具具有稳定现货价格的功能。另外，金融衍生工具给企业和机构投资者提供了一种将他们的投资与潜在损失隔离开来的工具。金融衍生品合约可以使缔约方利润增加。合约的一方是由大型商业银行与主要证券公司组成的金融衍生品交易商，它们以营利为目标；合约的另一方（包括最终用户）可能是经销商和具有抵御相关金融衍生品风险能力的机构投资者。与参加现货市场交易相比，投资金融衍生工具更符合成本—效益原则，因为金融衍生工具能够降低交易成本，发挥杠杆效应。金融衍生品能够转移风险和增加投资机会，而通过购买基础资产无法实现这些目的。金融衍生工具最常见的功能是：对冲某些风险；预测利率、货币以及证券与商品的价格变化进行投机；通过套利，包括"监管套利"，获取无风险利润。

（一）套期保值

金融衍生工具最常见和最实用的功能是套期保值。通过签订数量相等、方向相反的金融衍生工具交易合约，当事人可以对冲或消除面临的巨大风险。虽然单个实体通过对冲可以降低风险，但是，当公司对冲这种风险时，并不一定会让投资者的境况变得更好。

对股票进行多元化投资组合的投资者可能会发现，总体对冲风险比分开对冲单个公司的风险更有效。特别是随着共同基金的发展，个人能够统一对冲数额巨大的、多种不同的投资风险。这种集体对冲策略可能比许多单个对冲策略的成本更低，因为它能俘获规模效益和多元经济利益，并可避免单个实体可能遭受重复的对冲成本，如共同基金可能拥有两只某些风险相互抵销的股票。

对冲也存在巨大的交易成本。对于可以促进对冲风险的金融衍生工具而言，如果发生资产交易，基础货币市场必须具有足够的流动性。维持流动性的成本很高，其成本可能会超过套期保值带来的好处。另外，流动性通常要求一定数量的投机活动作为基础。例如，关于外汇风险，目前尚不清楚下列哪种策略的成本更低：所有公司将它们的收入套期保值为一种货币，而自然人投资者不必进行套期保值；没有公司将它们的收入流套期保值，所以，进行多元化投资组合的公司投资者可以依据披露的不同货币的投资组合，决定进行适当的总体套期保值。

（二）投机

金融衍生工具的另一个最常见的用途是投机。与现金交易相比，金融衍生工具能够为基础金融工具或指数提供一种更有效的投机方式。然而，就套期保值而言，金融衍生工具可以降低单个投机者的交易成本的事实，并不意味着它可以降低社会总成本。

金融衍生工具投机的成本是非常大的。虽然还有其他的成本，但本书主要对以下四种投机成本进行分析：

第一，与投机活动有关的信息成本。如果信息成本很大，它们很可能是重复的，同时，因为专有信息——特别是与金融衍生工具有关的信息——往往只对某个实体具有私人价值，缺乏普遍的公共价值。为了获得足够的交易消息，投机者必须花费大量的资源；交易越复杂，要求的资源越多。

第二，不确定性扩大了投机的信息成本。在不确定的情况下，以投机为目的的金融衍生工具交易可能会减少交易商的福利，即减少回报和增加风险，因为怀有不同期望值的交易商，每个人都希望赚取投机利润，在实际的零和游戏中，试图超出彼此的预期。也有可能在不确定的情况下，存在与金融衍生工具交易有关的成本，即"胜利者的诅咒"，因高估商品价值而获胜。对于金融衍生工具而言，"胜利者的诅咒"特别适用于那些很难估价的新型产品之最高价买受人。同样，由于更复杂的金融衍生工具交易的不确定性更大，因此，许多复杂金融衍生工具的参与者成了最大的输家。

可以说，得出"金融衍生工具交易能够促进私人交易商福利"结论的前提是错误的。在一定程度上，金融衍生工具交易是以交易商的主观概率评估差异为基础的，结果可能造成交易商和社会的大量无谓损失。经验证据表明，交易商对这种评估存在分歧，要评价一个交易商的评估结论是否正确特别难。因此，很明显，在一定程度上，仅仅以增加流动性为理由来增加投机活动是不合理的。

第三，通过金融衍生工具进行投机活动可能会增加总体风险，因为当事人虽然利用杠杆效应创造了以前不存在的机会，但监管或内部投资政策往往会增加杠杆作用的成本（或禁止使用杠杆）。金融衍生工具常常用于实现杠杆效应目的，同时，许多金融衍生工具交易也被视为非衍生工具市场上高杠杆交易的经济等价物。因此，金融衍生工具市场是非投机者转变为投机者的重要渠道；如果在非衍生品市场上，无法获取杠杆或获取杠杆成本太高，那么投机者只能将其转换为等效的金融衍生工具进行交易。

第四，投机者赚取的所有利润都可能转变为雇员和投机公司股东的收入，但并不一定会产生生产性投入。在一定程度上，投机会造成资源的非生产性支出，对投机性利益进行平衡是一种额外的成本开支。

（三）套利

金融衍生工具还有一个重要功能，即用于套利，因为它能够俘获金融市场因商品价格异常产生的无风险利润。因此，金融衍生工具可以"填补"金融市场的参与人因缺乏特定的金融工具留下的利润缺口。例如，如果一个主权国家没有长期公司债券市场，那么投资者可能会使用利率或货币互换以产生长期负债。

目前，套利管制已大大放松，部分原因是现代资本市场发生了深刻变化，包括全球放松管制。现在资本市场跨越国界迅速和容易，同时，国家鼓励创造新的金融工具和交易资本化。便利的套利机会和国际金融市场的弹性也使一国难以对金融交易当事人施加限制。因此，套利行为能够产生巨大的成本和收益。

套利机会可能因各种原因存在，基于此，套利可能会对整个社会不利。根据经典套利理论，利用套利机会的过程实际上将消除套利，同时，消除套利机会的过程将导致有效率的结果。然而，大量的金融衍生工具套利来源是结构性的，因此，增加套利活动可能会减少套利利润，但不一定会消除利润。这种结构性条件在监管套利中普遍存在，也没有理由期望监管套利机会彻底消失，除非相关的监管措施发生重大改变。而且，这种企图消除永久套利机会的过程很可能会导致无效率的结果，因为资金流向了私人价值最低和具有负社会效益的金融交易。

笔者认为，金融衍生工具是一把"双刃剑"，有利有弊，关键是如何兴利抑弊。正确使用金融衍生工具，可以让各方规避风险，降低成本，按照社会的集体意愿，重新分配财富，取得有效率的结果。错误使用它，可能放大风险，造成意想不到的监管扭曲、无谓损失和财富的重新分配，给投资者和社会造成重大损害。因此，我们必须针对金融衍生工具具有杠杆效应的特点，尽可能扬长避短，在立法上采取切实有效的措施，将防范和化解金融风险的成功经验上升为法律规范，但是，我们绝不能因噎废食，放弃国际上行之有效的金融创新形式——金融衍生工具。

第四节　金融衍生工具的源起与发展

金融衍生工具在全球范围内得到广泛使用，已经发展到可以满足抵御市场利率和价格变动之风险而保证收益的需要，深受各类用户的欢迎。世界各地的保险公司、制造商、银行、非营利机构、政府、共同基金、养老基金和商业公司纷纷加入金融衍生工具交易的大军。截至 1992 年，金融衍生工具名义本金余额达 12.1万亿美元。到 1997 年，这一数额接近 70 万亿美元。❶ 最近几年，金融衍生工具市场更是发展迅猛。据美国期货业协会（FIA）的统计，2016 年全球场内期货及期权成交量达 252.2 亿手，其中期货成交量是 10 年前的两倍有余，期权成交量较 10 年前增加了12.3%。❷ 据统计，截至 2016 年，全球衍生品市场规模达 600 万亿美元，比 2006 年的 445 万亿美元增长了近 35%。❸

大体说来，金融衍生工具的发展可以分为早期发展和现代发展两个阶段。

一、金融衍生工具的产生与早期发展

在衍生工具的发展过程中，最早出现的是商品衍生工具，可以追溯到两千年前。公元前 7 世纪，亚里士多德的著作中就有关于橄榄期权的交易，当时的古希腊哲学家泰勒斯预测第二年的橄榄油将会丰收，于是向橄榄油榨油机的拥有者支付一笔"期权费"，用于锁定第二年榨油机的使用权，若到期橄榄油的市场价格低于预期，泰勒斯可以放弃榨油机的使用权，但期权费不予退还。这可以说是史书记载的最早商品期权交易。在我国，两千年前，种植稻谷的农民就知道在栽种之前与商人商定收割后稻谷销售的价

---

❶ Oversight Hearing on GAO Financial Derivatives Report, May 19, 1994: Before Subcomm. on Telecomm. and Fin. of the House Comm. of Energy/Telecomm. and Fin., 103rd Cong. (1994).

❷ 郑州商品交易所期货及衍生品研究所有限公司："报告显示 2016 年全球场内期货和期权总成交量创新高"，载《期货日报》2017 年 3 月 23 日。

❸ John Hull & Sankarshan Basu, Options, Futures, and Other Derivatives 1 (9th ed. 2016).

格和数量，以确保丰年农业收入有保障。这相当于今天的商品远期交易。

真正意义上的金融衍生工具的出现可以追溯到 17 世纪荷兰阿姆斯特丹和英国伦敦的股票市场创新，其中的一项创新就是股票远期交易，其目的是降低交易成本，提高结算效率。其基本流程是：交易双方以合同的形式约定远期合约的价格、日期、数量、股票种类、保证金（大约20%）等内容，对当前的股票购买价格和未来的即期股票价格进行差额结算，这种交易不用对股票进行实际转移和过户，降低了交易成本。另外一项创新就是股票期权交易。当时的期权也包括"优先权"和"卖出权"。优先权是赋予期权买方享有未来购买股票的权利；卖出权是赋予期权买方在未来按约定价格卖出一定数量股票的权利。股票期权交易也可以降低交易成本，便捷交易流程。

衍生交易在当时被称为"时间交易"，由于往往涉及卖空行为，是"不要钱的买，没有股票的卖"，因此也有批评者称之为"赌博"或"空中想象交易"。❶

另一种重要的金融衍生工具——期货，其市场可以追溯至中世纪，期货合约的产生最初源于农场主和商人规避商品价格风险的需求。譬如，某年 4 月，某位农场主希望 6 月份收获的谷物卖个好价钱。但是，对于该农场主而言，6 月份的谷物价格存在一定的不确定性。在收成不好的年份，谷物会卖出很好的价格，尤其是在农场主不急于卖出谷物时价格会更高。但在收成好的年份，谷物可能会像火灾受损物品那样被廉价出售。因此，农场主及其家庭面临很大的风险。接下来我们考虑某家公司，该公司对于谷物

---

❶ 熊玉莲：《金融衍生工具法律监管问题研究——以英、美为主要分析视角》，北京大学出版社 2009 年版，第 10 页。

有持续的需求，同时，该公司也面临价格风险。在某些年份，谷物的供应十分充足，这时价格就会便宜；而在其他年份，谷物奇缺，这时价格就会很高。因此，农场主与这家公司在4月份（甚至更早）商定价格就很有意义。为了共同的目的，他们需要商定期货合约的价格。这种合约会使得交易中的双方消除因将来谷物价格的不确定性而带来的风险。❶

　　有组织的金融衍生工具市场出现的时间比较晚，以商品期货交易所为例，最早的商品交易所——芝加哥期货交易所（CBOT）成立于1848年，该交易所将农场主与商人聚集到一起进行标准化交易。CBOT的最初职能是将交易谷物的数量与质量标准化。几年后，CBOT创建了最早的期货合约。当时，这类合约也被称为将至合约（To－arrive－contract）。投机者很快对这类合约产生了兴趣，并发现这类合约是对交易谷物合约一个很好的替代。CBOT现在提供许多标的资产的期货合约，其中包括玉米、大麦、大豆、豆粕、豆油、小麦、长期国债及短期国债等。

　　另一家著名的商品交易所——芝加哥农产品交易所（CPE）由一批农产品经销商于1874年创建。该交易所提供黄油、鸡蛋、家禽及其他有生命的农产品衍生品交易。1898年，黄油及鸡蛋交易商从芝加哥产品交易所退出，成立了芝加哥黄油及鸡蛋交易所。芝加哥产品交易所于1919年被改组为期货交易所，重新命名为芝加哥商品交易所（CME）。自那以后，这一交易所开始提供许多商品期货，包括猪肉、活牛、活猪及奶牛。

---

❶　［加］约翰·赫尔：《期权、期货及其他衍生产品》，王勇、索吾林译，机械工业出版社2009年版，第2－3页。

二、金融衍生工具的现代发展

如果说金融衍生工具的早期发展是以有组织的商品交易所的出现为标志，那么现代意义上的金融衍生工具产生的标志则是以层出不穷的金融衍生品创新为表征。进入20世纪70年代，世界金融创新的步伐明显加快，这一时期的标志性金融创新产品首推美国芝加哥商品交易所推出的货币期货。

1972年，芝加哥商品交易所（CME）率先推出英镑等6种货币的外汇期货合约。后来，外汇期货交易的货币种类包括英镑、加元、日元、瑞士法郎、澳元、墨西哥比索、巴西雷亚尔、南非兰特、新西兰元、俄罗斯卢布、欧元等十余种外币。1975年芝加哥期货交易所（CBOT）推出抵押债券期货，同年，CME首先推出了国民抵押协会的抵押存款证（GNMA）的利率期货交易；随后，1977年CBOT又推出长期国债期货；1981年CME推出了欧洲美元期货，目前，该种期货已成为最受欢迎的期货合约之一；1982年美国堪萨斯期货交易所（KCBT）首次推出了股票指数期货合约；同年，CME推出了S&P 500股指期货。自此，金融期货三大系列汇率、利率、指数逐步形成。

从金融期权的产生来看，1973年4月，芝加哥期权交易所（CBOE，由CBOT的会员组建）首次推出了规范化和标准化的股票期权合约交易。1982年，美国费城股票交易所（PHLX）首次引入了货币期权的场内交易，而利率期权则由CME在1985年率先推出。

从金融互换的产生来看，首次出现的互换交易是1981年8月世界银行（IBRD）与国际商业机器公司（IBM）之间进行的货币互换。在这项交易中，世界银行将其2.9亿美元的固定利率债务与

IBM 公司已有的瑞士法郎和德国马克债务互换，以满足双方的筹资需要。1982 年，英国伦敦将利率互换正式引入市场。随后，1983 年英国的银行又推出了属于场外交易的远期利率互换协议，仅仅过了 1 年左右时间，至 1984 年，英国伦敦迅速形成了一个日交易量达 50 亿美元的远期利率协议市场。❶ 此后，金融互换交易在美国也得到了蓬勃发展。

现代金融衍生工具的发展日新月异，从期货合约到货币期权，再到股指期货、利率互换、信用违约掉期、资产证券化等新概念、新产品层出不穷。随着新产品的不断涌现，金融衍生工具市场的规模也在急剧扩大。据统计，目前国际市场上的金融衍生工具已达两千多种。伴随着全球衍生品市场的快速发展，场外交易的发展尤为迅速。截至 2019 年年底，全球场外交易的衍生品名义本金总额为 559 万亿美元。❷ 总之，产品的多样性和市场规模的庞大性成为现代金融衍生工具的两大标志性特征。

三、金融衍生工具迅速发展的主要原因

（一）避险需求是催生金融衍生工具的直接动因

20 世纪 70 年代以来，随着美元不断贬值，布雷顿森林体系崩溃，以美元为中心的固定汇率制解体，西方主要国家纷纷实行浮动汇率制度，国际汇率市场出现了剧烈波动。与此同时，美元在 1971 年和 1973 年的两次贬值，使得以美元为计价单位的石油输出国组织（OPEC）的贸易收支处于不利地位，石油输出国组织开始

---

❶　熊玉莲：《金融衍生工具法律监管问题研究——以英、美为主要分析视角》，北京大学出版社 2009 年版，第 11 页。

❷　国际清算银行："2019 年下半年全球场外衍生品市场统计分析报告"，载《会员通讯》2020 年第 4 期。

大幅度提升原油价格，并由此引发了 1973 年和 1978 年两次石油危机，石油危机导致西方经济陷于滞胀。为了应对通货膨胀，美国必须使用利率工具，这又使得利率剧烈波动。利率的升降将导致证券价格的反方向变化，直接影响投资者的收益。❶ 利率市场、汇率市场、证券市场价格的剧烈波动，导致市场风险急剧增加，商业银行、投资机构和企业都在努力寻找和开发可以避免市场风险、套期保值的金融工具，金融期货、期权等金融衍生工具应运而生。

（二）金融自由化浪潮成为金融衍生工具创新的催化剂

20 世纪 70 年代以来，西方发达国家掀起了一波金融自由化浪潮，各国纷纷放宽或取消对银行的利率管制。1970 年，美国国会取消了"Q 条例"中关于 10 万美元以上存款的最高利率限额。1980 年，美国国会通过了《解除存款机构管制与货币管理法案》（Depository Institutions Deregulation and Monetary Control Act, DIDMCA），并在此后的 6 年中逐步废除了"Q 条例"，取消了储蓄存款的利率上限，允许商业银行自行确定活期存款利率。日本于 1979 年首次发行了"大额可转让定期存单（CD）"，该存单的利率不受日本政府于 1947 年制定的《日本临时利率调整法》的限制，由发行银行自行确定存单利率。❷

与此同时，外汇管制也被美国、英国、日本等西方国家于 20 世纪 70 年代中期相继取消，代之以浮动汇率制度。受此影响，拉美、亚洲等一些发展中国家也逐渐开放资本市场，允许资本自由流动，允许外国银行进入东道国进行营业活动。

---

❶ 蒋敏："金融衍生工具市场状况与中国的选择"，载《证券市场导报》2001 年第 4 期。

❷ 熊玉莲：《金融衍生工具法律监管问题研究——以英、美为主要分析视角》，北京大学出版社 2009 年版，第 12 页。

金融自由化的另一个重要的里程碑事件是 1986 年的英国"金融大爆炸"，各国纷纷打破金融机构经营范围的地域限制和分业经营限制，允许银行、证券、保险、信托等业务交叉，鼓励银行综合化发展，废除各项金融投资管制等，采取了一系列金融自由化措施。

金融自由化使得金融机构之间的竞争加剧，利润空间缩小，存贷利差缩小，不得不寻找新的利润增长点，而金融衍生工具的出现，被视为金融业新的希望，这反过来又成了金融衍生工具快速发展的助推剂。

（三）金融衍生工具的表外业务属性有利于粉饰金融机构的财务报表

金融衍生工具的表外业务属性有利于粉饰金融机构的财务报表，增加金融机构的利润。1988 年《巴塞尔协议》规定：开展国际业务的银行的资本充足率（资本/加权风险资产）必须维持在 8% 以上，其中核心资本至少应占总资本的 50%，这种资本要求促使各国银行大力发展表外业务。由于金融衍生品业务是表外业务，它既不影响资产负债表状况，还能带来手续费等收入，因此，各种金融机构相继开发了能在不扩大资产规模的情况下增加收益的金融衍生工具，如远期利率协议、期权、互换等。❶

（四）新技术的迅猛发展为金融衍生工具的产生与发展提供了技术支持

计算机和通信技术的迅猛发展，电脑网络、信息处理技术在国际金融市场的广泛应用，为金融衍生工具的产生与发展提供了

---

❶ 蒋敏："金融衍生工具市场状况与中国的选择"，载《证券市场导报》2001 年第 4 期。

技术支持。金融衍生工具交易程序复杂，涉及的经济变量很多，投资者数以千万计，尤其是对金融衍生工具的发行定价和风险评估更是需要复杂的专业知识和数理模型分析，需要计算机的强大数据处理技术支持。可以说，新技术的应用使得机构和个人从事金融衍生工具交易如虎添翼。

四、金融衍生工具在我国的发展现状

（一）我国金融衍生工具市场发展概况

在计划经济时代，我国金融机构单调而集中，全国只有一家中央银行——中国人民银行，更谈不上发展金融市场和进行金融创新，因此，在我国，当时金融衍生工具完全是一个陌生的词汇。1978 年以后，随着经济体制改革的深入和市场体系的逐步建立，随着中央银行和商业银行的分离，我国金融衍生品市场开始形成与发展。期货是我国最先发展的金融衍生品，1990 年，我国建立了郑州粮食批发市场，随后，全国各地建立了一批商品期货市场，期货的品种也逐渐丰富，涉及农产品、金属、化工产品、能源、金融等众多领域。1992 年 12 月，中国大陆第一批国债标准合约在上海证券交易所上市。1994 年 1 月，海南证券报价交易中心推出了股指期货合约，后来由于受到监管部门的批评而被迫停止交易。1994 年 4 月，中国外汇交易中心正式营业，交易品种包括美元、日元和港币的即期买卖。1994 年下半年到 1995 年上半年，沪深证券交易所及一些证券交易中心、商品期货交易所开始进行国债期货交易，后因"327 国债事件"爆发而被监管机构停止了试点。此后很长一段时间，我国的金融衍生品市场只有商品期货交易。❶

---

❶ 姚兴涛：《金融衍生品市场论》，立信会计出版社 1999 年版，第 3 页。

可以说，从 1978 年到 2003 年年底，这一时期是我国金融衍生工具市场的初创时期，其主要特征就是金融衍生工具品种单一，市场规模较小，发展之路充满艰辛，经历了一波三折。

我国金融衍生工具市场的快速发展始于 2004 年。因为当年 1 月，国务院颁布了《关于推进资本市场改革开放和稳定发展的若干意见》，呼吁"研究开发与股票和债券相关的新品种"。❶ 其后，我国金融衍生品市场进入加速发展的快车道。2005 年 6 月，我国金融市场期盼已久的衍生性金融商品交易拉开了序幕，由央行正式推出的我国第一个金融衍生产品——人民币债券远期交易，在全国银行间同业拆借中心交易系统顺利上线。❷ 随后，该系统又陆续推出利率互换、远期利率协议、外汇掉期和货币掉期等衍生品，交易量也不断增长。2010 年 4 月，上证 50 和中证 500 股指期货以及沪深 300 股票指数期货的推出是我国证券市场的又一项创新，标志着我国金融市场的不断完善。2013 年 9 月，国债期货重新上市交易。2015 年 2 月，上海证券交易所正式挂牌上证 50 交易型开放式指数基金（ETF）期权合约，拉开了我国期权市场发展的大幕。❸ 可以说，远期、期货、期权和互换这四大类衍生工具都在我国得到了良好持续的发展。

这一时期，我国金融衍生工具市场发展的特点是交易品种繁多，交易主体范围扩大，成交量表现活跃，而且金融市场逐渐全面对外开放，大量外国投资者也积极参与中国市场的交易。截至 2019 年 10 月末，外资银行在华共设立了 41 家外资法人银行、114 家

❶ 唐波："改革开放三十年来的期货市场及其法制建设历程"，载《华东政法大学学报》2009 年第 3 期。

❷ 许凌艳："金融衍生工具法律问题探讨"，载顾功耘主编：《金融衍生工具的法律规制》，北京大学出版社 2007 年版，第 65 页。

❸ 张元萍主编：《金融衍生工具》，首都经济贸易大学出版社 2019 年版，第 192 页。

母行直属分行和 151 家代表处，外资银行营业机构总数 976 家，资产总额 3.37 万亿元人民币。❶ 外商独资银行几乎全部获得我国衍生品业务经营资质。我国也有 140 家银行具备衍生品交易业务资质。❷

（二）我国主要金融衍生品市场的发展简史

我国期权市场的发展沿革在本书第五章有专门介绍，因此，下面主要介绍我国期货市场、远期市场和互换市场的发展概况。

1. 期货市场

我国金融衍生工具市场的发展最早是从期货市场开始的。1990年 10 月，我国第一家期货交易所——郑州粮食批发市场开业。随后苏州物资交易所、深圳有色金属交易所、上海金属交易所相继成立。截至 1994 年 6 月，以"商品交易所""期货交易所"命名的期货市场，全国达 50 余家，各地设立的期货公司多达 300 余家，其中中外合资期货公司 50 家。❸ 这一时期，期货市场发展迅速，但是管理较为混乱，主要表现为缺乏统一的政策法规，监管机关不明确，监管乏力，交易所重复建设严重，过度投机和违规操作行为盛行，市场功能受到较大扭曲。❹

国务院于 1993 年年末开始对期货市场进行清理整顿，成立专门的证券监管机构——原国务院证券委员会（以下简称"证券委"）

---

❶ 范佳慧："保本型加速退场，净值型还欠火候"，载《国际金融报》2019 年 12 月 9 日。

❷ 零售金融新视角："结构性存款监管力度加大 140 家银行具备衍生品交易业务资质"，https://caifuhao.eastmoney.com/news/20191023141016380314210，访问日期：2022 年 9 月 6 日。

❸ 巫文勇：《期货与期货市场法律制度研究》，法律出版社 2011 年版，第 45 页。

❹ 田超：《金融衍生品：发展现状及制度安排》，中国金融出版社 2006 年版，第 143 页。

和中国证券监督管理委员会（以下简称"中国证监会"），期货市场交由中国证监会监管。清理整顿后，期货交易所由原来的 50 多家清理为 15 家，暂停了关系国计民生的大宗商品的上市资格，如钢材、煤炭、食糖等。1998 年 8 月，国务院对我国的期货市场进行了第二次大规模的清理和调整，下达了《关于进一步整顿和规范期货市场的通知》，经清理整顿，交易所撤并为上海、大连和郑州三家交易所。期货品种只剩下了 12 个，它们是上海期货交易所交易的铜、铝、籼米、胶合板、天然橡胶；大连商品交易所交易的大豆、豆粕、啤酒大麦；郑州商品交易所交易的小麦、绿豆、红小豆、花生仁。

从 2000 年开始，我国期货市场进入规范化发展轨道。1999 年 6 月，国务院颁布《期货交易管理暂行条例》及与之配套的四个管理办法，期货市场发展从此有法可依。另外，以 2004 年国务院出台的《关于推进资本市场改革开放和稳定发展的若干意见》为标志，我国期货市场发展进入交易品种多样化阶段。期货交易品种从 1998 年的 12 种发展到 2009 年的 21 种。期货交易所交易的期货品种主要有棉花期货、燃料油期货、玉米期货以及黄大豆 2 号、白糖期货、豆油期货、PTA 期货、锌期货、线材和螺纹钢期货。2010 年 4 月，我国正式推出了沪深 300 股指期货合约；随后不久，中国金融期货交易所陆续上市中证 500、5 年期国债等 6 种金融期货产品，这意味着我国金融衍生品市场日益健全和深入发展。中国期货业协会公布的数据显示，2021 年全年，期货市场共实现交易额 579.39 万亿元，同比增长 32.97%；同期实现交易量 72.62 亿手，同比增长 20.68%。期货及衍生品市场上市品种数量达 94 个，其中商品类 84 个、金融类 10 个。❶

---

❶ 程丹："期货和衍生品法草案迎三审 关注衍生品交易监管"，载《证券时报》2022 年 4 月 19 日。

虽然我国没有正式的外汇期货市场，但是中国外汇交易中心于 2006 年已经和芝加哥交易所达成协议：中国外汇交易中心的会员单位可以通过中国外汇交易中心电子平台上的国际货币市场汇率和利率产品交易中心成为中国外汇交易中心超级清算会员，为交易这些货币产品的市场参与者提供交易方便和清算服务。通过这个合作项目，我国金融机构可以参与交易外汇期货产品。一旦人民币市场化，资本项目开放，我国外汇期货产品上市指日可待。

2. 期权市场

自从 2015 年 2 月我国首个期权产品上证 50ETF 期权在上海证券交易所推出以来，经历了数年的发展，我国期权市场规模快速壮大、交易品种日益增多。据统计，截至 2020 年 10 月，我国股票股指期权市场总成交量累计达到 8.83 亿多张，同比增长约 77%，累计成交金额达 7472 多亿元，同比增加约 162%；我国商品期权市场总成交量累计达到 0.77 亿多张，同比增长约 154%，累计成交金额达 800 多亿元，同比增加约 205%。[1] 截至 2022 年 10 月，我国共上市 22 个期权品种，其中包括 1 个股指期权：沪深 300 股指期权；3 个 ETF 期权：上交所华泰柏瑞 300ETF 期权、深交所嘉实 300ETF 期权和上证 50ETF 期权；18 只商品期权：铜、黄金、天然橡胶、玉米、白糖、棉花、豆粕、甲醇、原油、铝、锌、液化气、铁矿石、聚丙烯、聚乙烯、聚氯乙烯、菜粕、PTA 期权。我国金融期权和商品期权均发展迅猛。

3. 远期市场

远期市场是指进行远期合约交易的市场，远期合约则是指交

---

[1] 方正中期期货："我国期权市场发展驶入快车道"，载《期货日报》2020 年 11 月 22 日。

易双方签订的按约定条件在未来某一日期交割结算的合约。

（1）远期外汇市场。我国的远期市场最早是从远期外汇交易开始的，1997 年 4 月，中国银行进行了人民币远期结售汇业务的试点。由于我国早期的外汇政策采取人民币紧盯美元的政策，因此，远期外汇市场发展缓慢。自从 2005 年 7 月，我国放弃了人民币汇率紧盯美元的政策后，汇率的不确定性明显增加，从而推动了我国远期外汇市场的发展。伴随着汇改，中国银行先后发布了《关于扩大外汇指定银行对客户远期结售汇业务和开办人民币与外币掉期业务有关问题的通知》和《关于加快发展外汇市场有关问题的通知》，同时，推出银行间人民币外汇远期交易产品。

我国逐步开放资本账户的改革也在有条不紊地推进，2010 年 12 月，中国人民银行提出"在中期内，中国仍有理由继续扩大资本账户的开放"。[1] 2011 年 1 月，国家外汇管理局决定进行"出口企业收入存放境外业务"试点改革。随后，温州积极响应该号召，推出了《个人境外直接投资试点方案》，规定温州户籍的投资者境外单项直接投资最高可达 300 万美元，年度境外直接投资总额可达 2 亿美元。这些文件的出台标志着我国资本账户开放进程的悄然加快。[2] 可以预见，资本账户的开放必将进一步推动我国外汇远期市场的发展。

（2）大宗商品中远期交易市场。大宗商品是指具有商品属性，在非零售市场交易的，用于工农业生产和消费的大批量买卖的实体产品。在我国，大宗商品的中远期交易要追溯到 20 世纪 90 年代中期。当时各大中央直属企业、地方政府纷纷筹建大宗商品电子

---

[1] 中国人民银行："中国在中期内有理由继续扩大资本账户开放"，载《上海证券报》2010 年 12 月 22 日。

[2] 刘涛："中国资本市场开放迈出重要一步"，载《东方早报》2011 年 1 月 12 日。

交易市场，促进了我国大宗商品的中远期电子化交易的快速发展。伴随着中远期市场的发展，一些法令法规也陆续出台，2002 年，原国家质检总局发布了《大宗商品电子交易规范》；2007 年，商务部发布了《大宗商品电子交易市场管理规定》，为大宗商品中远期交易的发展奠定了坚实的基础。

相关资料显示，我国大宗商品电子交易市场的数量有了快速的增长。2006—2008 年，电子交易市场只有区区的十几家，而这一数字在 2009 年却上升到了近 50 家。截至 2010 年年底，大宗商品中远期交易已发展成为拥有 200 家市场、100 多个上市品种的新兴行业。我国大宗商品电子交易市场的交易模式区分为现货预约购销交易模式、电子盘交易模式和仓单交易模式三种，其中的电子盘模式即统称的中远期电子交易。截至 2015 年年底，我国大宗商品电子类交易市场共计 1021 家，同比增长 38.2%，实物交易规模超过 30 万亿元。❶

（3）债券远期交易。债券远期交易指的是交易双方约定在未来某一日期，以约定价格和数量买卖标的债券的行为。❷ 远期交易的债券包括已在银行间债券市场进行现券交易的中央政府债券、中央银行债券、金融债券和经央行批准的其他债券。作为银行间债券市场第一个真正意义上的场外衍生品，债券远期交易于 2005 年 6 月 15 日在我国银行间市场拉开了序幕。

2015 年 4 月，我国银行间债券市场推出了标准债券远期合约，截至当年年末，成交金额达 19.6 亿元。❸ 债券远期交易为债券市

❶ 中物联大宗商品交易市场流通分会："中国大宗商品电子类交易市场概况统计（2015）"，载和讯网，访问日期：2016 年 1 月 6 日。
❷ 贾爽："我国债券远期交易风险研究"，载《经济视角（下）》2013 年第 10 期。
❸ 刘颖："2015 年我国银行间债券市场运行情况及特点"，载《债券》2016 年第 3 期。

场其他衍生工具的推出奠定了基础，是我国金融市场体系不可缺少的组成部分。

2022 年，银行间本币衍生品市场共成交 21.3 万亿元，同比基本持平。其中，利率互换名义本金总额成交 21.0 万亿元，同比基本持平；标准债券远期成交 2600 亿元，信用风险缓释凭证创设名义本金成交 268 亿元，信用违约互换名义本金成交 24 亿元。❶

4. 互换市场

我国于 2005 年开始引入金融互换交易，包括外汇掉期和人民币利率互换两种。我国的利率互换始于 2006 年 1 月，以中国人民银行发布的《关于开展人民币利率互换交易试点有关事宜的通知》为标志，这是我国利率市场化和金融互换市场建设取得的重大突破。目前，我国参与利率互换更多的是银行等金融机构，它们以利率互换的方式进行风险管理。利率互换有很多种形式，包括浮动利率与固定利率的互换、浮动利率与浮动利率的互换以及交叉货币利率互换。从利率互换的品种来看，现有的利率互换有三种：一年期定期存款的利率互换；7 天回购定盘利率的互换；上海银行间同业拆借利率的互换。从交易品种的期限来看，以短、中期为主。2011 年 1 年期及 1 年期以下短期交易的名义本金额达到 2 万亿元，占总成交量的 72.75%，1～5 年中期的交易量占同期利率互换总交易量的 16.9%，5～10 年长期的交易量仅占同期利率互换交易总量的 8.4%。❷

我国的货币互换（也被称为"货币掉期"）始于 2007 年，当年

❶ 杨鹤："2022 年金融市场运行情况"，中国政府网 http：//www.gov.cn/govweb/xinwen/2023－01/21/content_5738362.htm，访问日期：2023 年 4 月 11 日。

❷ 张鹏、彭万林、司马鼎："利率市场化背景下的利率衍生产品发展策略"，载《银行家》2013 年第 2 期。

8月，中国人民银行发布了《关于在银行间外汇市场开办人民币外汇货币掉期业务有关问题的通知》，就境内机构在银行间外汇市场开办人民币外汇掉期业务的有关事宜进行了规范。随后，国家外汇管理局发布了《全国银行间外汇市场人民币外汇货币掉期交易规则》《全国银行间外汇市场人民币外汇货币掉期交易指引》《银行间市场人民币利率互换交易操作规程》等规范性文件，进一步细化了人民币外汇掉期交易规则。[1] 根据上述规定，人民币外汇掉期交易，是指在约定期限内按约定汇率交换约定数量人民币与外币本金，同时定期交换两种货币利息的交易协议。[2] 凡具备银行间远期外汇市场会员资格的境内机构在国家外汇管理局备案后，都可以开展人民币外汇掉期业务。人民币外汇掉期业务包括人民币对美元、欧元、日元、港币、英镑五种货币的兑换业务。人民币外汇掉期业务中人民币的参考利率应为经中国人民银行授权全国银行间同业拆借中心发布的具有基准性质的货币市场利率，或中国人民银行公布的存贷款基准利率；人民币外汇掉期中外币参考利率由交易双方协商确定。[3] 我国人民币外汇掉期业务的开展是人民币汇改以来的一项重要金融衍生工具创新，它的推出进一步丰富了我国金融互换交易品种，能够满足不同市场参与者规避汇率风险管理的需要。

此外，为了降低双边贸易中面临的外汇汇率波动风险，加快人民币国际化进程，中国人民银行与周边多个国家和地区的中央银行签署了双边本币互换协议，提升了共同应对外汇风险的信心

---

[1] 林琴：《金融互换法律制度研究》，湖南师范大学 2013 年硕士论文，第 12 页。

[2] "银行间外汇市场推出人民币外汇货币掉期交易"，载《中国货币市场》2007 年第 8 期。

[3] 刘振冬："央行推出人民币外汇货币掉期交易"，载《经济参考报》2007 年 8 月 21 日。

和能力。例如，2008 年 12 月，中国人民银行与韩国央行签署了规模为 1800 亿元的双边互换框架协议，以方便韩国在华企业进行融资；2009 年 1 月，中国人民银行与我国香港特别行政区金管局签署了 2000 亿元人民币的货币互换协议；同年 2 月，又与马来西亚央行签署了 800 亿元人民币的货币互换协议，用于双方的商业贸易结算；同年 3 月，与白俄罗斯央行签署 200 亿元人民币的货币互换协议，以协助白俄罗斯将人民币作为储备货币；同月，与印度尼西亚央行签署 1000 亿元人民币的货币互换协议；同年 4 月，与阿根廷央行签署 700 亿元人民币的货币互换协议，人民币主要在贸易中充当支付结算的角色。❶ 2011 年 4 月，中国人民银行和乌兹别克斯坦央行签署人民币 7 亿元的货币互换协议，协议有效期 3 年。2012 年 3 月，中国人民银行与澳大利亚储备银行在北京签署了中澳双边本币互换协议，互换规模为 2000 亿元人民币/300 亿澳大利亚元，有效期 3 年。2013 年 6 月，中国人民银行与英格兰银行签署了规模为 2000 亿元人民币/200 亿英镑的中英双边本币互换协议，期限为 3 年。英国也由此成为第一个与中国签订货币互换协议的七国集团国家。❷ 近年来，我国利率互换成交额稳步增长。据统计，2020 年 1—12 月，我国利率互换共成交 19.82 万亿元，较2019 年同期增加 1.23 万亿元。❸ 我国通过与其他国家签订双边货币互换协议，可以规避使用美元和欧元结算的汇率风险，提升人民币的国际地位。

---

❶ 宋焱："货币互换：防贸易萎缩促金融稳定"，载《金融时报》2009 年 4 月 1 日。
❷ 央行："中英签订 2000 亿元人民币/200 亿英镑互换协议"，http：//www. mzyfz. com/cms/caijing/caijingzixun/guonei/html/796/2013 – 06 – 23/content – 788169. html，访问日期：2021 年 4 月 25 日。
❸ 孟轲："市场基础不断巩固，互换利率见底回升——2020 年利率互换市场回顾与展望"，载《中国货币市场》2021 年第 1 期。

第二章

金融衍生工具对货币传导机制的影响

第一节　货币政策的传导渠道

最近 20 多年来，由于监管的放松、计算机信息技术的进步，以及金融可变因素的增加，金融创新日新月异。金融衍生工具是金融创新的重要成果，根据其产品形态，金融衍生工具可分为期权、期货合约、互换和远期利率协议以及非常复杂的结构性票据。从中央银行的角度来看，关键问题是信贷衍生品市场的发展是如何影响货币政策和金融稳定的。尽管已有学者对金融衍生工具对货币政策的影响开展了研究，然而，研究结果却存在分歧，有人认为金融创新利大于弊，有人则认为弊大于利。我们认为，作为金融创新的金融衍生工具市场非常复杂，只有对金融衍生工具对金融市场的影响展开深入研究，才能总结经验教训，防止金融危机的再度发生。

随着金融衍生工具在金融市场中扮演的角色越

来越重要，所占比重越来越大，我们有必要从宏观经济视角来探讨它们对货币传导机制的影响。货币政策是指中央银行为了稳定币值，所采取的控制货币供应量和调控利率的各种措施。金融衍生工具是金融市场的新生力量，它不仅提供了新的投资和储蓄工具，也改变了货币政策对实体经济的影响。[1] 然而，问题是，这种影响是如何实现的？通过什么样的传导机制，金融衍生工具可以影响整个经济体系？这解释起来非常复杂。货币政策主要通过四个渠道传导其影响：利率渠道；信贷渠道；资产价格渠道；汇率渠道。下面分述之。

一、利率渠道

中央银行可以通过增加基础货币供应量与公开市场业务的方式，降低全国的资金利率。通过套利行为，降低资金利率可以使长期利率降低。换句话说，金融机构更愿意通过出借短期资本的方式投资于长期债券，比如投资于相对便宜的公司或政府债券。利率降低将导致长期债券投资额的增长，从而促使债券价格上涨。

同时，银行通过贷款和债券投资方式经营自己的资本，如果债券利率下降，它们将扩大贷款以增加利润率，这将导致贷款利率下降。因为贷款利率和公司债券利率都是公司的融资通道，如果出现以上情况，公司的融资成本将降低，从而公司会扩大投资，促进经济增长，同时促使商品价格上涨。换言之，如果中央银行从第一步开始控制货币政策的利率传导渠道，首先是短期金融市场产生反应，然后是长期金融市场和银行贷款市场产生反应。这将促使经济增长和市场商品价格上扬，企业投资随之发生改变。

---

[1]　杨炘、张哲："金融衍生工具对货币政策传导机制的影响"，载《金融与经济》2006 年第 3 期。

随后，商品价格、收入及财产分配也会发生改变。因为这种传导效应是以利率为媒介来实现的，因此我们把它称为利率渠道。

显然，各种金融衍生工具将增强金融市场的流动性，金融衍生工具可以减少利率渠道的直接影响，调整资本成本高低。全球金融体系委员会的一份报告指出，金融衍生工具影响利率渠道的方式有两种：第一种，通过增加资产的可置换性和促进套利，金融衍生工具可能影响利率传导的速度和范围，这种短期利率变化连同到期金融衍生品会一起传导给其他金融资产的价格。第二种，通过使具有不同收入和财富支出偏好的经纪人进行风险交易，从而改变他们的金融风险——金融衍生工具可以调整受货币政策影响的收入和财富分配。❶

如果两个国家都有金融衍生品市场，那么套期保值者可以通过利率期货来锁定无风险收益：套期保值者在低利率国家借款，在外汇市场上进行兑换，并将钱存入高利率国家，同时买入货币远期合约，这使得低利率国家的利率上升、高利率国家的利率下降。此外，高利率国家的货币会因为低利率国家的资金流入而升值。因此，如果利率差异仍然保持，那么高利率国家必须不断发行本国货币以满足兑换需求，或者降低本国利率与低利率国家保持一致，由于货币发行量增加必然导致货币实际购买力降低，从而高利率国家的货币会慢慢贬值。这样的套期保值活动会使不同国家的产出曲线更趋于一致，从而缩小货币政策的作用范围。❷

---

❶ generally Committee on the Global Financial System, Bank for International Settlements, Macroeconomic and Monetary Policy Issues Raised by the Growth of Derivatives Markets 24 (1994), available at http: //www. bis. org/publ/ecsc04. pdf.

❷ 杨炘、张哲："金融衍生工具对货币政策传导机制的影响"，载《金融与经济》2006 年第 3 期。

二、信贷渠道

如果央行扩大基础货币供应量，银行将会保障这些资金用于发放贷款。伴随着银行发放贷款可能性的增加，如果现实生活中贷款和信用供给增加，接受贷款的企业和个人将会扩大投资和增加消费，这会刺激经济增长和产生商品价格上涨的压力。

如果金融衍生工具参与到信贷渠道，结果会怎样呢？理论上，通过帮助消除有关信息不对称问题，或者帮助贷款人和借款人消除一些金融交易引发的风险，金融衍生工具可以增加企业获得各种融资的机会。

由于金融衍生品未反映在商业银行的资产负债表中，因此，人们大大低估了金融衍生品对货币乘数的影响。金融衍生品对货币乘数的影响体现在两个方面：一方面，由于金融衍生品的价格发现功能及其提供的流动性，使得微观经济主体对货币政策的反应更加迅速和市场化，金融衍生工具市场的高度灵敏性和杠杆效应使得中央银行的利率政策目标实现更为困难。另一方面，如果中央银行的货币政策目标是控制信贷规模，那么由于商业银行使用了金融衍生品组成的"合成储备"，可以扩大货币供给量，从而增加了商业银行潜在的信贷规模和灵活性。因此，金融衍生工具的存在，使中央银行的信贷目标与商业银行潜在的信贷量之间存在缺口，这降低了货币政策信贷目标的可控性，也削弱了央行对信贷渠道的控制能力。❶ 就信贷传导渠道而言，通过运用金融衍生工具的对冲战略可以大大减少信贷工具对企业的影响。

然而，需要注意的是，银行和非银行企业可能粉饰宏观经济

---

❶ 张巍："金融衍生工具对货币政策的影响"，载《当代经济》2006 年第 8 期。

震荡对他们资产负债表的影响，这样货币当局更难以掌握真实情况，尤其是在货币紧缩的情况下。简言之，现代金融衍生工具的使用使得中央银行对信贷渠道的控制能力削弱，同时，也放大了商业银行的信贷风险。

三、资产价格渠道

一般来说，如果利率降低，股票价格会上涨，投资者会购买更多股票作为储蓄或债券投资的替代品，因为后者的收益会由于利率的下调而减少。金融资产价格和利率的变动，会相应地影响经济实体的储蓄和消费比例，以及企业和家庭的投资决策。如果个人财富伴随着股票价格的上升而增长，那么会出现由于投资和消费增加而增强经济活力。例如，20 世纪 90 年代的美国，随着股票价值的上涨，经济长期增长，这被称为"财富效应"。

使用金融衍生工具不仅是出于风险对冲的目的，同时也有基于"以小博大"的投机动机。金融衍生工具市场的交易成本要低于现货市场，尤其是套期保值和短期投机。事实上，由于衍生品的流动性更大，导致衍生品市场的买卖价差（bid – ask spread）通常小于现货市场。流动性越大，金融市场中受货币政策影响的传导性越强，因此，我们可以预见衍生品的价格将会以更快的速度提前发生变化，这种变化也将在现货市场的价格变动当中得到反映。衍生品还增加了资产之间的可互换性，因此，对于一种资产的政策影响可以传递到另一种资产上。❶

任何金融衍生品都会对基础资产的价格产生影响。通过使用金融衍生工具，交易商很容易在两种不同资产间进行套利。由于金融

---

❶ 杨炘、张哲："金融衍生工具对货币政策传导机制的影响"，载《金融与经济》2006 年第 3 期。

衍生工具使资产的可替换性比过去更强，这样会引起其他金融资产价格的变化。换言之，与金融创新（如将抵押贷款重新打包成抵押贷款担保证券）相结合，金融衍生工具可以有效弥补传统的资产缺乏流动性和资产价格反应缓慢的弊端，显著增加资产的可替换性。

四、汇率渠道

货币政策的变化会对汇率产生影响。汇率渠道主要在实行开放外贸政策的经济规模较小的国家实行。由于央行实施扩张的货币政策，一旦利率下降，用某个国家的货币表示的资本收益率（如韩国政府发行的以韩元为基准的政府债券）将会低于用外国货币表示的收益率（如美国政府发行的以美元为基准的国债）。

在这种情况下，人们会倾向于增加外汇资产的投资，因为可以获得更高的收益率（实际上并不总是有利）。在本国货币发生通货膨胀和外国货币需求增加的情况下，必然导致本币汇率贬值。汇率贬值将直接导致商品价格上涨，进口商品价格抬高，进出口的压力增加，这实际上会改变该国的经济基础。

在这方面，金融衍生工具将有可能增加汇率渠道的影响。因为金融衍生工具通过促进不同到期日的不同货币之间的资产替换，能够消除市场上浮动汇率的影响。同时，改变一种货币收益曲线的货币政策，也会影响其他货币的收益曲线。金融衍生工具的杠杆效应降低了金融衍生品市场交易者套期保值的成本，种类繁多的衍生品组合又能很好地将不同性质的外汇风险分散到合适的交易者身上。因此，在浮动汇率制下引入外汇衍生品能提高外汇市场的交易效率，同时使得外汇市场交易者能够更好地进行风险管理。[1]

---

[1]　韩立岩、王允贵主编：《人民币外汇衍生品市场：路径与策略》，科学出版社 2009 年版，第 18 页。

在固定汇率或者是有管理的浮动汇率制下，汇率的走势受到汇率管制的影响，因此，市场上的汇率综合了市场交易者对汇率的真实预期和对汇率管理制度能否维持的预期。当市场上的汇率与汇率的真实预期相等时，即使是在有管理的浮动汇率制度下，外汇衍生品的推出也将提高外汇市场的交易效率。但是，当市场上的汇率不等于汇率的真实预期时，尤其是当汇率的真实预期超出管制的浮动范围时，市场上的汇率就在很大程度上取决于交易者对汇率管制制度能否维持的预期。在这种情况下，如果交易者充分相信政府能够维持汇率管制，则市场上的汇率将停留在汇率浮动范围的单边上限或下限；如果交易者对政府维持汇率管制的能力持怀疑态度，则不受本国法监管的外汇市场（离岸市场）与受管制的外汇市场（在岸市场）将出现汇率偏差。此时，由于外汇衍生品的高杠杆性，交易者可以通过交易外汇衍生品来成倍放大这种对维持汇率管制的质疑，从而对汇率制度产生冲击。例如，墨西哥在 1982 年实现了资本项目的自由化，而此时该国仍然执行有管理的浮动汇率制。当时，市场认为墨西哥比索汇率被高估，因此，在芝加哥商品交易所（CME）交易的比索期货交易量大增，导致 1985 年墨西哥中央银行不得不禁止墨西哥银行在 CME 交割到期的比索期货。❶

因此，在固定汇率制度、盯住汇率制度以及有管理的浮动汇率制度下，只要市场认为汇率定价不合理，就有可能产生投机需求，而外汇衍生品市场正是重要的投资途径。如果此时放开外汇衍生品交易的投机需求，必然导致投机交易大增，并引发外汇现货与衍生品交易之间的套利行为，给现货汇率造成压力。

---

❶ 韩立岩、王允贵主编：《人民币外汇衍生品市场：路径与策略》，科学出版社 2009年版，第 19 页。

当货币受到冲击时，金融监管当局总是希望通过一定的政策手段来维持原有的汇率体制。为此，监管部门一般采用利率工具或者公开市场操作的手段。首先，如果采用利率工具，那么当货币汇率处于升值上限时，为使持有该货币的预期收益下降，则必须降低利率。由于利率同证券市场的变动是反向的，降低利率很有可能造成资本市场证券价格的上升，反而使得投机者获得更多的收益，从而进一步助长投机风气。

其次，若采用中央银行进入汇率市场通过公开市场操作的方式进行干预，当一国货币汇率处于升值上限时，中央银行为了维持有管理的浮动汇率制度，必须在外汇市场以上限汇率抛售本国货币。这种做法相当于给购买该货币的交易者一份免费的本国货币的美式看涨期权，并且公开市场操作会造成该国外汇储备的减少。❶ 因此，当汇率出现单边预期时，外汇衍生品市场的交易有可能会对利率政策和外汇储备造成不利影响。

总之，货币政策通过多种渠道影响经济，这种影响的程度取决于各国的经济情况、金融发展程度和当前的经济状况。例如，一个拥有成熟的短期和长期金融市场的国家，其经济受利率渠道的影响最深；一个严重依赖银行的国家，其经济受信贷渠道的影响最深；一个股票市场非常活跃的国家，其经济非常依赖资本渠道。像新西兰和加拿大这样实行开放的外贸政策和国内经济规模较小的国家，对汇率的依赖程度相对较强。因此，金融衍生工具通过改变全球市场上相互作用的货币传导渠道，即使这种改变很小，也会对所选择的货币政策产生严重影响。

---

❶ 韩立岩、王允贵主编：《人民币外汇衍生品市场：路径与策略》，科学出版社2009年版，第20页。

第二节 金融衍生工具对货币传导机制的影响

一、金融衍生工具市场的扩张对货币总量的影响

金融衍生工具的发展将消除资产间可替换性的增长，使交易商从事低成本的套利交易成为可能。金融衍生工具的创造性投资组合可以替代真实证券的资产组合。例如，一种包含长期债券和短期（三个月）债券期货的投资组合相当于一种短期（三个月）存款。由于这种投资组合或组合性存款可以交易，所以它比日常的定期存款具有更大的流动性和吸引力。

这种结构性衍生品交易会对传统的货币需求产生影响，并最终影响货币总量和货币指数。通过改变对货币服务的需求，或者将承担价格风险的非货币金融资产转化为更接近传统货币的替代物，或者二者兼而有之，将增加金融衍生工具的使用频率，最终会影响货币存量。尽管金融衍生工具流动性很强，但并没有列入广义货币 M2，而流动性较差的定期存款却被列入了，这大大降低了广义货币统计的准确性。❶ 因此，为了准确地确定货币政策的总量目标，需要修正货币总量的定义，将金融衍生工具纳入广义货币总量统计。

货币需求结构可以分为三个部分：交易动机、谨慎动机和投

---

❶ 杨炘、张哲：“金融衍生工具对货币政策传导机制的影响”，载《金融与经济》2006 年第 3 期。

机动机。❶ 交易动机保证与交易相关的付款请求得到满足。人们用货币支付每天所购买的商品和服务，这就是对货币的交易需求，即人们购买商品与服务的货币需求。

金融衍生工具很难作为一种票据付款方式，因此它对货币交易动机的影响很小。金融衍生工具可以控制价格波动的风险，减少交易的担保资金，同时，随着金融衍生工具市场的繁荣，交易品种增加，流动性增强，投资者的交易动机反而会增加。

谨慎动机是指存钱以备未来不确定性支出的动机。人们存钱用于紧急事件的支出，由于不能预测的紧急事件随时可能发生，人们存钱作好准备。这就是对货币的谨慎需求。也就是说，人们不能预测何时紧急事件会发生或者何时实际开支会超过他们的预期。因此，人们愿意将存钱作为一种预防措施。

如果经济主体能够对金融衍生品产生的不确定现金流作出有效反应，那么谨慎需求将下降。在金融衍生品交易的情况下，存在一个保证金系统和市价计值系统。也有可能谨慎货币需求将增加，但当我们从整个金融衍生工具交易量来考察时，这种影响是可以忽略的。但是，金融衍生工具可能改变商业银行在中央银行存款的谨慎需求，例如，与没有金融衍生工具的时候相比，能够改变支付时间和（或）支付数量。

最后，存在一种货币投机需求。由于资产价值的不确定性，一旦投资者预计他们资产的价值将来会降低，就会产生存钱需求，因为货币是最具流动性的储蓄方式，在资产贬值的情况下，存钱比购买资产更为安全。

以下事实可以解释货币的投机需求：无论利率何时上升，人

---

❶　陆夏："从服务业的发展看当代经济危机的地理'位移'"，载《上海市经济学会学术年刊》2007 年 1 月。

们存钱是为了预防资本损失。如果金融衍生工具被当作一种对冲资本损失的方法，那么对货币的投机需求将减少，就如同货币的谨慎需求一样。然而，事实上，金融衍生工具的市场参与者不可能保证自己没有风险。因为不完善的对冲机制，货币政策的影响尽管会显著减少，但不会被完全清除。

广义的货币指数包括付息金融产品，这种金融产品可能降低需求。这是因为，直接融资将渐渐地变得活跃，能从间接融资中转移资金。然而，一旦新的金融产品被采用，在到达新的门槛之前，通货膨胀率的上升将影响真正的货币需求，但由于计息资产的存在，还是会存在更多的流动性。此时，随着金融衍生工具市场的发展，高品质的组合衍生品会大大提高金融衍生品市场的流动性。此种情况下，货币指数不再包含有同样经济功能的金融产品了。此外，还可能存在真实的货币总量被低估的情形。

然而，尽管金融衍生工具稳健发展的情况极少，但是它可以作为一种减少货币总量的趋势独立发挥作用。需要指出的是，当市场仍处于发展的早期阶段时，我们还不能过早地下结论。

二、金融衍生工具市场的扩张对货币政策传导机制的影响

中央银行的货币政策对金融市场和实体经济都会产生重大影响，这个影响过程叫作"货币政策的传导"，它对整个经济具有"涟漪效应"般的影响。具体地说，货币政策传导机制是用来描述中央银行各种货币政策变化路径的术语，包括货币数量。

在传导过程中，通过改变金融产品的价格，货币政策能够影响金融市场。伴随着金融产品价格的变化，经济主体的投资和发展模式也会发生改变，从而影响实体经济。

事实上，对货币传导机制的影响存在许多不同的观点，对于

货币、信贷、利率、汇率、资产价格和金融机构所扮演的角色等诸多方面，大家也是见仁见智。本书将从对金融市场和实体经济两个方面的影响来探讨金融衍生工具市场的货币政策传导机制。

（一）对金融市场的影响

尽管关于金融衍生工具对金融市场传导机制究竟具有何种影响的问题存在争议，但笔者还是力图对这一问题进行探讨。必须明确的一点是，对于货币传导机制而言，实体经济受基础资产价格的影响，而不是受金融衍生品价格的影响。

金融衍生工具对金融市场传导机制的影响主要是间接影响，它通过影响基础资产价格的方式间接影响货币资产的传导效果。即使在金融市场高度发达的国家，也没有证据表明，金融衍生工具对金融市场的影响能够达到使资产价格传导机制失效的程度。因此，我们可以说，金融衍生工具对金融市场的影响是间接的和有限的。

金融衍生工具的多样性和市场参与者数量的激增，可以改变一个国家的货币政策传导机制。因此，通过消除信贷风险和融资障碍来增加货币供给总量，金融机构频繁地使用金融衍生工具，可以使它有能力给借款人发放更多的贷款。在管理公司风险方面，频繁使用金融衍生工具，可以减少特定利率变动对实体经济的影响。

理论上讲，金融衍生工具的价格是由外部特定的基础资产价格决定的。尽管金融衍生工具对基础资产价格的影响几乎可以排除，但是，不能说绝对没有影响。事实上，金融衍生工具的确影响基础资产价格。例如，当使用金融衍生工具进行套利交易时，对基础资产的需求可能会发生变化。这种对基础资产需求的变化曲线可能会影响基础资产的价格走势。

由于金融衍生工具通常具有高杠杆率和低交易费用的特征，它对货币政策变动的反应比对基础资产价格变动的反应更加强烈。当考虑到金融衍生工具能够影响基础资产价格时，金融衍生工具交易者作出的快速反应会迫使基础资产价格对货币政策的变化作出反应。这些特征在流动性较低的基础资产上表现得十分明显。例如，住房抵押贷款证券（MBS）和房地产投资信托公司指数（REIT）有助于房地产市场对货币政策快速作出反应。通过组建特殊目的公司，这些资产可以转移到新的投资者名下，为这类交易创造条件。另外，债券市场上的金融衍生工具对货币政策反应速度的提升会受到限制，因为债券市场利率已经对货币政策变化作出了快速反应。

必须指出，金融衍生工具巨大的流动性会加速传递金融价格的震荡，因此，基于对货币政策冲击前后的预期，投资者希望金融衍生工具价格的变化能更早、更迅速。当金融危机发生时，市场上恐慌情绪蔓延，短期内普通的投资者急于减少自己的损失，而投机者则希望借此获取大量利润，因而，不论是普通投资者还是投机者都会倾向于选择高杠杆的金融衍生品进行操作。但金融衍生工具的高杠杆性会迅速放大恐慌情绪，造成市场参与者更大的恐慌，从而影响金融衍生品市场交易行情。如此循环，便构成市场的正向反馈机制，或称"层叠效应"（cascade）。由于市场上参与者具有相似的预期，所以交易供求呈一边倒的趋势，在外汇市场上，会致使汇率迅速上升或者下降，从而加大外汇市场的波动。在金融衍生品市场上，投资者之间的信息不对称更为明显，由此带来的恐慌和"层叠效应"比一般市场更为严重。

（二）对实体经济的影响

毫无疑问，金融衍生工具在货币政策传导到实体经济的过程中扮演了重要角色，关键的问题是：金融系统内的信贷风险转移是否能够改变货币政策的传导机制？需要注意的是，对于央行而言，还必须弄清楚一个问题：信贷风险从银行转移到其他市场，参与者是如何影响传导机制的？

货币政策对实体经济产生影响是通过经济主体根据资产价值和市场价格的变化修改自己的投资和储蓄模式来实现的。如果经济主体通过使用金融衍生品来对冲利率和资产价值风险，那么这有可能出现货币政策影响力降低的情况。有趣的是，这种理论为许多企业经理们所接受。然而，对冲价格风险并不能完全排除货币政策变化产生的影响，因为期货金融衍生品的交易是以受货币政策影响的基础资产价格为基础的。

在衍生品交易过程中，对冲价格风险的交易主体往往会因基础资产价格的变动遭受风险。可以预期的是，这种影响的程度取决于对冲效果，而且会随时间流逝而变化。因此，货币政策的巨大影响在某种程度上会被衍生工具交易部分抵销或推迟影响时间，甚至使货币政策产生的实际影响变得更加不确定。简言之，使用信贷衍生工具转移信贷风险降低了货币政策的效果。尽管还没有多少学者分析金融衍生工具市场的发展是否会增加货币政策的传导速度，但毋庸置疑的是，金融衍生品市场的合理发展将改变货币政策的传递速度。

衍生工具的推出给企业提供了更为丰富的避险工具。例如，外汇期权就可以使企业规避原本无法规避的单向外汇风险；杠杆交易允许企业用较少的资金规避市场风险，从而降低了企业的风险管理成本；丰富的金融衍生工具提供了多个可供选择的交割日期，在时间上更好地配合了企业的生产与销售。对生产企业而言，通过金融衍生工具套期保值可以降低企业现金流的波动，使企业的资金流更加平稳，从而更有利于主营业务的发展；而对金融机构来说，使用金融衍生工具进行对冲交易可以在占用较少资金的情况下，将大量风险转移给市场的其他参与者，从而减少市场风险在金融机构内部的留存和积聚。❶

总之，由于金融衍生工具市场的发展，实体经济对货币政策的短期反应会非常迅速。尽管反应的规模可能不大，但持续时间会很长。该规律同样适用于美国、德国和日本的金融衍生工具市场。

三、金融衍生工具市场对信息来源的影响

货币当局可以预测衍生品市场的未来和可能产生的影响。这类信息可以从现货市场获得，但是根据金融衍生工具的价格获得这类信息更容易。例如，期货和远期合约揭示了市场对未来利率、汇率、股票和各种到期现货商品价格的预测。特别是，对于那些比现货市场更具流动性的衍生品市场来说，金融衍生工具提供了更值得信赖的信息。

作为以短期利率（一般三个月）为基础的交易所交易衍生品，期货和期权合同，无论在世界上的哪个市场，都是交易最活跃的金融衍生工具。现在，多种多样的衍生工具，包括远期利率合约、互换交易、利率上限协议、针对短期利率风险的利率下限和固定区间利率协议，都在衍生工具柜台交易市场上表现活跃。

这些产品中，如期权，可以提供对未来的不确定性作出反应的私人交易信息。因为期权价格本身就是对基础资产未来价格不确定性的反映。期权转让的标的是在期权行权日或之前，以特定

---

❶ 韩立岩、王允贵主编：《人民币外汇衍生品市场：路径与策略》，科学出版社2009 年版，第 23 页。

价格（行权价）购买或者出售基础资产、工具或指数的权利而不是义务。在交割时，期权合约必须付清不对称的基础资产价格波动差额并支付佣金。

期权合约的未来不确定性源于隐藏的价格变化，如果这种变化加剧，未来的不确定性就会增加。同时，投资者通过比较看涨期权和看跌期权，可以间接推断未来不确定性的分布情况。例如，当比较到期日相同的看涨期权和看跌期权的行权价时，如果看涨期权的佣金相应增加，那么对市场的预测是未来的价格更可能上涨，而不是下降。在做多的情况下，如果基础资产价格高于行权价和佣金的总和，那么差额就是净利润。如果基础资产价格上涨，利润也会相应增加，但是当基础资产价格下降时，损失仅局限于佣金水平。

从做多期权和做空期权的交易量的比较中也可以获得类似信息。此外，期货和远期市场提供了一种获得未来价格预期的替代性渠道。同样，货币市场，如基于收益曲线的远期利率，也可以用来预测未来，但是更具流动性的衍生工具市场可以提供更多的信息。

未来各国央行政策不确定性的增加与三种在货币市场上大量交易的外汇期货合约（欧元美元期货/期权、美国联邦基金期货、欧元日元期货）有联系，但是，不会影响欧元银行间拆借利率（Euribor）的期货与期权交易。货币当局可能根据衍生工具市场价格的变化调整政策预期。

因此，金融市场的发展和新工具的引入不仅影响货币政策传导，还影响央行的决策过程。种类繁多的衍生品市场交易信息给政策制定者提供了若干年前他们还不知道的大量信息。相反，现在更难以对传统的货币政策指示器作出合理解释。

四、金融衍生工具对公开市场业务的影响

公开市场业务是货币传导机制发挥作用的一个重要渠道。公开市场操作意味着央行参与公开市场（如股票市场），通过销售或者购买政府债券直接刺激货币总量和其他主要因素，以实现特定金融目的。卖出政府债券被认为是卖出操作，买入政府债券被认为是买入操作。此时，交易的对方可以是私人投资者，也可以是公司或银行。

公开市场业务通过两种运作机制间接影响货币政策的效果：第一种运作机制是影响商业银行的现金储备；第二种运作机制是影响利率。讨论买入操作时现金储备发挥的作用，我们发现如果央行从商业银行购买政府债券，央行的资产账户上会增加政府债券的数量，而与之交易的商业银行在中央银行借方账号中的现金余额也会增加。

间或，央行会使用临时的公开市场操作政策。为了执行货币政策，央行使用短期回购和反向回购协议来暂时影响央行投资组合的规模，以及影响银行间市场的日常交易。但是，央行作为唯一的货币供应者的地位并不会受到金融衍生工具市场扩张的影响。

一般认为，金融衍生工具的重要作用之一是可以减少市场的变化。但持相反观点的人认为，不稳定的一个独立来源是这些信贷衍生品增加了流动性，同时，作为缓冲器，实际上投资者赌的都是同一种趋势——假定资产价格不断增长——所以，在信贷危机中，它们是纯粹的稳定破坏器。然而，这种反方观点忽视了以下事实：衍生工具有时也赌价格下跌趋势，更重要的是，衍生工具能以担保方式为公开市场业务提供新的运营渠道。

公开市场操作不同于存款准备金和贷款政策，它完全是根据

市场机制操作，符合各类经济主体（如银行、非银行性金融机构以及公司）因追逐财富而参与交易的目的。对金融市场而言，它是最有效的市场经济政策，影响非常广泛。同时，因为公开市场操作可以通过控制操作时间、操作数量、条件以及根据当局的需要，选择弹性的政策进行操作，因此，公开市场操作能够被中央银行频繁地使用。

众所周知，许多央行使用外汇互换合约作为货币政策工具；一些央行在管理它们的外汇储备时，会使用更广泛的金融衍生工具，但不是基于货币政策目标。以外汇市场为例，央行使用衍生工具有两种典型方式：一种是央行利用衍生工具促进资产的可替换性；另一种是央行利用衍生工具消除短期风险。然而，在美国，金融衍生工具很少被用来作为中央银行货币政策的工具。金融衍生工具仅在 20 世纪末使用过，当时被用来一劳永逸地解决具体问题。

尽管如此，为了解决诸如"黑色星期一"和美国长期资本管理公司（LTCM）之类的金融危机，央行总是像储水罐一样及时出现，通过货币政策消除金融市场上的心理恐慌。然而，即使这种判断失之偏颇，通过降低再贴现率，中央银行的货币政策反应能够稳定投资者的心理，但这种方法不是根本的解决手段。

可归责原则（道德风险问题）要求市场主体独立解决这些问题，因为这些问题是市场主体本身造成的。必须指出，衍生工具不是央行的货币政策工具。从长远来看，央行需要尽可能地增加现金储备，以便处置问题资产以及预防金融危机。

五、套期保值衍生工具对系统性风险的影响

现代金融创新层出不穷，新的衍生工具带来了市场革新，且

提高了金融系统的效率。通过将创设、组合以及分散的基础资产信用风险转移给银行外部系统的方式，快速发展的金融工具和金融中介正在重塑银行的作用。一个无法回避的问题是：新的金融衍生工具是否能为银行提供更多的资金灵活性以应对与货币政策有关的市场情况的变化？

至于外汇市场上的金融衍生工具交易，主要的信用风险是通过标准化、逐日结算系统、保证金系统以及外汇市场的履约担保来预防的。然而，对于场外市场的金融衍生品交易而言，由于交易相对人的高违约风险、高杠杆率以及复杂的交易结构，如果对投机性投资没有有效的内部监管，那么，即使是大型金融机构也可能产生巨大的金融危机风险。

尤其是随着交易规模的增加，金融市场之间的相互依存关系加深，如果个别金融机构的风险管理失败，那么会增加并影响到整个金融系统的风险。在这种系统风险情况下，货币政策的事前影响力必然减弱。因此，一个可能的解决方案是考虑执行税收政策以阻止市场参与者使用高杠杆率的金融工具。

历史上，重大金融危机会导致很多金融机构破产乃至倒闭，这往往是由重大风险的相互作用引起的，这种重大风险甚至能够扰乱整个金融系统。政府主管机关（中央银行）通过提供救助基金和额外货币的政策，曾经减轻或消除了这种负面影响。因此，在系统性风险以及衍生品市场快速扩张的情况下，很可能执行诸如降低利率等宽松的货币政策。

例如，在1998年长期资本管理公司（LTCM）丑闻事件中，投资于长期资本管理公司的大型金融机构是高盛集团和美林银行。这两家金融机构为长期资本管理公司提供所需的增量资本，同时，美国联邦储备银行执行低利率政策。1998年8月17日，当俄罗斯宣布卢布贬值和违约时，长期资本管理公司正处于破产的边缘，通过95%的外部购买，用1000亿美元的杠杆做了1.25万亿美元的期权投资（以小博大）。❶美联储意识到了系统风险，于1998年9月降低了利率。

货币当局认识到华尔街的两面性还为时不晚。市场参与者的真实面目是"当事情蓬勃发展时，金融工程师能够提醒政府不要去破坏双方当事人"。然而，"当情况变得糟糕，他们能够指望美联储通过紧急注入资金和降低利率的方式来拯救他们"。❷货币监管不能仅仅理解为保护消费者和投资者，其主要目的是保护整个系统免受致命的解体危机。

此外，随着交易结构变得越来越复杂，金融衍生工具需要所有的金融工程师、交易专家和投资操作员具有高水平的专业知识并能理解高难度的数学和统计技术。因此，在"黑匣"现象中，高层管理人员很难作出与金融衍生工具有关的实际决定，这种现象同样会发生在市场交易参与者、监管机构和货币政策制定者身上。

今天的金融市场监管考官无法评阅银行所提交的诸多答卷，必须依靠银行自己的模型，这些模型显然未能预测到次贷事件中发生的情况。虽然最大的银行集团遭受了严格的管制，但由于监管职权的分散，当新的外来的金融工具创造的市场条件不能用模型来预测时，关于资产负债表是否足以抵抗外来压力的问题，监

---

❶ Jongho Kim, Can Risks be Reduced in the Derivatives Market? Lessons From the Deal Structure Analysis of Modern Financial Engineering Debacles, 6 DePaul Bus. & Com. L. J. 29, 75 (2007).

❷ Robert Kuttner, The Alarming Parallels Between 1929 and 2007: Has Deregulation Left the Economy at Risk of Another 1929 - Scale Crash? Should the Fed Keep Bailing Out Speculators? Am. Prospect, Oct. 2, 2007, at P21. http://www.prospect.org/cs/articles? article = the alarming parallels between 1929 and 2007.

管机构也无法作出准确的估计。

即使现代的结构性衍生工具可能会导致从市场指标中提取有用的信息变得更加困难，但是，它们仍然可能提供有用的政策数据。因此，央行必须积极地将衍生市场的信号纳入货币监管，从而加强货币政策与市场预期的一致性。

小　结

虽然金融衍生工具的发展使得整个经济系统的资源配置更加有效，但是，整体货币政策的有效性可能降低。衍生工具的发展能够影响货币指数和货币政策传导机制的功能，但是不会造成太大损害，同时，央行可以充分利用衍生工具市场的信息提高监管效率。

同时，我们注意到，金融衍生工具的发展更多地源于市场主体为克服经济的不确定性和波动性而作出的努力，各种各样的金融衍生工具是根据交易者的不同兴趣和需要设计的。这表明货币政策的本质是多种多样的，因此，货币当局为减少币值的不确定性而进行的监管努力，还必须以单个金融产品和经济增长为基础，从微观视角来进行分析和采取相应的监管措施。

从国外经验来看，美国联邦储备委员会正在积极监管期货合约的期权价格，以评估利率、即期汇率、原油等商品价格、股票价格的正常变动情况。因此，为了能够采取灵活的货币政策，我们建议中国人民银行应当开发一套能够收集有关未来资产价格、预期波动以及价格变化分布预期的市场观点的数据采集工具。我国的中央银行和金融监管机构有责任维护金融市场的稳定，它们的角色应该是担任实体经济的仆人，而不是主人。

第三章

金融衍生工具法律监管的
理论基础

理论对实践具有重大的指导作用，在各国金融衍生工具迅猛发展的今天，必须加强对基础理论的研究，才能把握市场规律，规避金融风险。本章认为，市场失灵理论、不完全契约理论是指导金融衍生工具法律监管制度构建的两大理论基础：市场失灵理论对于解释金融衍生工具法律监管的正当性和制定适当的监管规则具有重要意义；不完全契约理论对于确定金融衍生工具交易各方的法律责任，设计合理地解决交易双方信息不对称问题的激励机制具有重要指导意义。

第一节　市场失灵理论

传统经济学的市场失灵理论是证明国家干预金融衍生工具市场具有正当性的理论基石。建立高效的法律监管制度旨在矫正金融衍生工具市场的失灵。在下文中，笔者将讨论市场失灵的四种类型，以及在金融衍生工具市场上如何对其予以矫治。

一、市场失灵的类型

（一）代理成本

代理成本系指在代理活动中发生的实际成本和遭受的损失之和。代理成本包括：委托人的监督成本，即委托人激励和监控代理人，以克服代理人的道德风险和勤勉风险产生的成本；代理人的担保成本，即代理人确保不损害委托人利益的成本以及若损害了委托人利益将给予赔偿的成本；剩余损失，是指委托人因设计适当的机制以减少代理人越轨行为产生的福利损失，它等于代理人决策和委托人在同等信息和禀赋情况下自行决策之间产生的价值差额。显然，委托人的监督成本和代理人的担保成本是确保代理行为效果的实际成本，剩余成本是在代理行为效果最优但又不完全被遵守、执行时的机会成本。❶

频繁使用金融衍生工具是对一个或多个委托人—代理人问题的回应。从事金融衍生工具交易的公司或中介机构与该公司或中介机构的高级管理人员和雇员明显具有不同的激励结构。经理和高级雇员更不愿意承担有关金融衍生工具交易的风险，尤其是当他们不了解自己公司购买的金融衍生工具时，或者在他们已经向公司投入了过多的人力或金融资本的时候。相反，低级别的雇员可能会有一种比较短浅的获取回报视野，或者说希望冒更大的风

---

❶ 类承曜："代理成本、外部性与我国地方政府投融资平台过度举债"，载《宏观经济研究》2011 年第 10 期。

险，并且因此而把他们的工作视为一种"免费选择"，实际上就是一种不花钱购买和交易金融衍生工具从而获得高风险收益的机会。而金融衍生工具交易商则被迫尽可能地披露风险，以避免承担赔偿责任，使公司收益最大化。然而，考虑到这些不同的激励结构，金融行业会周期性地遭遇不端行为之损害。

另外，公共部门雇员相对低的工资表明，这些雇员可能从事风险较高的金融衍生工具交易，因为他们非常重视非金钱补偿，如职权等，这些是实体部门的经理们不太重视的，因为后者存在较高的薪酬激励。许多金融衍生工具的损失与公共实体的非工资激励有关。

从一定意义上来说，对金融衍生工具实施监管的目的在于降低上述代理成本，它甚至可能创造出额外的社会和个人价值。通过对现行监管制度进行调整可以矫正有关的代理成本问题。近年来，对个人交易员及其雇主提起的民事和刑事诉讼，可能制止未来的欺诈交易和过度投机行为。

（二）信息成本

社会经济活动中每个人拥有的信息不同，由此造成信息不对称。信息不对称的例子有很多。工人对自己工作的勤勉度和忠诚度最清楚，这方面的信息比雇主知道得多；旧车的车主对车况的了解比新买主多。在金融衍生工具交易中，信息不对称的情形普遍存在。由于金融衍生工具交易具有远期性、不确定性等特征，加之中国证监会仅要求上市商业银行在财务报表附注中披露衍生金融工具的相关信息，也就是金融衍生工具的信息在现行资产负债表中无法揭示，只能作为表外项目列示，这直接导致监管部门和财务报表的使用者，如投资者、债权人、公司股东等在信息获取和占有方面处于明显劣势。另外，我国只有上市银行按中国证监会的要求按时披露年报，其他商业银行则很少披露。虽然我国《金融机构衍生产品交易业务管理暂行办法》规定了金融机构应对外披露从事衍生产品交易的风险状况、损失状况、利润变化及异常情况，但并未明确所应披露内容和程序要求。这造成金融衍生工具风险披露缺乏一个综合、透明和连续的发布机制，由于金融衍生工具业务在资产负债表中没有任何显示，因此，投资者不能对市场价格形成理性预期。❶

交易者为了获得足够多的金融衍生工具交易信息，需要花费的成本是非常巨大的，因此，金融衍生工具的交易人可能选择在信息不充分或不完整的情况下，做出有关金融衍生工具交易的决策。由于信息缺乏和存在高昂的交易成本，导致金融衍生工具市场出现许多低效率的行为。错综复杂的监管网络和专业的金融衍生工具术语要求经过大量的专业训练，甚至需要专门的金融衍生工具执业律师才能进行实际交易；即使是最老练的金融衍生工具购买人也常常是在信息不足的情况下进行交易的。

金融衍生工具市场的信息不对称情形普遍存在，为了降低交易成本，投资者迫切希望建立低成本的金融衍生工具市场。金融市场的参与者们希望建立一种新的金融衍生工具交易市场，从某种意义上来说，在这样的市场上进行交易与他们以往支付的费用相比，可以节省更多的交易成本。互换就是一个节省信息成本交易金融衍生工具的极好例子。

从一定程度上来说，对金融衍生工具实施监管会激励金融市场参与人以更有效的方式提供信息，从而产生额外的利益。但是，必须在提供信息的公共利益、特定金融衍生工具信息披露的巨额

---

❶ 参见唐波、莫暐华："我国金融衍生工具风险法律监管制度之构建"，载顾功耘主编：《金融衍生工具的法律规制》，北京大学出版社 2007 年版，第 242−243 页。

成本与过度提供信息产生的风险之间进行平衡。

分析国际金融危机的发生原因，可以得出一个基本结论，即信息流动与监管成败休戚相关。很明显，管理日益复杂的金融系统的关键，是及时获取和有能力加工相关的市场信息。在这个永无止境地追求更快和更先进技术的世界上，金融监管机构维持他们的监督、识别、评价，并及时应对日益复杂的金融工具与金融交易策略带来的风险和挑战方面的能力是至关重要的。

一般情况下，私人投资者和金融机构有更好的条件获取重要的实时市场数据，能够更聪明和有效地拥有这些信息。他们的"内部人"位置使私人市场参与者能够作出更灵敏的判断，即哪些信息与预防系统风险有关，哪个具体的信息如何影响整体走势。市场主体具有理解和分析日益复杂的金融信息的比较优势，因此，与政府监管相比，行业自律监管具有监管效率的重大优势。

重要的是要记住，这种信息优势是一种相对的现象。需要强调的是，与政府监管相比，只有金融机构，由于他们作为金融市场的主要参与人，作为复杂金融工具的实际创造人和使用人，才具有全面理解和系统分析自下而上的系统性金融风险模型的内在优势。承认金融机构作为市场参与者具有相对的信息优势，并不意味着金融机构始终拥有完整和全面的知识，能够真正理解金融风险的趋势与脆弱之处，从而应当取代政府作为唯一的监管决策之源。2008 年的全球金融危机恰恰表明，即使是全球最复杂金融机构的顶级管理层，也很难发现和衡量其公司资产负债表内外的真实风险水平。[1]

与金融机构相比，负责管理金融服务部门的政府机构具有严

---

[1] 阳东辉："建立'公共利益嵌入型'金融自律监管模式"，载《中国社会科学报》2012 年 9 月 19 日。

重的内在信息劣势。在目前的法律和监管框架下，一般而言，美国的金融监管机构不要求金融机构向其报告所有的交易数据或者其他市场信息。大量的最复杂的金融交易发生在柜台或场外交易市场，在那里，私人交易者签订双边合同，不需要向监管机构公开披露或者报告。在某种程度上，监管机构通常是在事后得到这种市场信息，有时是在某个企业或者某个细分市场的风险累积到一定程度，才得到这种信息。虽然这种信息对衡量相关市场的整体规模和发展趋势是非常重要的，但是，要让监管机构跟上那些最复杂的、快速发展的金融市场的发展步伐，其难度可想而知。

诚然，可以通过修改法律，强制性地规定衍生工具交易者必须将所有的或者最重要的市场信息向金融监管机构进行实时报告。然而，这种措施不能有效地解决金融监管机构信息监管能力不足的根本性问题。例如，如果收集所有场外金融市场的交易数据，并直接向政府机构报告，光是这些数据的数量可能就浩如烟海，况且，还要考虑到这些机构的人员编制和预算限制问题。此外，横跨多种不同类别的资产，包含协作流程复杂的交易策略，不容易进入监管机构的视野，即使按照强制披露制度的要求，特定战略规划必须向监管机构报告。因此，大多数情况下，监管机构要及时发现复杂的金融产品市场存在系统漏洞的迹象并快速作出反应，的确是非常困难的。虽然美国金融监管机构积累了规制证券、期货市场滥用和欺诈行为的大量经验，但是，发现累积的潜在系统性风险要求更细致入微的服务和密切配合了解这种难题的细节。即使是最好的和最有效的金融监管机构都不可能拥有足够的组织资源来应对金融风险挑战。

（三）外部性

外部性（Externality）是指企业或个人向市场之外的其他人所

强加的成本或利益。❶当某人的生产或消费给第三人带来额外的成本或收益时，就会产生外部经济影响；也就是说，给第三人强加了成本或收益，但是，受到这种影响的第三人却没有为此付出对价。更确切地说，外部经济影响是一个经济人的行为对另一经济人的福利所产生的影响，而这种影响并没有反映在货币或市场交易中。❷外部性使部分私人成本由社会或其他人承担，或使私人享受本应由社会享有的利益。在外部性的作用下，自由竞争的市场资源优化配置规则被扭曲了，市场机制难以正常发挥作用。

传统经济学理论认为，私有制是实现全部外部性内在化终极目标的有效方式。隐藏在"外部性内在化"背后的基本逻辑是：如果财产所有人能够承担外溢给社会和第三方的全部成本和收益，那么财产所有人就愿意作出有效率（社会福利最大化）的决定。譬如，如果排污厂将污染空气或水资源的成本全部内在化，那么排污厂将有效率地进行污染，即只在排污所带来的社会总收益超过社会总成本的前提下进行排污。❸通过将全部收益内在化，土地所有人拥有改良土地，扩大投资经营规模以增加财富和产值的强烈动机。

一部分反对对金融衍生工具进行监管的学者认为，只要金融衍生工具交易的风险能够被交易当事人内在化，那么就没有必要担心当事人因金融衍生工具交易而遭受损失。但是，更多的学者认为，金融衍生工具交易的成本和风险不可能完全被当事人内在化。

---

❶ ［美］保罗·萨缪尔森、威廉·诺德豪斯：《经济学（第 16 版）》，萧琛等译，华夏出版社 2003 年版，第 28 页。

❷ 阳东辉："论科技创新外部性的法律干预进路"，载《湖南师范大学社会科学学报》2013 年第 5 期。

❸ 同上。

比如，导致市场崩溃的"系统性风险"就不可能被金融衍生产品的交易双方完全内在化；同样，当金融衍生工具交易商不了解某些风险或者不能获得必要的信息以了解这些风险时，还可能存在其他的系统性成本。从某种意义上说，投资金融衍生工具产生了当事人难以承担的风险，也产生了促使当事人冒险从事金融衍生工具交易的额外激励。一方面，政府管制会迫使金融市场参与者的交易成本内部化，从而提高市场效率。另一方面，外部性问题的存在也是支持金融衍生工具自律监管的强烈理由。

（四）道德风险

道德风险一般是指代理人从事不适当或"不道德"行为的风险或"危险"。在这种情况下，委托人就要尝试使用各种方法来激励代理人采取负责任的行动。对于金融衍生工具交易而言，道德风险主要表现为市场参与者的不诚信行为和冒险行为。对于不诚信行为，主要是通过反欺诈立法予以规制。关于冒险行为，其道德风险存在以下两种情形：第一，道德风险是指企业负债以后，股东企图增加企业承担项目风险的倾向。如果多种法律规则——如破产法、贷款人责任、诚信义务——增加了债权人保护自己防止股东过分冒险的成本，那么企业可能使用金融衍生工具作为债务的低成本替代品。第二，道德风险是指受保险或者政府担保保护的金融衍生工具购买人倾向于增加其投资的风险。在一定程度上说，金融衍生工具监管能够矫正道德风险问题，因为政府监管可以遏制投资者的过分冒险行为，将风险控制在一定范围之内。

二、市场失灵理论对金融衍生工具法律监管的指导意义

市场失灵理论对于金融衍生工具法律监管的最大指导意义在于启发我们，根据市场失灵的不同类型和基本样态，寻找具有针

对性的不同矫治措施，合理划分市场和政府的边界，并在时机成熟时，将成功的监管经验和规则上升为立法。具体而言，针对金融衍生工具市场失灵的不同样态，可建立如下分类监管制度。

（一）建立适当的激励机制矫治金融衍生工具代理失灵问题

在传统的委托代理模型中，道德风险主要表现为委托人很难观察到代理人的忠诚度以及工作的努力程度，委托人一般以签订高于本行业平均薪金水平的可变薪酬的方式，来吸引代理人忠诚和勤勉地工作。因为对于委托人来说，他是无法观察到代理人的努力程度的，因此，委托契约必须能够给代理人一种激励，使得代理人选择委托人所希望的努力水平。如果委托人想诱使代理人付出更多的努力，契约必须设计得能够使代理人通过选择这一努力水平而使他的期望效用最大化。❶ 金融衍生工具的客户和经纪人交易商之间存在一种委托代理关系，经纪人交易商可能基于自身利益最大化而危害客户利益，同时，交易商的高级管理人员和雇员，也可能为了个人利益而损害交易商和客户的利益，这些都属于委托代理成本和道德风险问题。在大型经纪人交易商内部，代理成本问题可能更复杂。在经纪人交易商内部，管理层有权调配资源，根据领导的指示，资金在内部可以自由转移，因此管理层有可能为谋取私利而进行过度投资。❷ 公司总经理与部门经理之间也存在代理风险，代理成本主要包括部门经理的寻租活动、游说活动、权力斗争等。由于总部无法确定部门经理的业绩，所以，总部通常采取提供项目资金的方式来"激励"部门经理。而部门

---

❶ ［法］埃里克·布鲁索、让·米歇尔·格拉尚编：《契约经济学理论和应用》，王秋石等译，中国人民大学出版社 2011 年版，第 222 页。

❷ Matsusaka, J., Nanda, V. Internal Capital Market and Corporate Refocusing ［R］. University of Southern California, Working Paper, 2000.

经理为了维护自己的利益，会想尽一切办法争取更多的项目资金或补贴。部门经理通过游说和贿赂总部将资金分配给非最佳部门的方式，设法改变项目的资金流向和规模，部门经理的游说和行贿行为必然导致内部代理效率低下和内部资源配置扭曲。❶

也就是说，在委托代理关系中，委托人很少有行之有效的监督方式来约束代理人，往往借助于经济激励方式来诱导代理人维护委托人的最大利益，从而实现双赢或者多赢目标。很多金融衍生工具都有类似的激励机制。比如，创设股票期权的一个重要原因就是使股东的利益与管理人员的利益趋于一致。期权可以使公司的主要股权人，往往是公司的高管，加班加点为公司工作。如果公司公开募股成功，那么雇员将会获得很多收益。但是，如果公司经营不成功，这些期权将一文不值。在美国，雇员股票期权大约占高层管理人员报酬的50%。雇员股票期权又被誉为"高管的绩效工资"。因此，解决金融衍生工具代理失灵问题的关键是建立一套行之有效的代理人激励机制，最大限度地控制代理风险，从而促进金融衍生工具市场快速有序发展。

（二）建立强制信息披露制度克服金融衍生工具信息失灵问题

金融衍生工具市场是一个信息市场，金融衍生工具市场的运行离不开信息的获取、加工和处理过程。正是信息指引着社会资金流向各实体部门，信息在金融衍生工具市场资源配置中起着决定性作用。金融衍生工具的相关信息反映的是金融衍生工具发行人、基础资产公司的财务、经营情况及外部的政治经济环境，是

---

❶ 邵军："代理成本与内部资本市场效率"，载《上海立信会计学院学报》2009 年第 4 期。

投资人进行金融衍生产品投资决策的依据。投资人通过各种渠道收集市场信息，然后进行辨别、分析、消化、加工，再根据自己的经验、知识和智慧等进行判断，最后作出是否进行投资的决策。提高金融衍生工具市场效率的关键是提高信息获取的充分性、准确性和对称性。信息对金融衍生工具市场的作用犹如情报对战争的作用一样。在过去的战争中，我们经常看到那些侦察兵以获取情报、信息为己任，一旦战争的一方能知己知彼，就有可能百战不殆。在未来的高科技战争中也是如此，谁拥有了充分完备的信息，谁就能赢得战争的主动，并战而胜之。认识到了情报信息影响战争的进程，也就能理解信息影响金融衍生工具市场的走势，二者可谓"异曲同工"。

在理想的完全竞争市场上，要素自由流动，真实的价格信号引导市场资源配置，市场主体公平、公正和公开地展开竞争，市场机制能够发挥最大功效，从而实现社会财富与福利的最大化。但是，这只是一种理想状态，在现实生活中是不存在的。在一般情况下，市场的常态特征主要表现为不完全竞争，即个别市场主体具有一定程度地控制某一产品价格的能力，各竞争者处于能力不对等状态。与商品市场一样，金融衍生工具市场作为市场体系的一部分也无法避免市场失灵现象。金融衍生工具市场失灵的一个重要表现就是金融衍生工具交易双方之间信息不对称。在金融衍生工具市场上，产品设计者和卖方对产品拥有信息优势，而买方和投资者往往对产品和企业的相关信息了解有限，处于劣势地位，需要依赖卖方的专业技能和专业服务才能进行正常决策和交易。这种信息的不对称就可能导致金融衍生工具市场产生内幕交易、前端市场操纵和欺诈客户等违法行为，损害投资者利益，危害金融衍生工具市场的健康发展。另外，金融衍生产品价格形成过程中的非市场化因素的介入，以及投资者对这些因素反应的差异性，会导致价格信号的扭曲和不完整。

按照市场有效性理论，只有所有的市场参与者在同一时点上掌握的信息是完全一样的，市场才能有效运行。然而，由于金融衍生工具市场信息不对称的普遍存在，投资者利益常常遭受损害，最终危及金融衍生工具市场的发展。

金融衍生工具市场的成功运行和发展，离不开投资者对市场的信任，一旦市场充满欺诈和虚假信息，投资者任人宰割，则投资者可能用脚投票，远离金融衍生品市场，导致市场一蹶不振，熊市漫长。因此，政府必须有所作为，采取措施矫治金融衍生工具市场信息失灵问题。美国在 1929—1933 年经济危机之后发明的强制信息披露制度是一种有效的矫治措施。尽管我国《证券法》也规定了发行信息公开和持续信息公开制度，但是，尚未在金融衍生工具市场全面推行，因此，为了克服金融衍生工具市场信息不对称的问题，应建立针对金融衍生工具市场的强制信息披露制度。

（三）严格法律责任追究机制，解决道德风险和外部性问题

金融衍生工具是一把双刃剑，它们确实具有活跃交易和分散风险的功能，但是，如果不加控制地滥用它们，金融衍生工具的杠杆效应必将在金融市场上掀起狂风巨浪。一旦金融危机爆发，股市、汇市、楼市泡沫破裂，金融机构倒闭，工人下岗失业，后果不堪设想。金融衍生品的这种杠杆效应以及风险的分散性，必将极大地扩张危机的广度和深度。❶ 在这个充满投机、信息瞬息万

---

❶ 付优生、史焕平："我国金融衍生品创新及风险防范——美国金融风暴的启示"，载《当代经济（下半月）》2008 年第 12 期。

变的金融衍生工具市场上，造成投资者损失的因素也是多种多样的。区分违法行为所造成的损害和正常的市场风险带来的损害往往非常困难，这更增加了解决道德风险和外部性问题的难度。尽管各种内幕交易、欺诈客户和价格操纵行为充斥金融衍生工具市场，但真正受处罚者屈指可数。

解决道德风险和外部性问题的有效办法是建立严格的责任追究机制。按照传统法理学"主体—权利义务—行为—责任"的逻辑思维，没有责任的范畴体系是不完整的，没有责任强制力支持的法律规范是软弱无力的。法律责任是法律运行的保障机制，也是法治必不可少的要素和环节。法律责任作为一个重要概念，是法学范畴体系的要素。❶ 没有严格的法律责任追究制度，任何完美的法律条文都等于一纸空文。要使金融衍生工具法律监管制度具有执行力和强制力，就必须针对金融衍生工具交易的特点，设置科学合理的交易规则和明确各方义务，对于违反法律义务的行为，行为人必须承担相应的法律责任。

（四）建立政府监管与自律监管相结合的模式解决金融衍生工具市场系统性失灵问题

作为一种干预经济的监管方式，行业自律监管明显不同于政府直接监管和纯粹的市场自律，它在解决这些挑战方面具有很大的前景。关于获取市场信息，私人主体比政府具有更大的潜在优势，他们有能力识别、分析和评估全球金融市场，对复杂金融产品及其交易的基本趋势的分析与评估更是如此。

这方面一个明显的实际困难是，为了提高自己的专业知识，政府机构不得不雇佣相关领域的专家，并给这些专家提供高额的

---

❶　吕忠梅、陈虹：《经济法原论》，法律出版社2007年版，第221页。

佣金，以吸引他们辞去投资银行和对冲基金的高薪职位。根据这些条件，政府与私人部门展开竞争不是一种可行的解决方案。然而，用这种方法解决信息不对称问题的关键与所需专业知识的动态性有关。事实上，一个人的教育水平或自然禀赋不一定转化为了解该行业和市场趋势的实际知识。在瞬息万变的金融世界，最好的，即使不是唯一的，发展和维持这种知识的方法是待在战壕，策划和从事实际的商业活动。政府雇员，不管多么训练有素或者值得信任，不要指望他们拥有这种如影随形的、高度动态的交易知识。

专业知识的不足，再加上资源的限制，使得单独依赖政府直接监管日益复杂的金融市场中的系统风险成为一种巨大的制度缺陷。在这种模式下，监管机构对风险的反应将永远落后于产业界至少一步，不仅表现在时间上，还表现在对市场行情和系统风险预防趋势的实质含义的理解方面。同时，私营行业主体，没有监管责任，却拥有优越的市场知识和金融与技术资源，总是能够找到新的方法来规避政府制定的规则和制度。政府机构努力收集更多的信息，制定更烦琐的规则，这很可能进一步刺激市场主体逃避监管约束。监管套利博弈的对立双方：监管机构和私人主体进行的这种永不停歇的动态博弈，很可能提高全球金融市场的复杂性水平，同时，进一步恶化潜在的系统性风险。

总之，金融衍生工具市场是一个复杂的市场，这个市场必须有国家监管机构的监管，国家的监管机构必须对所有的市场参与者进行集中统一监管，查处并制裁违法行为，以保证金融衍生品市场上执法权的统一。但是，由于金融衍生工具市场是一个复杂的市场，仅仅依靠政府的监管难以奏效，还需要行业自律监管发挥补充监管的作用，以实现金融衍生工具市场的高效统一。这两种监管模式各有所长，政府的监管富有刚性、属于宏观管理，而行业自律监管充满了柔性，属于微观管理，只有刚柔并济，宏观与微观结合，相互补充，才能发挥各自的优势。

第二节　不完全契约理论

不完全契约理论是由格罗斯曼（Grossman）、哈特（Hart）和莫尔（Moore）等共同创立的，因而该理论也被称为 GHM（格罗斯曼—哈特—莫尔）理论或 GHM 模型。不完全契约理论认为，由于人类的有限理性、信息的不完全性和市场的不可预测性，不可能签订完全契约，而契约的不完全性是永恒和普遍存在的现象。❶当契约不完全时，将没有被合同明确规定的权利——剩余控制权配置给投资行为更有价值的一方是有效率的。契约的不完全性会导致事前签订的最优契约失效，给当事人带来意想不到的损失，因此，适当的法律干预措施可以减少契约不完全造成的效率损失，使当事人在面临对方"敲竹杠"的风险时，能采取一定的补救措施。

不完全契约理论与金融衍生工具有密切联系，一方面，金融衍生工具是规避不完全契约风险的产物，比如远期、期货、期权和互换的诞生就是避险的产物；另一方面，不完全契约理论可以解释法律干预金融衍生工具合约的正当性，同时，该理论还可以确定国家干预的合理进路和边界。因为金融衍生工具的本质就是一种金融契约，它是契约双方就交易特定标的的价格、时间、地

---

❶ 王艳荣、杨善林："公司治理目标模式研究"，载《经济问题探索》2006 年第 12 期。

点等条款达成的协议。交易的标的包括证券、货币、权利、利率、汇率，或各种综合价格指数等。❶ 金融衍生工具合约与一般的交易契约相比，其构造更为复杂，专业性更强，风险更大，交易双方的信息不对称问题也更严重，因此，以不完全契约理论作为指导金融衍生工具法律监管的理论基础具有较强的针对性、实用性和现实意义。

一、不完全契约理论的一般原理

（一）契约不完全的原因

不完全契约理论认为，由于人们的有限理性、信息的不完全性及交易内容的不确定性，使得双方明确所有契约条款细节的成本过高，拟订完全契约是不可能的，契约的不完全性是必然和普遍存在的。所谓契约的不完全性是指契约不可能做到完备的程度，❷ 契约的不完全性主要基于以下两个方面的原因。

1. 有限理性

客观世界是复杂的、不可预测的，有限理性的当事人不可能设想到未来出现的各种情况，并作出完善的应对计划。

2. 交易成本

即使一方能够制定比较完善的合同条款和应对计划，基于信息、经验和个体禀赋差异，也很难让双方达成一致意见。对于这些差异，过去的经验也提供不了多大帮助。当未来存在大量不确定性事件时，在金融衍生品交易中签订将各种不确定性因素都考

---

❶ 熊玉莲：《金融衍生工具法律监管问题研究》，北京大学出版社 2009 年版，第 27 页。

❷ 王艳荣、杨善林："公司治理目标模式研究"，载《经济问题探索》2006 年第 12 期。

虑在内的完全契约成本太大，因为契约中总留有未被分配的权利和未被列明的事项。签订不完全契约不仅可以避免把各种不确定因素全部写入契约而发生的大量争论和"墨水"成本，而且契约双方还可以避免大量信息搜寻和谈判成本。❶ 因此，考虑到与完全契约谈判相关的这些真实资源成本，个人利益最大化的交易者不愿使用完全契约的格式模板。他们也许会共同协商决定降低契约说明的详细程度，以及减少由此产生的浪费性的耗散活动。如果交易者知道交易结束时还遗留了一些不确定因素没有涉及，一旦发生此类事件，则他们将会对此进行事后处理。❷

即使合同双方可以就将来条款达成一致，但是他们协商的内容也很难被第三方，尤其是被法院、仲裁机构等外部权威机构理解、认可和强制执行。在契约履行的某些方面，比如汉堡包的味道或雇员工作的努力程度，如果要在契约中将它们明确规定下来，使之成为可以移交给第三方强制执行的违约证据的话，其成本一定很高。因此，这些难以衡量的行为是无法在契约中得到充分说明的。❸

（二）剩余控制权应当配置给投资行为更有价值的一方

不完全契约理论区分了特定权利和剩余权利，特定权利是指契约中明确规定的权利，而剩余权利是指契约中未明确规定归属的权利，它包括剩余控制权和剩余索取权。该理论认为，剩余控制权的不同分布规律决定了企业与市场之间的差异：市场意味着

❶ 苏志煌：《企业道德风险的层次及治理研究：委托代理的视角》，浙江工商大学 2013 年博士论文，第 70 页。

❷ 王文军：《中国企业的技术资产剩余索取权研究》，武汉大学 2014 年博士论文，第 52 页。

❸ ［法］埃里克·布鲁索、让·米歇尔·格拉尚编：《契约经济学理论和应用》，王秋石等译，中国人民大学出版社 2011 年版，第 49 页。

剩余控制权在交易双方是对称分布的，而企业意味着剩余控制权由企业家或投资者控制，呈现出非对称分布状态。● 当两个市场主体进行交易时，如果商定全部合约条款及其细节的成本极高甚至不可能达到时，那么最合适的做法就是一方将另一方兼并，即一方购买另一方的所有剩余权利。在这种情况下，剩余权利对购买方来说是一种收益，对被兼并方来说却是一种损失，因此，一种有效率的剩余权利配置方式必须是购买者使用该财产后能够比出售者使用该财产创造出更大的经济价值。由于不完全契约的存在，可预见、可实施的权利对资源配置并不重要，最重要的是合约中未明确的剩余权利的控制问题，即不完全契约的模糊条款解释权和资产剩余权利归谁所有的问题。不完全契约理论认为，由于物质资本所有权是权利的基础，所以，应由物质资本所有者（股东）控制公司剩余权利。在不完全契约中，将剩余权利配置给投资行为更有价值的一方是有效率的。

金融衍生工具交易是以基础资产（包括权利）为标的的买卖。每一个衍生品合约都有买方和卖方，卖方称为"空头"或"持有空头头寸的一方"，即出卖衍生品的一方；而买方称为"多头"或"持有多头头寸的一方"，即买入衍生品的一方。购买衍生品会产生"多头"，从证券价值上涨中获益。相反，卖出衍生品会产生"空头"，从证券的价值下跌中获益。卖方通常是专业金融机构，兼具经纪商、自营商和做市商的身份，他们是场外金融衍生品市场上的主导者，常常集产品设计、推销、出售等功能于一体。卖方对自己销售的衍生品非常熟悉，具有信息和决策优势，最有能力控制因该衍生品给买方带来的风险，因此，应当对其出售的金

● 王建军："现代主流企业契约理论研究（中）"，载《商业时代》2007 年第 5 期。

融衍生品的瑕疵承担相应的法律责任。❶

　　另外，在签订金融衍生品交易合约时，金融机构会利用起草合约的便利，单方面制定诸如限制自己责任（如对损失概不负责）、卖方单方面拥有合同解除权、在发生特定事件时要求买方支付违约金等不公平条款。而买方由于专业知识和经验方面的不足，除了签字盖章之外，别无选择。如果允许通过金融衍生工具交易合约中的免责条款事先排除处于优势地位的卖方依法应当承担的合同义务，则无异于变相地鼓励金融机构从事不负责任的欺诈、虚假陈述与误导行为。❷ 因此，金融衍生工具合约作为一种不完全契约，在强势一方——金融机构拥有合约的制定权、解释权、执行权和信息优势的情况下，必须由法律进行强制干预，赋予弱势一方拥有事后谈判权，申请执法机关予以撤销、宣告无效和请求救济，以弥补事前契约条款的缺漏。

二、不完全契约理论对构建金融衍生工具法律监管制度的指导意义

　　由于契约的不完全性导致交易无效率，因此，为了提高金融衍生工具合约的交易效率，必须根据不完全契约的不同类型，采取有针对性的干预措施。

（一）契约的不完全性与法律干预的强度成正比

　　每种交易都是一种契约，不同类型的契约具有不同的交易费用和不同的治理结构。契约的交易成本取决于交易环境、交易次数、资产特征、利润率和结算效率等因素。由于有限理性和交易

---

❶　颜延：《金融衍生工具卖方义务研究》，法律出版社 2014 年版，第 55－56 页。

❷　同上书，第 338 页。

成本的影响，缔约各方愿意遗漏许多内容，以待未来事件出现时再行协商，因此，契约的不完全性是不可避免的，契约的不完全性与内部激励程度成正比，与外部干预强度成反比，契约越不完全，内部激励强度越低，外部行政控制和官僚主义特征越强。市场和官僚结构是分别对应于完全契约和不完全契约的两种极端的治理结构。❶

出于金融衍生工具的杠杆效应、风险外观的隐蔽化和风险构成的复杂化，即使专业人士也难以察觉真实的金融风险，所以金融衍生工具契约的不完全性较一般合同更为严重。另外，由于金融衍生产品具有套利和投机等多重功能，金融衍生工具市场的本质就是一种信息搜集、判断和预测的博弈或者说是"赌博"，市场上欺诈陷阱遍地都是。因此，金融衍生工具市场的契约不完全现象更为严重，需要更多的法律干预规则予以矫治。

（二）根据不同的契约成本采取不同的法律干预规则

如果高昂的缔约成本导致了契约的不完全性，那么国家可以通过提供格式合同和默示规则（default rule）的方式来调整不完全契约当事人的权利和义务。在司法实践中，格式合同和默示规则通常表现为政府的示范合同、法院的司法解释或者判例。由于国家立法具有规模经济优势，因此，国家创设格式合同和默示规则的一次性成本必然小于私人解决纠纷的总成本之和，❷ 所以，国家干预是具有经济效益的。譬如，金融衍生工具交易中常常采用的降级触发规则就相当于一条行业默示规则，即当交易对手的信用

---

❶ 杨瑞龙、聂辉华："不完全契约理论：一个综述"，载《经济研究》2006 年第 2 期。

❷ 同上。

评级低于一定水平时，金融机构有权力将衍生品以市场价格平仓。❶ 通过这种默示规则，就可以将交易不利一方的损失限制在一定范围之内。

如果无法向第三方（法庭）证实的成本导致契约的不完全性，那么根据履约理论，可证实条款的法律效力优先于默示规则，因为缔约各方不会将不可证实条款写入契约，学界一般认为默认规则不具有优先于明示条款的效力。在这种情况下，法院应当根据可证实条款强制当事人继续履行契约，或者承担违约责任。❷

如果是当事人不可能预见到所有或然状态造成了契约的不完全性，那么在双方信息不对称的情况下，法院既可以通过信息披露规则，迫使有信息优势的一方主动揭示信息，也可以事后宣告某些合同条款无效，以平衡双方当事人之间的信息差距。在双方信息对称的情况下，如果法庭否决契约的约束力，则会削弱当事人进行特定投资的动机，但是会增强当事人面对或然状态的保险能力，因此，最佳的干预手段是在激励和保险之间权衡取舍。❸ 金融衍生工具契约当事人之间的预见成本和掌握的信息量存在巨大差异，在场外交易中，这种信息不对称情形更为严重。因此，为了降低交易主体的风险，监管机构必须针对金融衍生工具交易建立一套强制性的信息披露规则。

（三）赔偿是弥补契约不完全的重要手段

由于契约的不完全性，加之不可预见的或然性，违约情形时

---

❶ ［加］约翰·赫尔：《期权、期货及其他衍生产品》，王勇、索吾林译，机械工业出版社 2011 年版，第 361 页。

❷ 许捷："不完全契约理论视角下的预约定价解读"，载《光华财税年刊》2007 年 8 月。

❸ 杨瑞龙、聂辉华："不完全契约理论：一个综述"，载《经济研究》2006 年第 2 期。

有发生。由违约方对非违约方给予适当赔偿可以弥补契约不完全对当事人预期和市场秩序所带来的破坏性影响。违约赔偿又分为预期违约赔偿和信任损失赔偿，前者是指如果合同未得到履行，受约人情况会更糟糕，因此，法院以合同履行的结果作为违约受害人获得赔偿的底线，也就是按照预期利益来进行赔偿。后者是指被承诺方因为对承诺方信任而进行投资，承诺方违约后导致被承诺方的投资全部或部分损失，违约使受约人的情况比没有订立合同时更糟糕，因此，没有订立合同时的状况就成为赔偿的底线，也就是按照已实际发生的损失赔偿，这种情况下，违约方不仅要支付受约人的实际损失，还要补偿对方所作的专用性投资。

金融衍生工具合约是一种具有杠杆效应的合约，通常只需要支付少量的保证金或权利金就可签署大额的远期合同，因此，金融衍生工具交易一旦发生违约情形，就会产生巨大的风险和损失。金融衍生产品交易过程中，由于信息不对称给投资者带来的利益受损问题无法避免，投资者在面对花样繁多、层出不穷的金融市场欺诈行为而遭受损失时，可以依法提出合理的赔偿请求，以弥补自己的损失。

（四）设计适当的激励机制解决契约当事人的信息不对称问题

契约不完全理论是建立在合同双方信息不对称的前提之上，由于契约双方均存在隐藏不利信息和披露有利信息的强烈动机，从而引发交易中的机会主义和道德风险问题，因此，立法者有必要事先设计一种适当的激励机制来规避道德风险和实现有效激励。

金融衍生工具交易的一个重要特点是，交易者可以根据自己的偏好及对未来趋势的不同判断而选择承担不同程度的风险。也就是说，交易者至少可以选择和控制一部分风险的大小。因此，最优的激励机制要求代理人承担一定的风险。只有在信息对称的情况下，代理人的行为才是可以观察和进行奖惩的，此时，帕累托最优风险分担和最优激励才能实现。❶ 事实上，金融衍生工具存在克服信息不对称的精巧激励机制设计，比如股票期权就是一种长期激励机制设计。在股票期权结构中，公司高管会被授予一定数量的看涨期权，标的资产为雇员所在公司的股票。在发行日，期权为平值期权。期权日期通常为 10 年或更长，期权中通常含有一个可能会长于 5 年的等待期限，在等待期过后的任何时刻期权均可以被行使。如果雇员在限制期限内离开公司，期权会被没收；如果雇员在限制期限后离开公司，实值期权马上会被行使，而虚值期权会被没收。这些期权不能被转卖给其他雇员。实际上，股票期权的结构就是一种精巧的激励机制，它巧妙地解决了委托人（股东）和代理人（经理）之间的信息不对称问题。我们认为，为了克服金融衍生工具交易中的信息不对称问题，应对金融机构的代理人实行适度的激励机制，而不能将代理人的薪酬与衍生品交易盈利额简单挂钩，应避免代理人过度追求私益而增加交易风险。金融机构可以运用风险管理中的"经风险调整的资本收益率"❷ 方法，克服传统绩效考核中的利润目标不能完全反映风险成本的缺点，综合评估利润和风险，从而建立科学的激励约束机制。

---

❶　曲智超："信息不对称下金融衍生工具的风险成因"，载《财政科学》2005 年第 4 期。

❷　经风险调整的资本收益率（RAROC）＝（收益－预期损失）/经济资本（或非预期损失）

第二篇

金融衍生工具基本构造

第四章

期　货

第一节　期货概述

一、期货交易立法简史

（一）全球主要的期货交易所

期货交易与现货交易相对应，它是指现在进行买卖、将来进行交割的交易行为。期货交易具有悠久的历史，最早可以追溯至亚里士多德的名著《政治学》，在该著作中，亚里士多德将第一份已知的期货合约描述为"涉及普遍适用原则的金融手段"。从那以后，世界各地都使用期货合约进行对冲和投机。

今天，期货交易在美国和欧洲蓬勃发展，现已涵盖大量的资产类别。美国有两家著名的期货交易所：芝加哥期货交易所（CBOT）和芝加哥商品交易所（CME）。芝加哥期货交易所是美国主要的债券交易市场。19世纪初，芝加哥期货交易所推出了美国历史上第一份正式的期货合约。芝加哥商品交易所是世界上最大的金融衍生工具交易市场，主要交易产品包括商品、利率、汇率、股价指数等。欧洲最大的两家期货交易所为泛欧证券交易所（Euronext）和欧洲期货与期权交易所（Eurex）。2006年，泛欧证券交易所与纽约股票交易所（NYSE）达成了合并协议，组建全球第一家横跨大西洋的纽交所——泛欧证交所公司。欧洲期货与期权交易所由德国交易所和瑞士交易所共同拥有。世界上其他规模较大的期货交易所还包括巴西证券期货交易所（BM&FBOVESPA）、东京国际金融期货交易所（TIFFE）和大阪证券交易所（OSE）、新加坡交易所（SGX）和悉尼期货交易所（SFE）。

（二）美国的期货立法简史

美国的期货交易最为发达，法律也较为完善。因此，本部分重点介绍美国的期货立法简史。

1. 证券与期货分别立法

美国已明确将证券和期货分别归属 1934 年《美国证券交易法》和《美国商品交易法》（2000 年修订）调整。美国联邦证券交易委员会（SEC）对股票市场行使管辖权；美国商品期货交易委员会（CFTC）对期货合约行使管辖权。

美国联邦证券法是"大萧条"后罗斯福总统"新政立法"的产物。1929 年股灾之后的四年中，美国证券市场的价值下降了将近一半。❶ 美国证券市场的许多损失是证券欺诈行为造成的，因此，国会决定建立信息披露监管框架。1933 年制定的《美国证券法》规定上市交易的证券必须进行信息披露。

---

❶ THOMAS LEE HAZEN, THE LAW OF SECURITIES REGULATION 6 – 7 & n. 4 (3d ed. 1996).

　　1934 年制定的《美国证券交易法》实行更广泛的投资者保护措施，解决了证券交易所监管、保证金要求、定期披露、委托投票、内幕交易和禁止欺诈等问题。1934 年《美国证券交易法》还设立了证券交易委员会，赋予其广泛的职权，以履行新的联邦证券法赋予的监管职责。❶ 1933 年《美国美国证券法》和 1934 年《美国证券交易法》先后修改了几次，后来还颁布了一些其他重要的联邦证券法律规范。尽管《美国证券法》和《美国证券交易法》进行了多次修改，但保护投资者和维护证券市场秩序的原则一直没有改变。

　　1936 年，为了适应期货市场发展的需要，美国制定了《美国商品交易法》（CEA），规定了监管期货合约的法定构架，明确设立了期货交易的监管机构——商品交易委员会。《美国商品交易法》的立法目的一方面是规制商品市场的操纵行为，保护农民和农业免受市场操纵；另一方面是防止疯狂的市场投机行为。《美国商品交易法》（1974 年修订案）第 1a 条第（9）项对"商品"的定义是："商品"一词，系指小麦、棉花、大米、玉米、燕麦、大麦、黑麦、亚麻籽、高粱米、磨粉饲料、黄油、蛋、马铃薯、羊毛、羊毛条、脂油（包括猪油、牛油、棉籽油、花生油、豆油以及所有其他脂油）、棉花粕、棉籽、花生、大豆、大豆粉、活牲畜、活牲畜产品、冷冻浓缩橙汁以及所有其他货物和物品（除洋葱和电影票房收入外），以及作为现在交易或未来交易的远期交割合约标的之一切服务、权利以及利益。由此可见，《美国商品交易法》修正案扩大了"商品"的定义，使得"商品"概念的内涵缩小和外延扩大。"商品"既包括传统的有形商品，也包括作为远期

---

❶　15 U. S. C. § § 78a – 78mm (2000).

价格合约之一切服务、权利和利益。❶

2. 商品期货交易委员会和证券交易委员会之间管辖权划分

20 世纪 70 年代中期，一系列的金融产品创新导致证券和商品期货市场发生急剧转型。新的金融机会和更多的投资工具让美国投资者眼花缭乱。这一波浪潮加上《美国商品交易法》（CEA）的修订，使商品期货交易委员会（CFTC）和证券交易委员会（SEC）在期货监管方面面临新的挑战。

期货监管方面最棘手的问题就是商品期货交易委员会和证券交易委员会之间的管辖权之争。商品期货交易委员会授权芝加哥交易所（CBOT）负责监管美国联邦国民抵押协会发行的抵押贷款支持证券期货合约交易。然而，就在商品期货交易委员会对芝加哥交易所授权之后，证券交易委员会也声称对这些产品享有管辖权。证券交易委员会声称，这些产品属于证券，而商品期货交易委员会则认为，这些产品属于期货合约。这场争论一直持续到 1981 年，当时，美国证券交易委员会授权芝加哥期权交易所（CBOE）负责相同的抵押贷款支持证券期权合约交易。令人烦恼的是，芝加哥期权交易所提出异议，请求联邦第七巡回上诉法院撤销证券交易委员会授权芝加哥期权交易所制定抵押贷款支持证券交易规则的行为。法院批准了芝加哥期权交易所的请求，其理由是：只有商品期货交易委员会对抵押贷款支持证券具有管辖权。❷ 在这次判决之后，证券交易委员会和商品期货交易委员会试图再次明确各自的管辖权。1981 年，美国商品期货交易委员会和美国证券交易委员会达成的《夏德—约翰逊管辖权协定》明确禁止单只股票

---

❶ 上证研究院："衍生品适用范围：证券与期货相争"，载《上海证券报》2007 年 2 月 26 日。

❷ Bd. of Trade v. SEC, 677 F. 2d 1137、1159–61（7th Cir. 1982）。

和窄基股票指数期货合约，从而确定了商品期货交易委员会和证券交易委员会之间的管辖权界线。

《夏德—约翰逊管辖权协定》授权证券交易委员会负责监管证券期货，同时，授权商品期货交易委员会负责监管广基股票指数期货合约和单个政府证券期货合约。❶ 1982 年，美国国会通过法案，进一步明确了商品期货委员会对股指期货和期权交易具有独立的监管权，而证券交易委员会则仅负责股票期权和证券交易的监管。❷

在这两个机构能够协商拿出一个合适的监管方案之前，禁止单只股票期货只是一种权宜之计。然而，由于双方一直没有达成最终协议，该禁令的有效期一直延续到 2000 年 12 月下旬《美国商品期货现代化法案》（CFMA）颁布实施。

为了使美国的金融市场跟上投资产品创新的竞争步伐，美国国会于 2000 年 12 月通过了《美国商品期货现代化法案》，实际上废除了 1982 年制定的《夏德—约翰逊管辖权协定》。

《夏德—约翰逊管辖权协定》禁止单只股票期货合约和窄基股票指数期货合约（统称为“证券期货”）。相反，2000 年《美国商品期货现代化法案》批准了证券期货交易的监管框架，规定证券期货应该作为证券和期货进行监管。承认商品期货交易委员会和证券交易委员会两个机构联合享有管辖权。该法还为这两个机构建立期货产品的交易规则规定了时限要求。

虽然 2000 年《美国商品期货现代化法案》批准了单只股票期货和窄基股票指数期货的交易，但是，多年以来，这些产品一直

---

❶ 7 U. S. C. § 2 (a) (2000).
❷ 曹越、祁国中：“关于股指期货法律问题的研究与思考”，载顾功耘主编：《金融衍生工具的法律规制》，北京大学出版社 2007 年版，第 92 页。

在通过一系列复杂的期权（称为"合成证券期货"）贸易进行交易。合成证券期货能够规避监管，因为法律允许证券期货交易。2000 年《美国商品期货现代化法案》通过批准非合成证券期货交易的方式，能够排除投资者从事这种复杂的、成本高昂的合成证券期货交易的需求。

3. 反期货操纵立法

《美国商品交易法》的立法目的是防范和打击期货价格操纵行为和其他破坏期货市场秩序的行为。❶ 根据《美国商品交易法》第6 条（c）款以及第9 条（a）款第（2）项的规定，禁止任何商业实体操纵或者意图操纵州际商品、期货合约等的交易价格。美国联邦法院系统在长期的司法实践中总结出了期货价格操纵案件的四个构成要素：涉案主体有影响期货市场价格的能力；涉案主体具有影响期货市场价格的主观故意；涉案期货交易品种价格人为可控；人为价格由涉案主体引发。反期货价格操纵案件执法的核心在于认定涉案主体的行为是否故意形成扭曲基本供求关系的期货交易价格。❷ 一旦认定价格操纵行为成立，对于操纵期货价格的行为人可依法给予行政处罚和提起民事诉讼。

2010 年，美国颁布了《多德—弗兰克华尔街改革和个人消费者保护法案》（以下简称《美国金融改革法案》），这是美国经济大萧条以来规模最大的金融改革法案，该法案对反期货操纵行为作出了全新规定。

《美国金融改革法案》第 753 条强化了美国商品期货交易委员会享有反期货操纵监管权的规定，同时，该法案对《美国商品交

---

❶ 谢杰："美国反期货操纵法律改革及对我国期货监管的启示"，载《期货日报》2011 年 8 月 1 日。

❷ 同上。

易法》第 6 条（c）款进行了实质性修改，增加了第 6 条（c）款第（1）项，禁止以欺诈方式实施操纵行为的概括性规定：任何商业实体在互换、州际贸易、期货交易等环节涉嫌直接或间接地进行或企图进行操纵、欺诈的行为均属违法。同时，授权商品期货交易委员会在《美国金融改革法案》颁布后一年内制定相关实施细则，要求互换、期货合约的交易一方向对手方全面披露与交易有关的信息，以确保交易对手方不受误导。❶

除了概括性的反期货操纵条款外，《美国金融改革法案》还进一步为《美国商品交易法》第 6 条（c）款第（1）项增设了一类新的期货操纵行为——虚假信息型操纵，即商业实体明知或者不计后果地漠视相关信息系虚假、误导性、不准确的报告，仍然通过传递或者帮助传递此类虚假信息的手段实质性地影响州际期货交易的价格以及从事期货交易并影响期货市场价格的，属于非法操纵期货市场行为。❷

为了执行上述新规定，增强虚假信息型操纵行为认定的可操作性，商品期货交易委员会制定了《反操纵建议规则》（以下简称《规则》），根据《规则》规定，虚假信息型操纵行为包括作为和不作为两种形式。作为型信息操纵行为是指积极传播虚假的影响期货市场行情的重要信息，行为人主观上需具有操纵期货市场的故意。操纵期货市场的主观故意是指行为人欺骗市场投资者、操控期货交易价格和交易量的罪恶意图，是一种不计后果的欺诈行为，但过失与严重过失均不能构成操纵故意。❸ 不作为信息型操纵行为

---

❶ 谢杰："美国反期货操纵法律改革及对我国期货监管的启示"，载《期货日报》2011 年 8 月 1 日。

❷ 同上。

❸ 同上。

是指隐瞒对期货市场价格变动具有重要影响的信息。不管是哪种情形，只要足以影响一个理性投资者在当时情况下基于相关信息所作出的客观判断，其行为就构成期货操纵。

（三）德国期货立法概观

1. 监管依据

德国证券期货业监管的法律依据主要是《德国交易所法》，该法自 1896 年颁布以来一直在不断增补修订。1989 年，德国制定了《德国第一金融市场促进法》，解除了对交易所进行期货交易的限制，为 1990 年德国第一家期货交易所的成立奠定了法律基础。德国政府自 20 世纪 80 年代迄今，连续四次推出《德国金融市场促进法》及其相关规则，对证券期货市场进行监管整合与改革。2002年 7 月，《德国第四金融市场促进法》生效。该法为《德国证券交易法》补充了大量的细节规定，并对《德国交易所法》作了修订。[1]

2. 期货监管机构

德国联邦金融监督管理局对整个金融市场包括银行业务、证券期货交易、基金管理以及保险业务等所有金融业务实施兼容性的统一监管。该局于 2002 年 5 月脱离财政部，成为独立法人，但其业务仍接受联邦财政部的督导。德国联邦金融监督管理局下设银行监管局、保险监管局和证券期货及资产管理监管局，其中证券期货及资产管理监管局主要负责证券期货市场和资管产品的监管。德国的交易所依法依规自律管理，尽管委托给业界代为经营，但仍是政府管理下的一个部门，归属联邦财政部统辖，州政府经济部或财政部监察。[2]

---

[1] 王夏敏："论德国证券期货监管体系"，载《高科技与产业化》2006 年第 7 期。

[2] 同上。

3. 期货市场

德国期货市场产品十分丰富，既有商品期货，也有金融衍生品期货。德国有三家期货期权交易所，它们分别是欧洲期货交易所（法兰克福）、汉诺威商品期货交易所和莱比锡电力能源期货交易所。位于法兰克福的欧洲期货交易所自 1999 年取代美国芝加哥商品交易所的领导地位以来，已成为全球金融衍生品市场的领头羊，其交易的合约单量和合约资金量总平均数高居世界第一。德国交易的期货产品包括欧洲六国及美国的股票期权、欧洲各国市场指数期货期权、一月到三月期的欧元拆借期货期权、不同期限（2、5、10、30 年）的欧元债券期货期权、交易所交易基金期货/期权等。❶

（四）日本期货立法概览

1. 法律依据

日本调整期货交易的基本法是《日本商品交易法》，该法于 2005 年 5 月进行了重新修订，规定了经纪商最低资本要求，并严格控制经纪商的销售手段；同时，扩大了市场参与，进一步发挥期货市场作为金融服务基础设施的作用。2007 年日本开始实施《日本金融商品法》，规范金融期货交易，该法取代了自 1948 年以来沿用的《日本有价证券和交易所法》。此外，日本还有《日本金融期货交易法》，该法于 1992 年、2005 年进行了两次重大修改，将 OTC 柜台交易计入金融期货业务，使日本金融期货协会在会员注册和纠纷调解方面进一步发挥作用。2007 年 9 月，日本颁布《日本金融工具和交易所法》，整合《日本金融期货交易法》和其他有关投资的法律，创设"金融工具公司"的概念以统摄金融期

---

❶ 王夏敏："论德国证券期货监管体系"，载《高科技与产业化》2006 年第 7 期。

货公司、证券公司和其他投资公司等金融机构。❶

2. 期货监管机构

日本期货市场按品种所属范围分别由不同部门监管，即金融期货、期权由金融厅和证券交易监督委员会监管；商品期货和期权由经济产业省和农林水产省监管。在监管权限方面，日本的金融厅和证券交易监督委员会各有分工。证券交易监督委员会是一个相对独立的调查机构，负责对期货市场进行日常的监督检查以及违法违规行为的调查，但检查或调查结束后其不具有处罚权，只能将调查结果提交金融厅，由金融厅依法作出行政处罚或提起刑事诉讼。❷农产品期货交易由农林水产省综合食料局管辖，非农产品期货（不包括证券及金融期货）归经济产业省商务情报政策局商务课管辖。此外，日本期货市场还成立了相应的行业协会，主要有日本商品期货交易协会、商品交易受托债务补偿基金协会、日本商品期货振兴协会等。

3. 期货市场

日本期货交易起源于1730年的稻米远期期货交易。1985年第一个金融期货合约于东京证券交易所上市，1989年第一个金融期货和期权交易所成立。近年来，日本政府为了吸引外来投资者，在东京商品交易所建立了电子化交易系统，不断改善法律和监管环境，允许国外经纪人成为交易所会员。东京国际金融期货交易所更新了他们已较为先进的交易平台。东京工业品交易所更新了交易引擎系统，同时提供24小时的交易服务项目。随着交易引擎系统的不断升级，日本的期货交易更加便捷，从而提高了流动性。❸

---

❶ 周欣："日本期货市场监管体系研究"，载《现代日本经济》2009年第2期。

❷ 赵放："日本政策性金融机构改革评析"，载《现代日本经济》2008年第5期。

❸ 周欣："日本期货市场监管体系研究"，载《现代日本经济》2009年第2期。

二、期货合约的定义和特征

（一）期货合约的定义

"期货合约"是双方当事人之间以预定的价格和时间，在将来购买或者出售特定资产（相同的质量和数量）的标准化合约。期货合约的标的资产范围很广，主要包括商品资产和金融资产，商品资产包括猪肉、活牛、糖、羊毛、木材、黄铜、铝、黄金和锡等具有实物形态的流动资产；金融资产包括股指、利率、货币和国债。所有的期货合约都在商品期货交易所交易，而且要么以实物交割，要么以现金结算的方式完成。与"传统"市场实际购买和出售商品不同，期货市场只处理代表实际商品的合约的购买和出售。因此，当投资者购买或者出售期货合约时，并不会立即转移标的物所有权。实际上，这意味着，即使投资者实际上不拥有他们计划交易的标的商品，他们也可以进行期货交易。因为期货交易具有这种独特的虚假所有权性质，所以，几乎所有的期货合约都是以现金结算，而不是进行实物交割。

（二）期货合约的特征

期货合约（即在全国性或地区性交易所交易的未来交割的商品合约）具有四个明显的特征：除了价格之外的所有条款都是标准化的；通常在同一个交易所自由转让；市场有固定的位置；合约的完成很少涉及实物交割。期货合约的目的就是为双方当事人提供一种承担或者转移商品价格变化风险的机会，不需要根据合约规定购买或者交割基础商品，一般希望以抵销而非交割的方式进行期货合约的清算。

三、远期合约与期货合约之比较

远期合约是一种在将来要进行提货或者实物交割的具有法律效力的协议，通常涉及可互换商品，如货币和商品。从历史发展的视角来看，远期合约是商品合约的一种早期形态。这种合约产生于具体的、单个的谈判，它是买卖双方就价格、质量、数量和商品的未来交割日期达成的非标准化协议。19 世纪早期，在美国中西部首次签订了涉及农业商品的远期合约，这种合约在 19 世纪 30 年代变得非常普遍。在以后的历史进程中，建立了正式的、固定的地方交易所，便于当事人从事商品交易，而且合约的类型和范围扩展到了包括能源产品在内的许多产业，如原油、取暖油、汽油和天然气。目前美国已经开办了能源期货合约交易业务的交易所是 4 家地区性的商品交易所：纽约商品交易所（NYMEX）、堪萨斯城交易所（KCBOT）、芝加哥交易所（CBOT）和明尼阿波利斯谷物交易所（MGE）。

远期合约与期货合约的区别主要有以下三点：

（一）远期合约必须进行商品交割，而期货合约一般不会实际交割商品

实际上，当事人使用远期合约或者实物合约是为了确保以某一价格交割他们需要的商品；在这里，实际交付是重要的，且有确定的期限。而期货合约明显不同，其主要目的是防止价格波动——一种防范风险的保险策略。由于地理环境、运输和储存条件的限制，期货或金融合约的当事人常常对实际交割商品不感兴趣。现代合约必须明确是否发生实际交割（即实物合约），如果发生实际交割，必须明确交货地点。单纯的金融合同交割，是指购买商品的"名义（即理论）价值"。在后一种情况下，到期金额是根据指

定到期日的基础商品的价格来计算的，它只会进行现金转手，不会实际交割商品。

（二）远期合约和期货合约承担的风险存在明显差异

在远期合约市场，违约的风险始终存在于交易对手，所以，不履行的风险取决于特定交易对手的信誉。在期货交易所买卖期货合约，交易双方并不认识，交易一旦结束，买卖双方的所有联系都被切断。期货合约能否履行，主要取决于经纪人的偿还能力，这大大降低了违约的风险。

（三）远期合约市场和期货市场受监管的力度不同

远期合约市场基本上不受监管。它由普通的合同法调整。而期货市场要接受专门的监管机构监管，由专门的法律调整。在美国，期货市场的专门监管机构是商品期货交易委员会，调整期货交易的专门法律是《美国商品交易法》。另外，期货市场也要接受美国期货协会的自律监管。

在"未上市证券市场"或场外市场，也需要实现实物和金融交易合同形式的标准化。国际互换和衍生工具协会（ISDA）制定了国际互换与衍生工具协议范本，包括1987年、1992年和2002年国际互换和衍生工具协会（ISDA）表格范本协议。其他表格也在不断公布，包括2002年的商品合约定义草案。交易的当事人常常要发送交易确认函，表明自己愿意遵守该范本的主要条款。标准的国际互换和衍生工具协会（ISDA）合同被确定为当事人标的物交易的主要条款，确认函则规定具体的价格和交货期限。确认函通常要声明，该交易是"金融合约"，还是"实物合约"。必须指出：国际互换和衍生工具协会（ISDA）制定的范本本身是没有法律效力的。它只能规定标准条款，以便打电话或者发 E – mail 的当事人能够通过速记的方式参考它们，并了解其意思。

具体而言，远期合约与期货合约之间的功能差异见表 4 – 1。

表 4 – 1 期货合约与远期合约的区别

功能	期货合约	远期合约
标准化	标准化，价格条款除外	非标准化，ISDA 表格除外
自由转让	一般是	取决于合同与州法
交易场所	固定的场所或系统，全国性交易所	没有固定的场所或系统，交易人场外交易
实物交割	很少	通常是
违约风险	交易所的偿付能力	交易对方的偿付能力
监管	专门立法，如《美国商品交易法》，商品期货交易委员会	普通法，期货协会
表格文件	交易所规定	无标准表格，国际互换和衍生工具协会（ISDA）正在努力

四、期货合约的功能

期货合约具有套期保值和投机两项重要功能。虽然套期保值和投机密切相关，但是，了解这两种功能之间的差异和互动对我们理解期货交易机制非常重要。

（一）套期保值

期货交易套期保值的主要原因是，期货可以作为一种稳定的风险抵销工具。在商品期货交易所进行套期保值的人（"套期保值者"）与交易标的具有利害关系，通过套期保值可以使标的避免遭受有害的、不可预测的价格变化。作为使用这种风险阻却之盾的代价，套期保值使期货交易者丧失了获得有利的、意想不到的价格变化带来报酬的机会。套期保值者对特定标的事先存在兴趣，期货交易暴露了标的市场存在的风险和收益。套期保值者关注这种风险，而且目标是降低其风险，以获得更稳定的、可预测性的收益。

（二）投机

投机不是为了规避风险，而是利用风险投资机制，最大限度地追求利润。与规避风险的套期保值者不同，对商品期货交易进行投机的人（投机者）是典型的风险偏好投资者，他们事先对标的没有兴趣。"喜欢风险"似乎有点用词不当，但是，必须提醒的是：并非所有的风险都是"有害的"风险；风险只是某些事情在未来发生的概率。投机者密切关注套期保值者可能抵销的每一种风险，以决定该风险是"有益的"，还是"有害的"。因此，投机者只会选择投资"有利的"风险项目，即他们认为会产生有利的投资回报的风险。

投机者对特定市场的潜在回报更感兴趣，他们不关注市场的内在风险，因为他们很少关注非预先存在的风险。总之，投机者投资期货是为了获得具有不确定性的潜在回报，而这种不确定性恰恰是套期保值者希望避免的。

第二节 期货的基本类型

期货主要分为两大类：商品期货和金融期货。

一、商品期货

商品期货历史悠久，品种丰富，它是以实物商品为标的的期货合约。目前世界上的商品期货品种非常多，大体可分为农产品期货、黄金期货和金属与能源期货三个层次。[1] 其中农副产品主要有大豆、玉米、小麦、马铃薯、稻谷、花生油、大麦、黑麦、燕麦、大豆油、大豆粉、可可、咖啡、棉花、羊毛、糖、橙汁、菜籽油、活猪、活牛、牛油、猪油等；金属产品主要有金、银、铜、铝、铅、锌、镍、钯、铂等；能源产品主要有原油、燃料油、汽油丙烷和天然气等；而化工产品主要有天然橡胶等。具体到各国，商品期货有很大差异，以美国为首的期货大国将上述商品演绎出许许多多商品期货合约。除此之外，各国根据自身特点还开发出一些特色商品期货，如美国的火鸡期货、电影期货，日本的干茧、茧丝、生丝期货，菲律宾的椰干期货等。目前，我国上市交易的期货品种比较多，上海期货交易所推出了铜、铝、锌、天然橡胶、燃油、黄金、钢材等商品期货品种。目前，我国的金属期货统一在上海期货交易所进行公开交易。大连商品交易所推出了大豆、豆粕、豆油、塑料、玉米、棕榈油等商品期货品种。郑州商品交易所推出了小麦、棉花、白糖、菜籽油、稻谷期货等商品期货品种。2018 年 3 月，我国上海期货交易所还首次推出了 INE 原油期货。

美国有一类特殊的商品期货——电影期货。电影期货只是以电影放映的国内票房收入为标的而签订的商品期货合约。不同于在期货交易所交易的各种实物商品，如谷物、石油和小麦，电影期货合约的标的是无形的金融工具——国内票房收入（DBOR）——它最终的价值与标的电影票销售的国内票房收入直接挂钩。因此，任何电影期货合约都是以约定的价格，购买或者出售国内票房收入

---

[1] 张元萍主编：《金融衍生工具》，首都经济贸易大学出版社 2019 年版，第 55 页。

的协议，不管它到期的市场价值是否应以现金结算。在这方面，电影期货类似于股价指数期货合约、美国国债（"T债券"）期货合约和其他在大部分期货交易所非常普遍的"非传统商品"期货合约。

由于电影项目的利益和范围差别很大，美国负责电影期货交易的金融公司——康托·菲茨杰拉德公司（Cantor Fitzgerald）或者媒体衍生品公司（Media Derivatives）——有权决定哪些电影符合期货交易的条件。为了确保市场的流动性和透明度以吸引许多投资者，适格性要求该电影具有"充足的经济利益"。为了进一步增强交易的稳定性，电影期货交易所有一项特殊的规则，即将电影期货的最大每日价格波动限制在10%。这种限制有助于减轻因恐慌或兴奋引起的短暂价格波动。

二、金融期货

金融期货是指以金融工具为标的的期货合约。金融期货合约的标的不是实物商品，而是传统的金融工具，如证券、货币、汇率和利率等。金融期货种类繁多，但基本上可以分为三大类别：利率期货、货币期货和股指期货。下面分述之。

（一）利率期货

1. 利率期货的概念和分类

利率期货是指以利率为标的的期货合约，它是在期货市场上买卖利率及带息凭证（包括国债、商业票据、定期存款等）的期货合约。由于利率市场化后，利率波动较大，尤其是20世纪70年代末两次石油危机后，各主要资本主义国家的利率波动非常剧烈，为了减少利率变动的风险，人们开发出了利率期货这一避险工具。美国芝加哥商业交易所于1975年9月最先开办了利率期货——美国国民抵押协会抵押凭证期货，随后又推出了短期国库券、中长期国库券、商业银行定期存款证、欧洲美元存款等利率期货。不久之后，英国、日本、加拿大、澳大利亚、法国、德国等国家也推出了各自的利率期货。按照利率期货合约标的产品的期限不同，利率期货一般分为短期利率期货和长期利率期货两种类型。

（1）短期利率期货。短期利率期货是指期货合约期限在一年以内的各种利率债券期货。它以货币市场的各种债务凭证为标的，包括各种短期商业票据期货、国库券期货和欧洲美元定期存款期货等。❶ 短期利率期货是期货交易所交易最频繁的期货合约之一。赫赫有名的短期利率期货合约有伦敦金融期货交易所（LIFFE）提供的 3 个月期的欧元利率期货、英镑利率期货和瑞士法郎利率期货，芝加哥商品交易所推出的 3 个月期的美国短期国库券期货，泛欧交易所推出的 3 个月期的欧洲美元定期存款期货等。

（2）长期利率期货。长期利率期货是指期货合约期限在一年以上的各种利率债券期货。它以资本市场的各类债务凭证为标的，包括各种中长期国库券期货和市政公债指数期货等。中期国库券偿还期限为 1～10 年，长期国库券的偿还期限为 10 年以上，❷ 它们均为附息国债，每半年付息一次，在期满之日最后一笔利息与本金一起偿付。中长期国库券以其较高的利率和稳定的还款保证吸引了大批投资者。比较有代表性的中长期利率期货有美国芝加哥期货交易所的 5 年期、10 年期和 30 年期的美国国债期货。

2. 利率期货的特点

（1）利率期货价格与市场利率呈反方向变动，与现货价格呈

---

❶ 李辉、任远："浅议利率市场化中的恒久性风险"，载《西安金融》2003 年第 4 期。

❷ 同上。

同方向变动。市场利率越高，由于期货交易的利率早已确定，相比之下，从事利率期货交易的收益会低于市场收益，从而导致利率期货合约价格下降，因此，利率期货价格与市场利率的变化方向相反，即市场利率越高，利率期货价格越低。反之亦然。

（2）利率期货主要以现金或现券方式进行交割。现金交割是以银行的现有利率作为转换系数来确定期货合约的交割价格。转换系数是解决现货债券与标准债券之间转换的一个量化指标。在一般情况下，期货交易所对每一种可交割的债券都确定相应的转换系数，并在交割日之前向外公布。

3. 两种主要的利率期货合约

世界上许多利率期货合约产品均以美国流行的国债期货合约和欧洲美元期货合约为基础。下面作一简要介绍。

（1）国债期货。国债期货是指在交易所内按照预先确定的价格成交并于未来特定日期进行钱券交割的国债交易方式。国债期货交易开始于1976年1月芝加哥商品交易所推出了为期90天的短期国债期货合约。[1] 随后几年，芝加哥期货交易所又推出了10年期、5年期、2年期的中长期国债期货合约。目前，芝加哥期货交易所已经成为美国国债期货交易的主要场所。

与一般的商品期货合约相比，国债期货合约自身的特点也较为明显。

第一，国债期货交易的标的资产为标准化的虚拟债券。所谓的虚拟债券就是以一种假设的债券来代替市场上的真实债券，到期交割时以这个虚拟债券为标准，按照一定的转换系数，将市场

---

[1] 张洪武、郎晓龙："CBOT 国债期货缘何活跃"，载《中国证券报》2003 年 9 月 18 日。

上的债券与之进行换算，然后由当事人选择最有利的真实债券进行交割。比如，芝加哥期货交易所的国债期货就是以标准化的虚拟债券作为合约标的，其国债期货合约的标的资产是剩余期限分别为 20 年、10 年、5 年、2 年的美国联邦政府债券，票面利率均为 6%。由于期货合约交割时，刚好符合上述条件的国债很少，❶因此，芝加哥期货交易所允许实际交割时使用符合条件的其他债券进行交割，但结算要按照规定的转换系数进行换算。2013年 9 月 6 日，我国的国债期货在中国金融期货交易所挂牌上市交易。❷

第二，国债期货保证金比例较低。由于国债期货价格波动幅度比较小，与此相对应，保证金比例也相对较低。国际上，农产品期货合约的保证金一般为 3.5%～5%，而国债期货合约的保证金比例一般为 1%～1.5%。❸我国开展的国债期货交易的保证金比例为 2%。这是因为国债期货价格波动幅度比较小，一般不超过10%，而大豆、玉米、小麦等农产品期货价格的波动幅度比较大，一般在 20% 左右，让保证金比例与期货价格波动幅度保持协调有利于提高资金使用效率。

第三，一般不设涨跌停板。由于影响国债期货价格的主要因素是对应国债现券的到期收益率，而国债利率一般比较稳定，波动幅度比较小，因此，国债期货的价格变动幅度不大，故国际上大多数国债期货市场不设立涨跌停板制度。一个例外的例子是2013 年中国金融期货交易所推出的 5 年期国债期货将涨跌停板设

---

❶ 张洪武、郎晓龙："CBOT 国债期货缘何活跃"，载《中国证券报》2003 年 9 月 18 日。

❷ 张元萍主编：《金融衍生工具》，首都经济贸易大学出版社 2019 年版，第 57 页。

❸ 张洪武、郎晓龙："CBOT 国债期货缘何活跃"，载《中国证券报》2003 年 9 月 18 日。

为 ±2%，很具中国特色。

第四，利用转换因子进行交割结算。国债期货交易中的转换因子类似于商品期货交易中标准产品与替代产品之间的折算比例，它反映的是面值1元的可交割国债在其剩余期限内的所有现金流量按国债期货合约票面利率折现的现值。国债期货合约的交割价格等于转换因子与期货价格的乘积。由于各种国债期货合约的票面利率和到期期限通常存在差异，因此，转换因子也各不相同。在有效期相同的情况下，国债期货合约票面利率越高，转换因子越大。对于票面利率相同的国债期货合约，有效期限不同，转换因子也不同。票面利率高于可交割债券利率的国债期货合约，有效期限越长，转换因子越大。票面利率低于可交割债券利率的国债期货合约，有效期限越长，转换因子越小。❶

第五，国债期货合约的卖方在交割期内有权选择交割日和交割券种。根据国债期货的交易规则，卖方拥有交割时间的选择权。在实行滚动交割的情况下，国债期货合约的卖方只要在交割日前第二个交易日发出交割通知，就可以选择交割期内的任何一个交易日进行交割。另外，卖方也拥有交割对象的选择权。通常卖方可以基于利益最大化原则从所有可交割债券中选择对其最为有利的债券品种进行交割。❷

第六，国债期货交割实行券款对付的结算方式。券款对付是国际证券结算公认的标准结算模式，它是指在结算日同步办理券和款结算的方式。参与国债期货交割的客户应当通过会员预先向交易所申报国债托管账户，交易所于结算后通过会员服务系统将

---

❶ 张洪武、郎晓龙：“CBOT 国债期货缘何活跃”，载《中国证券报》2003 年 9 月 18 日。

❷ 同上。

配对结果和应当缴纳的交割货款通知会员。会员在交易所结算完成后，再对客户进行结算。国债期货合约采用的交割方式有现金交割与实物交割两种。采用现金交割方式的，合约最后交易日收市后，交易所以交割结算价为基准，计算未平仓国债期货合约的盈亏，用现金支付的方式了结到期未平仓合约。采用实物交割方式的，国债期货合约到期时，交易双方根据交易所指定的规则和程序，通过国债期货合约标的所有权的转移，将到期未平仓合约进行了结。❶ 《中国金融期货交易所国债期货合约交割细则》（2020 年 6 月第 5 次修订）第 2 条明确规定国债期货合约采用实物交割方式。

（2）欧洲美元期货。芝加哥商品交易所（CME）于 1981 年开发并推出的 3 个月期限的欧洲美元期货为全球金融期货市场最受欢迎的利率期货之一。欧洲美元是存放于美国境外的各国银行的美元存款或者从这些银行借到的美元贷款。欧洲美元利率是银行之间欧洲美元的存、贷款利率。欧洲美元期货是以欧洲美元利率为标的的期货。最有名的是 3 个月期限的欧洲美元期货，它以 3 个月（90 天）的欧洲美元利率作为期货标的。这些欧洲美元期货合约可使得投资者锁定今后在某 3 个月的对应于 100 万美元面值的利率。这类期货合约的到期月份为未来 10 年的 3 月、6 月、9 月及 12 月。这意味着在 2007 年某投资者可采用欧洲美元期货来锁定 2017 年之前某 3 个月的利率。除了 3 月、6 月、9 月及 12 月的期货外，市场上也交易其他短期期限的利率期货合约。❷

---

❶ 《中国金融期货交易所结算细则》（2007 年 6 月 27 日开始实施）。

❷ ［加］约翰·赫尔：《期权、期货及其他衍生产品》，王勇、索吾林译，机械工业出版社 2009 年版，第 92 页。

（二）货币期货

货币期货是指以汇率为标的的期货合约，即货币期货投资者之间达成的，要求交易的货币在将来的某一个固定的日期，按约定的汇率进行交割的协议。货币期货交易的目的是借此规避汇率风险，自 1972 年美国芝加哥商品交易所在国际货币市场推出第一张外汇期货合约以来，货币期货市场发展迅速。目前，货币期货已成为一种全球性的期货交易品种，外汇期货交易的币种主要有美元、澳大利亚元、英镑、加拿大元、德国马克、法国法郎、日元、瑞士法郎、欧洲美元和欧洲货币单位等。货币期货外汇的买卖不必支付利息。货币期货的买卖可双向选择，既可以先买后卖，也可以先卖后买。最负盛名的货币期货交易场所有：芝加哥商品交易所国际货币市场分部、中美洲商品交易所、费城期货交易所、伦敦国际金融期货交易所、新加坡国际货币交易所、东京国际金融期货交易所等。

（三）股指期货

1. 股指期货概述

股指（stock index）是由证券交易所或金融服务机构编制的反映股票行市变化的参考数字。它是选取有代表性的一组股票，把它们的价格进行加权平均，以某一固定日期（基期）的加权平均值作为基数（通常为 100 点），通过与计算期的股价加权平均值进行数学上的计算得来的。每一种纳入计算的股票都在股票投资组合中占有一定比例。即使虚拟股票投资组合保持不变，组合中每个股票的权重也不一定不变。如果组合中某一股票的价格比其他股票的涨幅要大得多，那么这一股票的权重就会自动增大。有些指数的构造方式是在一定数量股票中分别抽取单位数量的股票组成，其权重与股票的市场价格成比例，而且当某种股票分股时，其系数也要作出调整。有些股指的构造使得其权重与市场资本总价值（股票价格×发行数量）成正比。这时股票组合会对股票的分股、息股和新股发行自动进行调整。❶ 目前世界上著名的股指主要有道琼斯工业平均指数（Dow Jones Industrial Average）、标准普尔500股票指数（S&P500）、纳斯达克100指数（Nasdaq 100 Index）、罗素1000指数（Russell 1000 Index）。

股指期货是指以股价指数为标的的期货合约，股指期货合约只能采用现金交割，而不需要交割实物资产。在最后一个交易日，所有的股指期货合约都会被平仓，其平仓价为最后一个交易日的开盘价或收盘价。

2. 股指期货的主要用途

股指期货主要有以下三个用途。

（1）股指期货投资可以防范大盘风险。运用套期保值的策略进行股指期货投资可以防范股市的系统性风险，减少股价变动的损失。

（2）利用股指期货进行套利。股指期货套利交易是指利用股指现货与股指期货之间的价差，通过买入股指期货标的现货并同时卖出股指期货，或者卖空股指期货标的现货并同时买入股指期货，来获得无风险收益。

（3）作为一个杠杆性的投资工具。由于股指期货只需交少量的保证金即可交易，因此，只要投资者对价格变动方向判断正确，就可能获得很高的收益。

---

❶ ［加］约翰·赫尔：《期权、期货及其他衍生产品》，王勇、索吾林译，机械工业出版社2009年版，第41页。

第三节　期货交易的基本规则

一、保证金制度

期货保证金是指期货交易者按照规定标准和比例缴纳的用于结算和保证履约的资金。期货保证金按性质和功能不同，可分为结算准备金和交易保证金。结算准备金是指结算会员按固定标准缴纳，在交易所专用结算账户中预先准备用于交易结算的资金，是未被合约占用的保证金。❶根据《中国金融期货交易所结算细则》第 36 条的规定，期货公司会员的结算准备金最低余额标准为人民币 200 万元，非期货公司会员结算准备金最低余额为人民币 50 万元，均应当以自有资金缴纳。交易所有权根据市场情况调整结算会员结算准备金最低余额标准。交易保证金是指结算会员或客户在期货交易中因持有期货合约而按规定比例实际缴纳的确保履约的资金，是已被合约占用的保证金。买卖成交后，交易所和结算会员根据交易额和保证金比例向合约双方收取交易保证金。

保证金主要用以结算交易双方的盈亏、手续费及税金，从性质上看，保证金实质为补偿金。一旦交易者因资金不足而违约，保证金可以弥补交易相对人的损失。❷

保证金制度具有两个方面的作用：一方面通过期货交易的杠杆效应，给予期货交易者以小博大的机会，使交易者缴纳较少的

---

❶ 《中国金融期货交易所结算细则》（2020 年 3 月 1 日第 9 次修订）。

❷ 胡茂刚："论期货市场的法律监管"，载顾功耘主编：《金融衍生工具的法律规制》，北京大学出版社 2007 年版，第 219 页。

资金便能拥有较大价值的合约持仓，提高了资金的使用效率；另一方面，又不至于无限放大交易规模，在一定程度上抑制了过度投机，为期货合约的履行提供了良好的、高度流动性的物质担保。

目前，我国大连、上海等期货交易所的交易保证金比例通常为合约价值的5%~11%，并随市场交易风险的大小而调整，在持仓总量较大时要求较高的保证金水平，而在持仓总量较小时要求的保证金水平也较低。以大连期货交易所交易的黄大豆1号品种为例：合约月份双边持仓总量≤100万手的，交易保证金比例为5%；100万手<合约月份双边持仓总量≤150万手的，交易保证金比例为7%；150万手<合约月份双边持仓总量≤200万手的，交易保证金比例为9%；合约月份双边持仓总量>200万手的，交易保证金比例为11%。2020年中国金融期货交易所规定沪深300股指期货的最低保证金率为合约价值的10%。交易所针对不同的期货品种，可以设置不同的保证金标准。

二、当日无负债结算制度

当日无负债结算制度也称为"逐日盯市"制度，它是指在每日交易结束后，先由结算部门计算出各期货合约的结算价格，然后，以结算价为依据对会员和投资者所持有的所有期货合约结算盈亏、交易保证金、手续费、税费等相关费用，并对会员和客户应收应付的款项实行净额一次划转，相应增加或者减少会员和客户保证金的制度。结算完毕，如果某会员或客户的保证金余额低于规定的最低限额，则交易所可以通过期货保证金存管银行从会员和客户专用资金账户中扣划；若全额扣划未能成功，则应按照与客户约定的方式通知该会员或客户在下一个交易日开市前补交，从而做到无负债交易。[1]

我国《期货交易管理条例》第 34 条规定，若期货交易所会员未能及时追加保证金或者自行平仓的，期货交易所应当将会员的合约强制平仓，强制平仓发生的有关费用和损失由该会员承担。客户保证金不足时，应当及时追加保证金或者自行平仓。客户未在期货公司规定的时间内及时追加保证金或者自行平仓的，期货公司应当将该客户的合约强制平仓，强制平仓的有关费用和发生的损失由该客户承担。

目前，由于信息网络技术的发展和期货交易所设施的完善，投资者可以在每日交易结束后上网查询自己账户的盈亏，确定是否需要追加保证金或将盈利由交易账户划入银行账户。

三、涨跌停板制度

涨跌停板制度是指期货交易所规定期货合约每日的交易价格不得高于或者低于法定的涨跌幅度，超出该涨跌幅度的报价将视为无效委托，无法成交。涨跌停板制度主要目的是防止期货合约交易价格的大幅波动，抑制过度投机行为。国际上各期货交易所的期货交易价格的涨跌幅度一般不得超过 10%。[2]

期货交易的涨跌停板幅度必须小于保证金水平，如果大于保证金水平，则会出现客户保证金当天被吃光并且来不及追加保证金从而被强制平仓的情况。涨跌停板幅度由交易所决定，交易所可以根据市场风险状况调整期货合约的涨跌停板幅度。目前，国内交易所的涨跌停板基本上定在 5% 或 6%，如大连商品交易所研

---

[1]　冷平生：《金融衍生品结算体系研究》，西南财经大学 2007 年博士学位论文，第 52 页。

[2]　朱国华：《中国期货市场分析与研究》，中国商业出版社 1999 年版，第 173 页。

究决定，自 2020 年 3 月起，黄大豆 1 号、黄大豆 2 号、豆粕、豆
油和聚氯乙烯品种期货合约的涨跌停幅度由之前的 4% 调整为
5%。❶ 自 2020 年 7 月起，玉米和玉米淀粉期货合约涨跌停板幅度
由之前的 4% 调整为 6%。❷ 大连期货交易所 12% 的保证金一般可
以应对 2 个停板。涨跌停板幅度比较大的是股指期货，比如我国沪
深 300 股指期货涨跌停板的幅度为上一交易日结算价的 ± 10%。

四、持仓限额制度

持仓限额制度是指期货交易所规定期货交易者（会员与客户）
可以持有的、按单边计算的某一合约的最高数额。一旦会员或客
户的持仓总数超过了这个最高数额，交易所将会对超量持仓部分
进行强制平仓。

当前国内的限仓制度分层次和分月份来实施：一是对一般月
份的总持仓进行规模限制，避免期货规模脱离现货规模。二是对
会员和客户通常情况下持仓量的限制，譬如规定经纪会员、自营
会员持仓数分别不得超过总持仓量的 20%、10%，否则予以强平
和罚款。三是对一般客户也规定了持仓限额，持仓量不得超过总
持仓量的 5%。四是对不同月份特别是进入交割月份前一个月以及
交割月份，按梯度严格递减，限制持仓绝对数量。因为交割月份
越近，市场波动越大，"到期日效应"越明显，风险越不易把握。❸

持仓限额制度的作用主要在于防止大户集中大量头寸，操纵

---

❶ "大商所发布关于调整黄大豆 1 号等 11 个品种涨跌停板幅度的通知"，载《金融
界》2019 年 3 月 15 日。

❷ "大商所调整玉米和玉米淀粉品种期货合约涨跌停板幅度"，载《桌创资讯》
2020 年 7 月 30 日。

❸ 胡茂刚："论期货市场的法律监管"，载顾功耘主编：《金融衍生工具的法律规
制》，北京大学出版社 2007 年版，第 223 页。

期货市场。另外，持仓限额还可以防止少数投资者风险过度集中，从而分散风险，避免给大户带来不可估量的损失。中国金融期货交易所将非套期保值交易的单个股指期货交易账户持仓限额规定为 100 手。

五、强行平仓制度

强行平仓制度是指会员或者客户未按规定及时追加保证金或者持仓数量超过规定的限额时，交易所或者期货经纪公司有权对相关会员或者客户采取强行平仓措施。强行平仓产生的盈利，如果是因会员或客户违规进行强制平仓的，盈利归期货交易所所有；如果是因国家政策变化导致连续涨、跌停进行强制平仓的，盈利就归客户所有。强制平仓发生的费用、损失及因市场原因无法强行平仓造成的损失扩大部分由相关会员或者客户承担。

强行平仓制度是一种强制性的风险控制措施，其目的在于让已经亏损甚至已经被动透支的会员和客户及时止损，防止损失的进一步扩大，避免损失殃及期货经营机构，从而保证整个期货市场交易的安全，避免整个期货系统面临崩溃的风险。

六、大户报告制度

大户报告制度也称大户持仓报告制度，它是指会员或者客户对某一合约持仓达到交易所规定的持仓报告标准或者交易所要求必须报告的，会员或者客户应当于下一交易日收市前向交易所报告。客户未报告的，开户会员应当向交易所报告。❶ 大户报告制度有助于交易所了解持仓动向，从而更有效地防范和化解风险，是

---

❶ 《中国金融期货交易所风险控制管理办法》（2019 年 5 月 31 日修订）第 15 条和第 16 条。

避免价格操纵、保证市场安全运行的重要措施。●

　　交易所可以根据市场风险状况，制定并调整持仓报告标准。交易所对负有大户报告义务的大户有权采取下列风险控制措施：加收额外保证金；限制最大日交易量；限制一次下单手数；禁止新开仓；要求其在一定期限内将持仓量减少到交易所规定之持仓量水平。

第四节　我国期货市场法律监管制度之检讨与完善

一、我国期货法律体系

　　目前，我国期货市场法律规范体系是由法律、行政法规和中国证监会的部门规章组成。具体来说，就是"一个法律""一个条例""两个司法解释""五个办法"为主体的法律法规体系。"一个法律"是指 2022 年 4 月颁布的《中华人民共和国期货和衍生品法》"一个条例"是指 1999 年国务院制定、2007 年全面修改的《期货交易管理条例》，修订后的《期货交易管理条例》去掉了"暂行"二字，将调整范围从商品期货扩大到金融期货和期权交易，同时，进一步加强了对期货市场的风险控制和监督管理。"两个司法解释"是指 2003 年 5 月最高人民法院发布的《最高人民法院关于审理期货纠纷案件若干问题的规定（一）》和 2021 年 1 月最高人民法院发布的《最高人民法院关于审理期货纠纷若干问题的规定（二）》。"五个办法"是指中国证监会为了执行 2007 年国

● 吴庆宝、江向阳主编：《期货交易民事责任——期货司法解释评述与展开》，中国法制出版社 2003 年版，第 143－144 页。

务院制定的《期货交易管理条例》，随后陆续颁布的《期货交易所管理办法》《期货公司管理办法》《证券公司为期货公司提供中间介绍业务管理试行办法》《期货公司风险监管指标管理试行办法》和《期货公司金融期货结算业务管理试行办法》五个规章。至此，我国期货市场的法律监管体系基本形成，覆盖期货市场的各个主体和所有环节。2016 年 5 月，中国证监会颁布了《证券期货投资者适当性管理办法》，将证券期货投资者分为普通投资者与专业投资者，普通投资者在信息告知、风险警示、适当性匹配等方面享有特别保护。

改革开放 40 多年来，我国的金融立法日益健全，银行法、证券法、保险法、信托法都陆续出台，唯独期货法长期缺位。可喜的是，2022 年 4 月，千呼万唤的《中华人民共和国期货与衍生品法》（以下简称《期货与衍生品法》）终于出台，我国金融立法的最后一个死角已经扫除，我国期货立法体系基本建成。

二、我国期货市场法律监管制度之检讨

（一）期货品种体系尚不健全

随着中证 1000 股指期货、期权和近期挂牌的 5 个油脂期权的成功上市，截至 2022 年 8 月，我国期货总品种数为 101 个，已经"破百"，其中商品期货 64 个，金融期货 7 个，商品期权 25 个，金融期权 5 个。[1] 但是，中国作为很多大宗商品的最大进口国以及很多重要商品的最大出口国，在大宗商品的国际定价权上话语权较弱。尤其是我国在重要的能源、金属和农畜产品方面缺乏相应的

---

[1] 方星海："不断完善法治和品种体系 持续提升期货市场运行质量"，载《证券日报》2022 年 8 月 27 日。

期货品种，对国际期货价格的影响有限，常常在国际贸易中遭受意想不到的损失。因此，推出新的期货品种，建立健全期货品种体系，发挥我国在大宗商品国际价格方面的影响力，乃当务之急。

（二）保证金设计不合理

我国期货交易的保证金设计存在一定的主观性和随意性，仍存在基于市场风险判断（如出现风险事件或事故后）来决定提高或降低保证金标准的情况，缺乏科学系统的理论指导和市场波动率的实证分析。目前国内交易所不论投机性如何、不论价格波动情况怎样，采用5%或6%的统一标准可能是不适宜的，比如大连商品交易所规定的大豆保证金的最新比例为6%，国际上一般为3%~8%。保证金制度的目的在于防止结算风险，因此，价格波动幅度应该成为设计保证金比例的首选因素。另外，从实证分析来看，经常出现同方向连续三个涨跌停板，保证金如果能抵御两天极端行情，那么穿仓的风险将大大降低。另外，交易者是套期保值者还是投机者以及客户的资金实力和信誉程度也是应当考虑的因素。❶

（三）期货市场与现货市场没有建立联动机制

期货市场是现货市场的延伸，现货市场是期货市场的基础。由于我国缺乏统一的大型批发市场，期货市场价格信息不能集中反映到现货市场，现货供应商无法根据最新信息调整策略。同时，我国还没有农民合作社等组织能为农民提供期货市场服务，农产品现货市场也不完善。因此，目前国内期货市场普遍缺乏现货市场的支持。期货价格是最能有效反映未来市场的供求信息和预期

---

❶ 杨玉川：《金融期货期权市场研究与策划》，经济管理出版社2000年版，第48页。

变化的金融工具，与现货市场有效地对接，可以最大限度地防范系统性金融风险。因此，大力推动期货现货结合业务发展，才能更好地发挥期货对于实体经济的促进作用。

虽然我国《期货与衍生品法》的颁布和实施，有利于发挥期货价格发现、风险管理和资源配置的三大功能，期货品种上市由审批制改为注册制后，将极大鼓励市场创新，有效增加期货的市场供给，更好地发挥期货市场服务实体经济，稳定经济大盘的作用。[1] 但是，《期货与衍生品法》仅对期货交易、结算与交割、监督管理、跨境协作等进行规范，对于期货市场与现货市场如何有效联动，如何加强与宏观管理部门的期货市场现货市场联动监管等重要问题则未作任何规定，这不能不说是我国《期货与衍生品法》的一大缺陷。

（四）国内期货市场没有对外资开放

国际上现货市场与期货市场往往充分对接，尤其是在国际大宗商品贸易中通常以期货价格作为定价基准，按照非含税的净价进行保税交易。目前，全球 500 强企业中有 90% 以上都参与了国际主要期货市场的风险管理。[2]

我国的情况则不同。国内期货市场还没有对外国企业和外国投资者开放，我国的期货交易平台还处于封闭状态，无法与国际市场对接，因此，我国的期货交易标准难以成为广为接受的国际基准，严重阻碍了我国期货市场的发展，限制了对国际市场的影响力。

---

[1]　王宁：“期货与衍生品法今起实施 期货市场服务实体经济的能力将增强”，载《证券日报》2022 年 8 月 1 日。
[2]　杨迈军：“加快期货市场立法进程”，载《中国冶金报》2014 年 3 月 18 日。

三、完善我国期货市场法律监管制度的建议

（一）完善期货品种体系

中国作为很多大宗商品的最大进口国以及很多重要商品的最大出口国，迄今仍未具备足够的国际价格影响力。因此，我国期货市场急需推出一批对国民经济有重大影响的大宗商品（尤其是重要的能源、金属和农畜产品）期货品种，以扩大这些重要产品的国际影响力，满足企业出口和风险管理的需要。另外，必须紧扣国家战略方向和产业发展需求，着力在产业链补短板、服务绿色发展等方面，有序地推出期货新品种，丰富和完善期货市场避险工具，为我国实体经济和期货市场国际化助力。

（二）改进保证金收取方式

当前各国保证金的收取主要有三种计算方式：净持仓量、单边持仓量和持仓总量。我国选取了按持仓总量收取的方式，这种方法过于谨慎，抑制了期货市场的发展。如果是双向持仓，根据交易规则，该持仓最终会自动平仓，其对等持仓的风险可以完全抵销，无须在多空两个方向同时占用保证金。譬如某投资者持有期货合约多单2000手，同一月份的空单1000手，按照现行做法收取3000手的保证金，而如果按净持仓则只收取1000手的保证金，则将大大减少投资者的保证金压力。为了进一步推动期货市场的发展，减少投资者的保证金成本，我国的期货交易保证金应当按单边净持仓量来计算。

（三）建立期货市场与现货市场联动机制

目前我国期货市场相对不发达，制度供给、产品供给不足，不能满足现货市场的需要。期货市场功能缺位，使得期货市场服

务实体经济的政策难以落地。因此，必须从制度供给层面促进期货市场与现货市场的有效联动发展。具体构想是：一是期货市场向下延伸，现货市场向上提升，通过电子商务的形式，有效整合资源，理顺商品流通秩序。推动大宗商品现货交易场所与期货交易所合作，建立大宗商品交易中心。二是期货市场与现货市场建立价格信息联盟，实时发布各类商品的价格和供求信息，实现信息资源共享。三是现货市场通过运费、升贴水等形式建立自身价格与期货价格的联系。四是期货市场与现货市场在仓单流转、标的物的仓储交割等方面开展合作。期货公司代理客户进行场内外产品的期现套利、仓单互换，帮助客户在场外市场实现实物交割，形成场内、场外、期货现货市场的联动。❶ 五是打破地区封锁，建立全国统一、开放的现货市场。加快现货批发市场的整合步伐，建立现代化、电子化的大型能源、农产品、贵金属批发市场，为期货现货联动市场体系建设提供坚实的业务支撑。六是通过立法手段加强期货监管部门与宏观经济管理部门的期货市场现货市场联动监管，助力应对动力煤、原油等大宗商品价格持续大幅上涨对产业链供应链的冲击，实现期货市场服务实体经济的功能。

（四）我国期货市场应尽快与国际市场对接

2020 年中国证监会取消期货公司外资股比例限制，标志着期货市场开放幅度大幅提升。全球商品"一价定律"决定了全球期货市场具有高度相关性，为了与国际市场对接，确保我国的期货

---

❶ 胡俞越："期货市场与现货市场如何对接"，载财新网，https://conferences. caixin. com/2013－06－28/100548748. html，访问日期：2022 年 9 月 8 日。

品种成为广为接受的国际化品种，我国应尽快开放有色金属、贵金属、天然橡胶等现货市场上国际化程度较高商品的国际市场，同时，将原来适用于原油期货的外汇政策、海关政策和税收政策参照适用于上述新的期货品种，从而使我国的期货市场真正对外开放，走向国际化。

第五章

期　权

第一节　期权概述

一、期权的概念和基本构成要素

（一）期权的定义

法律出版社出版的《元照英美法词典》解释：期权是指在某一特定期间内能以固定的价格买受或出售确定数量的证券、商品或其他财产的权利。合约买入者或持有者（holder）以支付期权费（option premium）的方式换取以固定价格买入一种资产的权利；合约卖出者或立权者（writer）以收取期权费的方式，换取在买入者希望行权时必须履行义务。期权是一种衍生工具，因为它的价值源于另一种基础资产、工具或指数。期权旨在"转让在期权行权日当天或之前以指定价格（行权价格）购买或出售标的资产、工具或指数的权利而非义务。"❶ 赋予买方这种权利的合同本质上是一种选择权，即使它有其他名称。例如，如果消费者同意在 6 个月内以指定价格购买指定数量的家用取暖油，则该合同为远期合同。如果合同允许买方在 6 个月后（以相同价格）根据消费者的决定购买石油，则该合同的该部分为期权合同。交易名称对其经济现实并不具有决定性。合同在经济上的运作方式决定了它究竟是一种期权，还是其他衍生工具。期权可视为交易者的一种投资辅助手段。

期权有两种基本类型：看涨期权（call option）和看跌期权（put option）。看涨期权的持有者有权在未来的特定时间以某一确定的价格买入标的资产，但不负担必须买入的义务。看跌期权的持有者有权在将来某一特定时间以某一确定价格卖出标的资产，但不负担必须卖出的义务。当交易者对市场前景感到乐观时，他将会持有看涨期权；而当他对市场前景感到悲观时，他将持有看跌期权。期权交易也有风险，一旦市场朝着合约相反的方向发展，就可能给交易者造成损失，但不管市场有多糟糕，交易者的损失不会超过其所支付的期权费用。

期权可以分为美式期权（American option）与欧式期权（European option），前者可在到期日之前的任何时刻行使，而后者只能在到期日这一特定时刻才能行使。大多数交易所交易的期权为美式期权。

（二）期权合约的构成要素

期权合约是一种标准化的单向合约，期权的买方在支付了期

---

❶ TRADING AND CAPITAL – MARKBTS ACTIVITIES MANUAL § 4330.1（Board of Governors of the Federal Reserve System）.

权费之后，取得一种购买权利，这种权利可以随时放弃；而卖方收取期权费之后，有义务应买方要求履约。期权合约的标准化表现为：除了价格条款外，其他合约条款都是事先统一规定的，具有普适性。

期权合约主要由以下要素构成。

1. 合约标的

期权交易双方权利和义务所共同指向的对象，也就是在交易所上市交易的商品、外汇、利率、股票或 ETF。

2. 期权费

期权费（premium）又称权利金，是期权的价格，它是指期权合约买方为取得买入期权合约标的的选择权而付给期权合约卖方的费用。期权费是期权合约中唯一的变量，是买卖双方委托经纪人通过公开竞价形成的。在国外成熟的期权市场上，期权费有专门的定价方法，一般期权费为合约价格的 10% 左右。对于期权的买方来说，期权费是其购买期权的成本，也是其可能遭受损失的最高限额。对于期权卖方来说，收取的期权费是其在应买方要求时必须承担履约义务而获得的对价，一旦卖出期权，即可得到一笔期权费收入，而不论将来是否交割，期权费也是卖方的最大利润额。

决定期权费的因素主要有两个：时间价值和内在价值。期权的内在价值是指标的资产的实际价值与期权行权价格之间的差额。因此，如果 A 股票的交易价格为每股 50 美元，且看涨期权的行权价格为每股 40 美元，则期权的内在价值为 10 美元。期权的时间价值是指期权合约的购买者为购买期权而支付的权利金超过期权内在价值的那部分价值。时间价值"反映了在到期之前，标的资产的价格将增加一定数量，使投资者能够出售或行使期权

并获利的预期"。❶

期权购买者可能有权在期权购买日和期权到期日（美式期权）之间的任何时间购买标的资产，或者仅有权在指定日期购买标的资产（欧式期权）。由于美式期权具有更大的灵活性，它通常会有更高的期权费。在美国交易所交易的大多数上市期权都是美式期权。

3. 执行价格

期权合约中所注明的确定价格被称为执行价格（exercise price）或敲定价格（strike price）。执行价格是指期权交易双方在合约中规定的在将来某一特定时期执行买权和卖权合约而事先确定的价格。期权的执行价格是预先约定的价格，不管将来期权合约标的的价格是涨还是跌，买方都有权以执行价格买入期权合约标的，而期权的卖方就必须以此价格卖出合约标的。一个看涨期权的价值等于到期日期权标的的市场价格与执行价格之间的差额。一个看跌期权如果到期日期权标的的价格下跌，这个看跌期权就会增值，如果标的价格上涨，它就会丧失价值。如果是外汇期权，执行价格就是交易双方在期权合约中事先规定的汇率。外汇实盘与外汇期权存在价格差异：对外汇实盘来说，在某一个时点某一个品种只有一个价格；但是对于外汇期权来说，在某一时点某一个品种往往存在多个期权价格。

4. 合约到期日

期权合约中注明的特定时间称为到期日（expiration date）或满期日（maturity date），合约到期日是指期权合约必须平仓或者履约（也就是转换成作为期权合约标的的实际工具，即股票、指数

---

❶ Custom Chrome, Inc. v. Comm'r, 217 F. 3d 1117, 1125 (9th Cir. 2000).

或者期货）的日期。欧式期权的到期日是一个确定的时间，美式期权的到期日是到期日之前的任何一个交易日（含合约到期日）。交易所交易的挂牌期权的到期日也是标准化的。对股票和大多数指数期权来说，这个到期日就是到期月份的第三个星期六（第三个星期五自然成了最后交易日）。对期货期权来说，同一品种的期权合约有不同的有效期，一般是 1 周、1 个月、3 个月、6 个月、9 个月或者 1 年、2 年。期权到期日越长，可以获得的潜在收益越大，期权持有人的权利越大，相应的期权费用就越高。期权是损耗性资产，因为它们只在预先规定的期限内有效，并且在到期日后无法行使。

二、期权的基本类型

根据不同的标准，期权可划分为不同的类型。

（一）根据期权标的不同分为股票期权、外汇期权、指数期权和期货期权

1. 股票期权

股票期权是指公司给予其高管人员在未来一定期限内以固定的价格购买一定数量公司股票的权利。股票期权制度是一种激励公司高管努力工作的制度，只有当公司经营效益好、股票价值上升的时候，享有股票期权的公司高管才能从股票市价与行权价的差价中受益。在证券交易所上市交易的股票和交易型开放式指数基金可以作为股票期权合约的标的。1973 年芝加哥期权交易所（CBOE）成立并推出了第一个场内期权产品（个股期权），标志着现代期权的开始。股票期权交易通常在期权交易所或证券交易所进行，美国的股票期权交易主要在以下交易所进行：芝加哥期权交易所、费城股票交易所、美国股票交易所、国际证券交易所

和波士顿期权交易所。

2. 外汇期权

外汇期权是指交易双方约定在未来某一特定时期内以固定的汇率购买或者出售某种外汇的期权。外汇期权一般在场外市场进行交易，也有少数在交易所场内交易。美国费城股票交易所提供多种货币的欧式与美式期权，美国大部分场内外汇期权交易在该交易所进行。外汇期权合约的规模与货币的种类有关，比如，一个英镑期权的货币数量为 31 250 英镑，一个日元期权的货币数量为 625 万日元。

3. 指数期权

指数期权是以各种变动指数为标的的期权合约，最主要的标的指数是股价指数。指数期权有许多不同类别，美国绝大部分指数期权都在芝加哥期权交易所进行交易，其中最流行的指数期权有 S&P500 股指（SPX）期权、S&P100 股指（OEX）期权、纳斯达克 100 股指（The Nasdaq 100 Index, NDX）期权和道琼斯工业指数（Dow Jones Industrial Index, DJX）期权。以上期权大多数为欧式期权，只有 S&P100 股指期权为美式期权。每一份指数期权合约可以购买或出售指数的 100 倍，且只能以现金结算，而不是交割标的指数。例如，一个 S&P100 看涨期权的执行价格为 980 美元。当指数价格为 1 000 美元时，期权会被行使，期权合约卖方需向期权购买人支付（1 000 – 980）× 100 = 2 000 美元。期权购买人的利润大小取决于行使期权当天的指数收盘价。[1] 股指期货交易中交易双方均需缴纳一定的保证金作为担保，而在股指期权中，仅期权

---

❶ [加] 约翰·赫尔：《期权、期货及其他衍生产品》，王勇、索吾林译，机械工业出版社 2009 年版，第 125 页。

的卖方需要缴纳保证金，而买方无须缴纳保证金，因为买方只有购买的权利没有必须购买的义务，而卖方必须承担卖出的义务，因此，卖方要缴纳保证金作为担保。1983 年 3 月，芝加哥期权交易所推出标准普尔 100 股指期权，标志着股指期权正式诞生。股指期权在我国被寄予厚望，被认为是给股市下跌上了保险。2015 年 2 月，上证 50ETF 期权在上海证券交易所上市。2019 年 12 月，中国金融期货交易所正式开展沪深 300 股指期权上市交易。

4. 期货期权

期货期权是以期货合约作为标的买卖的期权。开办期货业务的交易所往往也同时开办期货期权业务。期货期权的到期日往往在期货交割期之前，这是为了让期权卖方有时间在期货市场进行反向操作来对冲平仓，避免进行实物交割。当看涨期权被行使时，如果行情上涨，期权持有者获得的利润为期货市场价格超出执行价格的差额。当看跌期权被行使时，如果行情下跌，收益为执行价格与期货市场价格之间的差额，若行情上涨，损失的只是期权费。我国 2017 年上市的豆粕期权和白糖期权以商品期货合约作为标的，属于商品期货期权，期权到期交割时，期权合约转为期货合约。如果企业使用期货与期权的组合策略进行套期保值，则既能防止现货市场价格向不利方向波动带来的损失，又能享受价格向有利方向波动带来的收益，同时，还可以降低企业的套期保值成本。

（二）根据交易场所不同分为场外期权和场内期权

1. 场外期权

期权可以在场外交易（OTC）或有组织的交易所交易。场外期权是由双方在交易所之外签订的双边期权合约。行使价、结算日、标的数量等条款由交易对手协商确定。在场外期权中，交易对手之间直接进行交易，期权卖方有义务将标的资产直接交付给期权的购买者。除期权风险外，场外期权的交易双方还承担交易对手的信用风险，即交易对手有可能没有履行期权合约义务的能力。

2. 场内期权

场内期权又称为交易所交易期权，执行价格和到期日等条款由挂牌交易的交易所指定。期权交易所通过创建一个买家和卖家无须协商即可购买标准化产品的场所，为市场提供流动性。

三、期权的运作

期权是指授予买方在未来某个时间以特定价格购买或出售标的资产的权利的合同。期权的核心要素是，买方有权利但无义务购买或出售标的资产。这与双方都有义务结算的其他衍生品交易不同。

（一）看涨期权和看跌期权

授予在特定日期或之前以特定价格购买标的资产权利的期权称为看涨期权，出售标的资产的期权称为看跌期权。如果标的资产的价格超过执行价，则将看涨期权称为实值期权。当资产价格低于行权价格时，看跌期权就具有实值。

在每一份期权合同中，都有一名期权立权者或出售期权的人以及一名期权购买者。区分立权和购买期权是很重要的，因为它们有非常不同的风险和义务。看涨期权赋予买方（为该权利支付预付款）购买标的资产的权利。期权合同将规定在期权到期日或之前可购买资产的履约价格。如果市场条件不好，买方可以选择不行使这项权利。看跌期权赋予买方在期权到期日或之前以特定执行价格出售标的资产的权利。

期权赋予买方以特定价格购买或出售资产的权利。期权购买者行使权利的价格称为执行价格。作为权利的对价，期权购买者将向期权立权者支付一笔费用，称为期权费。

1. 看涨期权

看涨期权的价值与标的资产的价值直接相关。随着标的资产的股价上涨，期权合同的内在价值部分也会上涨。期权的对冲值（Delta）用于衡量期权价格对标的资产价格变动的敏感度，它等于期权价格变化与标的资产价格变化的比率。当看涨期权非常"虚值"——也就是说，当标的资产的价值远低于期权的执行价格时——资产价格变动与期权价格变动的关系可能很小。

看涨期权的潜在盈利能力是无限的，因为理论上，标的资产的价值可以无限增长。尽管看涨期权具有无限的潜在收益，但看涨期权的购买者可能损失的最大金额是为购买期权支付的期权费。期权立权者有义务在期权购买者行使期权时交付标的资产。正如期权购买者拥有无限的潜在收益一样，期权立权者也面临着无限损失的风险。例如，如果股票价格升至 10 000 美元，承诺以 100 美元出售该项目的期权立权者仍需交付股票。作为期权立权的回报，期权卖方收到一笔期权费，在概念上类似于保险费，其中期权卖方类似于保险承保人。期权费的价格取决于布莱克—斯科尔斯模型（Black – Scholes model）的组成要素的参数值和市场价格。

2. 看跌期权

看跌期权赋予期权购买者在某个时间点以特定价格出售资产的权利。就看跌期权而言，期权的价值与标的资产的价值成反比。尽管看涨期权的价值可以无限增加，但看跌期权的价值是有限的，因为股价只能降到零。

看跌期权赋予期权购买者出售看跌期权的权利，使期权立权者有义务以约定的价格从期权购买者处购买标的资产。与看涨期权不同，看跌期权的风险有限，因为标的资产的价值不能低于零。

（二）典型案例：利维诉贝塞默信托公司案

利维诉贝塞默信托公司（Levy *v.* Bessemer Trust Company）案❶展示了简单期权的结构、期权套利策略以及未能充分利用期权市场所涉及的风险。

1. 基本案情

大卫·利维（David Levy）（以下简称"Levy"）签署了一份投资管理协议，并在贝塞默信托公司（Bessemer Trust Company）（以下简称"BTC"）开立了一个投资管理账户。Levy 被诱使签订这份协议，因为 BTC 向他表示，它是向高净值个人提供金融服务和投资建议的专家。Levy 已收到一年内无法出售的257 000股卡米公司（Coming）股票。Levy 收到股份时，卡米公司股价为每股 31. 375 美元，价值约 800 万美元。BTC 同意监督和管理股份，并会将涉及该股份所采取的任何行动通知他。Levy 特别告知 BTC，他希望确保在禁止出售股票期间，股票价格不会出现下跌。作为回应，BTC 通知 Levy，鉴于股票的限售属性，无法立即获得价格止跌保护。

随后，潘恩·韦伯公司（Paine Webber）［一家后来被瑞银（UBS）收购的美国股票经纪公司］的一名经纪人告知 Levy，持有公司限售股票的人可以使用各种对冲策略，以承受价格下跌的保护。Levy 专门了解到，他可以通过参与一项业内称为"欧式期权套利"的交易来保护股票价值。在欧式期权套利交易中，Levy 的股票可以通过同时购买欧式看跌期权和出售欧式看涨期权来获得保护。欧式看涨期权只能在 Levy 被禁止出售其股票的期限结束后

---

❶ 1997 U. S. Dist. LEXIS 11056（S. D. N. Y 1997）.

的某个日期行使。这将对冲他的风险，因为购买欧式看跌期权将保证行权当日股票的最低价格，而出售欧式看涨期权将为股票价格设定一个超过当前市场价格的上限。看涨期权还将产生收入，以弥补看跌期权的购买价格。

了解这种交易后，Levy 打电话给 BTC 并告知了它进行这种交易。BTC 回复说它从未听说过这种交易。Levy 随后关闭了他在 BTC 的账户，并通过美林证券购买了上述欧洲期权套利。在 Levy 首次指示 BTC 保护其股票免受价格下跌影响时，卡米公司股价的涨幅已超过每股 37 美元。当时，Levy 得知自己可以通过以 33.33 美元购买欧式看跌期权，并同时以 44 美元卖出欧式看涨期权，从而从事欧式期权套利交易。这将确保股票的价值永远不会低于每股 33.33 美元。在 Levy 通过美林证券安排欧洲期权套利时，卡米公司股票的价格已从之前的高点 37.375 美元下跌至 27.25 美元。Levy 本可以以 24.75 美元的下行保护和 31.90 美元的上行价格对冲自己持有的股票。通过这种安排，Levy 持有股票的最大价值已低于当时的最低价，如果 BTC 在 Levy 首次询问交易时安排了这笔交易，Levy 本可避免这种损失。[1]

2. Levy 案的责任理论

Levy 对 BTC 提起诉讼，声称其存在疏忽、重大过失、违反信义义务、过失虚假陈述、违反监督义务、违反合同和欺诈等不法行为。法院认定，除违约索赔外，所有这些主张都是有道理的。

（1）疏忽。法院认为，有足够的指控证明了 Levy 遭受股份价值下跌重大损失的近因。法院还发现，BTC 对美林证券知道的战略以及 Levy 反复询问的战略的不了解可能构成疏忽。

---

[1] 1997 U. S. Dist. LEXIS 11056 (S. D. N. Y 1997).

（2）过失虚假陈述。Levy 声称 BTC 关于其在资产管理和投资建议方面具有专业知识的虚假陈述，以及关于保护股票免受价格下跌影响的虚假陈述，促使他保留了自己在 BTC 的账户。法院认为 Levy 的主张是有道理的，即这种虚假陈述导致他在卡米公司的股票价值高于他最终购买期权时的股票价格时放弃购买欧式期权套利，从而由于 BTC 的虚假陈述导致股票价值损失。

（3）违反信义义务。法院认定，BTC 确实对 Levy 负有信义义务；尽管 Levy 多次询问，但是，BTC 违反了信义义务，向 Levy 提供了错误的投资信息；BTC 作出虚假陈述以诱使 Levy 保留他在 BTC 的账户并放弃其他投资顾问；如果 BTC 在他第一次询问卡米公司股票的下行保护时向 Levy 提供了正确的信息，他将采取适当的行动来增加其股票的价值。

（4）违反监督义务。法院认为，Levy 充分指控 BTC 未能监督账户，并维持适当的监督和控制系统，以防止账户代表给出错误建议。该错误建议导致 Levy 放弃其明确看好的期权投资，而该期权本会增加其股份的价值；并导致 Levy 延迟利用欧式期权套利，最终导致其股票价值下降。

（5）违反合同。法院认为，Levy 主张的这一请求不能成立，因为他未能说明 BTC 所作的陈述是否属于合同的一部分，协议的条款是什么，以及违反了哪些条款。

（6）欺诈。法院认为，欺诈指控是有道理的，因为 Levy 曾指控 BTC 故意就其服务和专业知识作出虚假陈述，以诱导 Levy 保留 BTC 的账户，而 Levy 在保留 BTC 账户时正是依赖了这些虚假陈述。❶

---

❶ 1997 U. S. Dist. LEXIS 11056 （S. D. N. Y 1997）.

四、期权交易的功能

（一）满足多层次投资者的需求

期权交易比期货交易更灵活，也更有层次感，它将买卖双方的权利和义务进行了区分。按照合约授予期权持有人权利的类别，期权可分为看涨期权和看跌期权，这就满足了看涨和看跌两类不同层次的投资者的需求，同时，期权持有人的行权选择权又给了投资者一种止损的机会。运用期权进行风险管理所需的资金成本更小，不仅可以为保值者提供更多的选择，还可以满足厌恶风险型的套期保值者需求。国内期权产品的上市可以大大降低国内企业借道国外期权市场进行风险管理的时间成本和资金成本，同时，还可以提高市场的透明度和对称性。因此，期权的推出使期货交易方式和交易策略更加多样化，更能满足不同投资者的需要。

（二）有助于抑制期货市场价格的剧烈波动

期权交易具有稳定期货市场、抑制期货价格过度波动的功能。从宏观层面来说，期权交易会提高衍生品市场的参与度，为投资者提供更多的避险工具，增加投资标的的流动性，同时，期权市场可以分流期货市场的存量资金，从而抑制期货市场价格的剧烈波动。从微观层面来说，期权交易不仅可以防止期货价格的过度下跌，而且可以抑制期货价格的过度上涨：一方面，认沽期权（一般指看跌期权）可为期权购买人的投资标的确定一个最低止损额（期权费损失），一旦相关期货合约的市场价格低于履约价格，尤其是当行权价与市场价之差额大于权利金时，认沽期权的购买人便会要求期权卖方履约，按行权价向期权卖方出售期货合约，同时，按市场价买入相关的期货合约，这样，会促使期货市场价格回升；另一方面，认购期权同认沽期权一样，在为期权购买人确定损失上限的基础上，如果相关期货合约市场价格高于履约价格，尤其是高于履约价格与权利金之和，认购期权的购买人便会要求期权卖方履约，按行权价向自己出售期货合约，同时，在期货市场抛售上述已购入的期货合约，促使价格回落。[1] 此外，权利金的变化受期货市场价格变动的影响，可以成为投资者作出期货交易决策的重要判断依据。

（三）对期货市场风险提前预警

目前我国期货投资者对于市场信息的解读能力有限，他们主要借助于期货合约的交易量和持仓量指标对期货行情进行判断。如果引入期权交易，就可以通过对各种不同交割时间、不同执行价格的看涨或看跌期权的日成交量的比值变化来判断后市的走势，这会大大增加市场风险判断的信息参数，对期货市场风险提前预警，大大提高期货投资者对市场风险的判断能力，增强投资者的信心，从而促进期货市场的稳定。

（四）发挥对经理人的激励功能

期权对经理人的激励功能主要是通过股票期权制度实现的。上市公司或者股份公司通过授予公司经理人股票期权，让其在未来一段时间内享有以确定价格购买公司一定数量普通股股票的权利，一旦公司经营管理有方，效益上升，股票价格就会上涨，期权持有人就可以行权获取收益，期权收益为行权价与行权日市场价之间的差额。股份公司引入股票期权制度后，经理人的个人收益将与公司的经营业绩和公司未来的股价表现挂钩，二者之间是一种正相关关系，从而避免经理人的短期行为，真正关注公司的

---

❶ 陈大江："建立期权市场经济意义刍议"，载《新疆金融》1999 年第 5 期。

长期持续发展。❶

五、期权交易策略

期权可以与股票和其他金融产品一起使用，以创建各种期权策略。

（一）单一期权与股票的交易策略

投资者如果预测现在的股票行情会上涨，就可以买入看涨期权，如果到期日股票行情果然上涨，那么投资者的收益是无限的；如果行情下跌，投资者的损失只是已交的期权费。同样，如果投资者预测行情看跌，他可以买入看跌期权，如果到期日股票行情下跌，则其收益是无限的；如果相反，行情上涨，投资者损失的也只是期权费。如果投资者认为股市行情震荡，卖出看涨或看跌期权，则他的最高收益是期权费，最大的损失可能是无限的。

（二）两个或多个期权的组合策略

1. 牛市差价

牛市差价策略是通过买入一个具有较低执行价格的看涨期权和卖出一个同一股票但具有较高执行价格的看涨期权组合而成。

譬如，买入看涨期权的投资者希望股票价格上涨，其投资策略是买入具有较低执行价格的看涨期权，同时卖出同一股票的较高执行价格的看涨期权，如果到期日股票价格上涨，即股票价格高于卖出期权较高的执行价时，投资者的收益为两个执行价格之间的差额；如果到期日股票价格介于两个执行价格之间，则投资者的收益为到期日股票价格与较低的期权买入执行价之差；如果

---

❶　王欢欢：《期权类金融衍生品的国际监管法律问题研究》，华东政法大学 2010 年硕士学位论文，第 10 页。

到期日股票价格低于较低的执行价格，则投资者的收益为零。

2. 熊市差价

熊市差价的期权策略是通过买入具有较高期权行权价的认购或认沽合约（看涨买认购，看跌买认沽），同时卖出同一股票的较低期权行权价的认购或认沽合约而构成。

与牛市差价相反，持有看跌期权的投资者希望股票价格下降，其投资策略通过买入具有较高执行价格的看跌期权，同时卖出具有较低执行价格的看跌期权来实现。如果到期日股票价格高于期权买入执行价，投资者的收益为零；如果到期日股票价格小于期权卖出执行价，则投资者的收益为买入执行价与卖出执行价之差额；如果到期日股票价格介于买入执行价与卖出执行价之间，则投资者的收益为买入执行价与到期日股票价格之差额。

六、布莱克—斯科尔斯模型与期权定价

布莱克—斯科尔斯模型是由费希尔·布莱克（Fisher Black）、罗伯特·默顿（Robert Merton）和迈伦·斯科尔斯（Myron Scholes）于 1973 年开发的，对期权进行定价的一种数学模型。❶ 在布莱克—斯科尔斯模型之前，没有标准的期权定价方法。这一模型的提出为衍生品市场的发展铺平了道路。布莱克—斯科尔斯模型能够量化风险，这一事实使得它成为那些希望将期权用于对冲或投机目的的人确定期权价值的宝贵资源。

（一）假设

布莱克—斯科尔斯模型的意义在于，它可以通过使用有关期

---

❶ Fischer Black & Myron Scholes. The Pricing of Options and Corporate Liabilities, 81 J. Pol. Econ. 637（1973）.

权的信息来计算期权的波动性，并根据计算结果确定期权的价值。该模型的假设有：在期权合同的有效期内，普通股收益率的方差是恒定的，且市场参与者已知；在整个合同期限内，短期利率是已知且持续的，并且该利率是市场参与者的借贷利率；期权持有人完全不受标的股票发放股利的影响；在有限的时间间隔内，普通股的收益是正态分布的。鉴于这些假设，期权合同的价值只是普通股价格和时间的函数。❶ 根据这些假设，建立了一个确定期权均衡价值的模型。❷

（二）所需数据

布莱克、默顿和斯科尔斯开发的数学公式相当简单，因为它只需要五项信息：执行价；期权到期的剩余时间；标的资产的当前价格；无风险利率；波动性。

前几项易于观察，可从各种市场供应商处获得。最后一项（期权波动率）要求对标的资产的未来波动率进行估计。当然，标的资产的未来波动性永远无法确定。这是布莱克—斯科尔斯方程的局限性之一：它假设未来的波动性是已知的。❸

（三）波动率

1. 波动率的类型

在提及期权时，最常讨论的波动率有四种：未来波动率（如上所述）、历史波动率、预测波动率和隐含波动率。❹ 历史波动率

---

❶ Fischer Black & Myron Scholes, *The Valuation of Option Contracts and a Test of Market Efficiency*, 27 J. Fin. 399, 400（May 1972）.

❷ Id. p. 416.

❸ Alan N. Rechtschaffen, Capital Markets, Derivatives and the Law: Evolution After Crisis, Oxford University Press, 2014, p. 205.

❹ *See* Sheldon Natenberg, Option Volatility & Pricing, 68 – 73（1994）.

是用来衡量标的资产的价格过去是如何变动的。例如，A 公司的股价为 100 美元。回顾过去一年的历史价格，可以发现该股的交易价格低至 80 美元，高达 120 美元。这表明 A 公司的历史波动率为 20%。预测波动率是根据历史波动率和其他市场因素对未来的价格波动率作出的一种预测。此外，还有隐含波动率，是指市场中感知到的波动性，反映在期权的销售价格中。

布莱克—斯科尔斯模型量化的波动性对期权价值的影响部分取决于期权的内在价值。期权的内在价值取决于期权的价值与其标的资产的现值。例如，当标的股票价格为 60 美元时，50 美元的看涨期权的内在价值为 10 美元。有理由认为，内在价值越大，对布莱克—斯科尔斯模型的影响越小；随着内在价值的增加和对其他因素（如期权到期日的时间临近）的考虑，除非出现重大波动，否则期权处于虚值状态的可能性会降低。这证明了确定波动性的必要性，以及为什么布莱克—斯科尔斯模型是确定期权价值的开创性公式。

布莱克—斯科尔斯模型捕捉到了波动性因素，并将其纳入期权价值考量的因素，这使期权估值更加可靠。自引入该模型以来，期权使用量显著增长。虽然自 1973 年布莱克—斯科尔斯模型出现以来，其他期权模型已经出现，但它仍然是后来出现的其他模型的基础。布莱克—斯科尔斯模型的出现是过去 30 年期权和衍生工具交易激增的主要原因之一。

2. 波动性的测量

"鉴于期权产生的市场风险的复杂性和不同的期权估值模型，理论和实务界已经形成了一套术语，现在这些术语已成为讨论期权风险的通用语言。"[1]

对冲值（Delta）衡量期权价格相对于标的资产价格的变化率[2]，是前面描述的布莱克—斯科尔斯模型期权价格的衡量参数。认购期权的 delta 值为正数，范围在 0 和 1.00 之间；认沽期权的 delta 值为负数，范围在 -1 和 0 之间。然而，市场表示的 delta 值没有小数点（例如，delta 为 50）。如果期权的 delta 为零，则意味着基础资产价格的变动对期权价格的影响很小。delta 为 100 的期权将随着标的资产价格的变动而上移或下移。标的资产每移动一个点，期权价格也会朝同一方向移动一美元。

期权伽玛值（Gamma）用于衡量 delta 对资产价格变动的敏感度。[3] 如果期权的 gamma 值为 5，则意味着标的资产每移动 1 个点，delta 将移动 5 个点。[4] Gamma 是管理风险的重要工具。较大的 gamma 头寸意味着交易者面临高度风险，因为交易者的方向性风险可以迅速转移。低 gamma 头寸意味着交易者面临的风险较小，因为 delta 对市场变化不太敏感。了解 gamma 也将有助于交易者确定是否需要调整仓位以维持 delta 中性仓位进行套期保值。

期权忒塔值（Theta）衡量期权相对于到期前剩余时间变化的价值。[5] 随着到期时间的减少，期权价值也会下降。期权具有内在价值和时间价值。[6]

$$内在价值 = 股价 - 行权价格$$
$$时间价值 = 看涨期权价格 - 内在价值$$

---

[1] Trading and Capital - Markets Aclivities Manual，§ 4330. 1.

[2] Id.

[3] Id.

[4] Natenberg, supra note 10, at 105.

[5] TRADING AND CAPITAL - MARKETS ACTIVITIES MANUAL, §4330. 1.

[6] See generally GUY COHEN, Options Made Easy, 164 - 67, 2005.

随着期权接近到期，期权的时间价值将减少。

期权维加值（Vega）衡量期权价值对市场基础工具波动性（隐含波动性）预期变化的敏感性。❶ 如前所述，期权的价值随着波动性的增加而增加。

期权偌值（Rho）衡量期权价格相对于短期利率变化的敏感性。❷ 在其他因素不变的情况下，无风险利率越低，期权价值越高。

对工具 delta 的估计可用于确定该工具中未对冲头寸的适当对冲比率。Gamma 风险的存在意味着，对于标的工具价格的大幅变动，使用对冲技术的效果较差。"虽然 delta 对冲的空头头寸可以免受标的资产价格小幅变动的影响，但价格朝任何方向的大幅变动都会造成损失。"❸

（四）布莱克—斯科尔斯模型的权威性

法院认为布莱克—斯科尔斯模型是证明期权价值的权威衡量标准，并允许它作为现代金融理论公认的期权估值模型在各种案件中作为证据使用。在马蒂亚斯诉雅各布斯（Mathias *v.* Jacobs）案❹中，法院接受了布莱克—斯科尔斯模型作为确定争议期权价值的证据，重申现代金融业接受该模型作为评估期权价值的方法，该模型的组成参数如下："估值当日标的股票的价格；期权持有人可以购买股票的行权价格；期权有效期和流通的时间；标的股票的波动率；期权估值时的无风险利率。"❺ 在宋飞诉巴茨（Seinfeld *v.* Bartz）案❻中，法院还接受了将布莱克—斯科尔斯模型作为确定

---

❶ TRADING AND CAPITAL – MARKETS ACTIVITIES MANUAL §4330. 1.

❷ Id.

❸ Id.

❹ 238 F. Supp, 2d 556（S. D. N. Y. 2004）.

❺ Id. at 574 n. 12.

❻ 322 F. 3d 693（9th Cir. 2003）.

争议期权价值的证据，称布莱克—斯科尔斯模型在这方面是可靠的，并将该模型描述为"依赖于标的股票的波动性、无风险利率、期权的到期日、标的股票的股息、期权的行使价和标的股票的市场价格等参数，确定期权价值的模型。"❶ 法院普遍认为，布莱克—斯科尔斯模型是帮助法院确定期权价值的重要证据。

七、期权交易与期货交易之间的关系

期权与期货都属于金融衍生工具，它们之间既有联系又有区别。

（一）期权交易与期货交易之间的联系

期权交易与期货交易的标的均为远期标准化合约。

期权交易的执行价格是以期货合约标的的市场价格和远期价格为基础的，换句话说，期权合约的执行价格与期权费的确定受期货市场价格的影响，期货合约的市场价格与期权合约执行价之间的差额往往成为确定期权费的重要依据。

期货交易是期权交易的基础，期权交易的推出又为期货交易提供了更多的风险控制手段，丰富了期货市场的内容，为期货交易带来新的活力。

期货交易和期权交易都是双向交易的，既可以买涨也可以买跌，既可以做多也可以做空，投资者不一定要进行实物交割。

期货与期权是两种重要的场内衍生品，它们是投资者分散风险、增加收益的重要投资工具。

（二）期货交易与期权交易之间的区别

1. 标的不同

期货交易的标的是期货合约，期货合约的标的物是实物商品、

---

❶　ld. at 696.

有价证券或现金（股指期货）；而期权交易的标的则是一种权利和义务，买方在支付期权费后，便取得了买入期货合约的权利，卖方收取期权费后就承担了应买方要求履约的义务。

2. 交易双方的权利义务存在差异

期权是单向合约，交易双方的权利义务是不对等的，期权的买方在支付期权费后取得履约或不履约的选择权，不必承担义务，而期权的卖方在收取期权费后必须承担履约义务。而期货合约是双向合约，交易双方的权利义务是对等的，合约双方要么在有效期内对冲合约，要么必须进行实物交割。

3. 履约保证不同

在期货交易中，买卖双方都要按合约价格的一定比例缴纳保证金。而在期权交易中，买方只需要缴纳期权费，其最大的风险是损失已经支付的期权费，不需要另外支付交易保证金。而期权卖方因为面临无限风险，因此，需要提前缴纳一定数量的期权保证金作为履约担保。期权保证金的收取与标的资产的变动有关，越实值的期权保证金越高，这主要是由于实值期权被行权的概率最高。

4. 盈亏的特点不同

期权交易是非线性盈亏状态，买卖双方的盈利与亏损是不对称的，期权买方盈利无限而亏损有限，买方的最大亏损就是期权费损失，而期权卖方则盈利有限亏损无限，最大收益（即买方的最大损失）是其收取的期权费；但是，期货交易的盈亏呈线性状态，交易双方都面临无限盈利和无限亏损的风险。

5. 套期保值的效果不同

期货的套期保值不是对期货合约而是对期货合约的标的物——实物（现货）进行保值。由于期货和现货价格的走势最终将趋于一致，只要在期货与现货市场上持有价值相等、方向相反的头寸，则能做到盈亏大致相抵，从而达到规避现货价格变动风险和获取边际利润的效果。期权的套期保值功能体现为将对称性风险转化为不对称性风险，对买方来说，当价格发生不利的变化时，可以放弃期权，只损失权利金，当价格发生有利的变化时，可以执行期权获取收益；对期权卖方来说，若价格发生有利的变化，可以收取期权费获益，若价格发生不利的变化，则必须承担履约风险。

八、世界上主要的期权交易市场

世界上最早的期权交易市场可以追溯至 1973 年 4 月成立的美国芝加哥期权交易所。随后，期权交易又被推广到美国其他交易所，其中包括芝加哥商品交易所，纽约商品交易所，堪萨斯市期货交易所，纽约棉花交易所，纽约股票交易所，明尼阿波利斯谷物交易所，费城期货交易所，咖啡、食糖和可可交易所等交易所❶，期权合约的标的范围涵盖了从大宗初级产品到股票、债券、外汇、指数等金融产品。随着美国期权市场的发展，世界各主要国家也纷纷效仿，期权市场得到了迅猛发展。澳大利亚的悉尼股票交易所于 1976 年 2 月率先推出了普通股票指数和黄金指数的期权交易。1978 年，英国伦敦金属交易所开始进行期权交易。1984 年 11 月，日本东京商品交易所推出了黄金、白银、白金、钯、橡胶、棉纱和毛线的期权交易。1987 年 3 月，法国巴黎期权市场开业。1988 年 8 月，德国期货交易所成立，到 1990 年 1 月，德国建立了期权市场，股票期权开始上市交易。1990 年，比利时期货交易所成立，1993 年 4 月该交易所推出了由 20 家大公司股票组成的

---

❶　韩永夫、韩松："建立中国期权市场的战略构想"，载《郑州大学学报》（社会科学版）2000 年第 5 期。

股票指数 BEL － 20 指数期权交易。1988 年 5 月，瑞士金融期货交易所开业。1993 年瑞士期权交易所推出金融期权交易。1985 年，瑞典金融期货交易所成立，1993 年该交易所推出股票期权交易，创造了历史上最高成交量纪录。1992 年 5 月，新加坡商品交易所开业，该所 1993 年 8 月推出了全新的商品期权——橡胶期权合约。❶

由于美国芝加哥交易所成立后，期权交易由场外交易转为场内交易，交易流程更加规范，从而促进了美国期权市场的迅猛发展，加之芝加哥交易所在期货市场的基础上又推出了期权市场，使得芝加哥迅速崛起成为现代期货交易的创新中心。现在芝加哥已成为全球最大的国际化、现代化的商品与金融期权交易中心。❷ 2020 年，美国期权交易量再创新高，美国芝加哥期权交易所的数据显示，2020 年前 9 个月，芝加哥交易所场内期权交易量达到了创纪录的 19 亿手，比 2019 年同期交易量增长了 37%。❸ 由此可见，美国芝加哥交易所还在发展和壮大。

第二节 期权交易的监管规则

一、期权市场的监管机构

期权市场的监管机构包括政府主管机关和市场自律监管机构。在美国，对于期权市场的监管存在联邦和州两级监管机构：美国

---

❶ 韩永夫、韩松：“建立中国期权市场的战略构想”，载《郑州大学学报》（社会科学版）2000 年第 5 期。

❷ 同上。

❸ Cboe Global Markets Reports September 2020 Trading Volume. Ir. cboe. com/press － release，last visited，2020 － 10 － 10.

证券交易委员会（SEC）是负责监管股票、股指、外汇及债券期权市场的联邦机构；商品期货交易委员会（CFTC）是负责监管期货市场的联邦机构。美国最大的期权市场在伊利诺伊州和纽约州，这些州也积极制定法律来遏制违规的期权交易行为。

我国正处于期权市场开创之际，期权市场的监管机构主要参照期货市场监管体系建立，在中国证监会的统一领导下，地方证监局、期货业协会、期货交易所及保证金监控中心分工协作，形成政府统一监管、行业自律监管和交易所一线监管相结合的三级监管模式。❶

二、期权交易规则

（一）期权交易的价格

国际上，期权交易员一般采用布莱克—斯科尔斯—默顿模型对期权进行定价。期权的价格一般受当前标的价格、执行价格、期权期限、标的价格的波动率、无风险利率、期权期限内预期发放的股息等多种参数的影响。该期权定价模型的重要特征是依赖可观察或可估量的已知证券的变量来复制期权的收益，无须对未来股票价格概率分布和投资者风险偏好进行估计，这使得期权定价公式更简单，它成了期权定价的基本模型。期权交易中，买卖双方委托经纪人通过公开竞价确定期权费，交易所负责制定期权执行价格。

（二）期权头寸

任何一个期权都有两方当事人。一方为取得期权的长头寸方

---

❶ 王林：“我国期权市场监管体系设计与路径建设”，载《期货日报》2013 年 11 月 25 日。

（买入期权），另一方为取得期权的短头寸方（卖出期权或对期权进行承约）。卖出期权的一方在收取期权费后，今后负有应买方要求履约的义务，卖方的收益与买入期权一方的收益刚好相反。

（三）持仓限额与交易限额

为了防止风险过于集中，期权交易所常常规定了一个投资者单边持有某一月份期权合约的最大数量，即期权合约的持仓限额（position limit）。交易限额（exercise limit）是指期权交易所规定了任一投资者在 5 个连续交易日中可以交易期权合约的最大限额。美国芝加哥期权交易所规定，对于市场上最大、交易最频繁的股票期权的交易限额为 250 000 份合约。市场规模较小的股票期权交易限额可以是 200 000 份、75 000 份、50 000 份及 25 000 份合约不等。我国豆粕期权自从在大连商品交易所上市以后，其限仓标准不断放宽，从刚开始的 300 手到 2017 年 9 月的 2 000 手，再到 2018 年 5 月的 1 万手，接着在 2019 年 2 月放宽到 3 万手。这说明了我国豆粕期权的快速发展和投资者需求的日渐增加。❶

（四）期权合约的了结

期权合约了结方式有对冲平仓、执行与履约、弃权三种方式：对冲平仓是指同一会员或投资者将先前买进（卖出）的合约卖出（买进）的期权了结方式。卖出价减去买入价（也就是买卖期权的权利金差价）为正数就是赚钱，为负数就是亏损；执行与履约是指期权买方行使权利，通过交割来了结期权合约。一旦买方提出履约要求后，卖方必须在到期日之前完成相关期权标的的交割义务；弃权是指期权到期时，没有对冲平仓，也没有提出执行，在

---

❶ 马庆华、郭倩："农产品期货期权定价的有效性研究——以我国豆粕期货期权为例"，载《长春大学学报》2019 年第 7 期。

当日结算时，投资者的期权持仓就会自动了结的方式。按照惯例，实值期权会被自动执行，因此，弃权的一般为虚值期权。

（五）平仓规则

交易所主机撮合系统收到对冲平仓指令后，先平单一部位持仓，后平组合部位（是指投资者同时买卖两个不同的合约）持仓，再平套期保值持仓。❶

（六）竞价规则

期权费竞价规则与期货合约相同，一般采用集中竞价和连续竞价两种方式成交。集中竞价是指期权开盘价采用某一期权合约开市前五分钟内经集合竞价产生的成交价。连续竞价是指对每一笔买卖委托按照价格优先、时间优先的原则自动撮合成交。

（七）期权的行使

以期货期权为例，每日结算时，交易所按当日结算价计收期权卖方的交易保证金，根据成交量和行权量（履约量）计收买卖双方交易手续费和行权（履约）手续费，并对应收应付的款项同时划转，相应增加或减少会员的结算准备金。买方提出执行的合约数量必须是期货合约单位的整数倍。买方下达执行期权指令后，由计算机于结算时按照数量取整原则进行配对，为买方找出持有同月份、同期权类型、同执行价格的期权卖方，期权买卖双方的期权部位按执行价格转换成期货部位。❷

---

❶ 王学勤、左宏亮、赵蓉、刘菁："中国期权市场运行规则的制定与实证研究"，载《经济经纬》2005 年第 2 期。

❷ 《郑州商品交易所期权交易管理办法》（2018 年 3 月 18 日发布）。

三、期权交易的征税规则

（一）期权征税的基本理论

1. 融资理论

在对期权融资方式征税的情况下，期权持有人被视为向期权卖方提供一笔等于期权费的贷款的出借人。由于这笔贷款不承担票面利息，所以，利息收入将不得不归于期权持有人，而期权卖方会有一笔相应的利息支出。因此，期权卖方的税负将大大减轻，因为卖方来源于期权费的投资收入将被相应的利息免除所抵销。如果描述这种模式的交易特征，有资格作为贷款人的是期权持有人而非期权卖方（即推定债务人），因此，期权持有人将有效地承担与期权费收入有关的税负。❶

根据融资分析，以恒定的到期收益率为基础，税法假定期权的价值将升值，这与适用于存在原始发行折扣（OID）的债务工具的方法相一致。这一方法要求重新调整期权卖方从期权持有人处所得投资收入的征税范围，并将该所得税视为期权的额外成本。期权持有人被认为获得了期权费的最低收益率，同时，要对经济增值部分予以征税。在美国，要求期权持有人按照适用的联邦利率（AFR）乘以未偿贷款"本金"来计算所得额，这就是最初的期权费。税款将由期权持有人缴纳。此外，应当定期调整期权费金额以使其与未来价值（相同的估算利率）保持一致，以便符合无息支付的既定事实。当意外事件导致期权失效或者行使期权时，或者当假想的贷款交易结束时，必须调整利息。在行使期权时，

---

❶ Kevin J. Liss, Options as Disguised Financings: the Demise of an Urban Tax Legend, Virginia Tax Review, Spring, 2008, p. 913.

本金余额与应计利息的总额会被视为卖方的所得以及期权持有人的财产成本。在期权失效时，这一数额会被视为卖方的收入和持有人的损失。❶

2. 无形财产说

假设预付期权费没有获得任何真正的回报，那么放在合同法的语境下来分析，将被认为是荒谬的。从物权法的角度来看，结论恰好与之相反。总之，期权持有人支付期权费所换取的利益是一种无形财产利益，其价值等于支付的期权费。虽然这种无形财产利益在期权订立时并未被确认为可单独认定的应税销售额之类的财产权益，但从纯经济学角度来看，该种利益无疑已构成真正的财产性利益。❷

就期权交易固有的补偿来说，当双方当事人以换取预付期权费的方式签订期权合约时，他们有效地交换了各自财产的回报。允许一方当事人获得对方的现金回报，同时，允许另一方当事人收获标的物，该标的物在合同成立到行权日期间存在超过一定底线的升值空间。期权卖方以自担风险和回报的方式投资期权溢价，因此，从这种投资获得的所有收益都应当适当纳税。相反，期权持有人在行权之前，对期权的任何增值都不缴税，这与一般以固定价格购买标的物的其他长期合同当事人适用的税收规则相一致，或者就此而言，标的物的实际所有人在处置完标的物之前，同样

---

❶ Kevin J. Liss, Options as Disguised Financings: the Demise of an Urban Tax Legend, Virginia Tax Review, Spring, 2008, p. 913.

❷ 在这种情况下，无形财产权益的客观存在似乎是无可辩驳的。期权的持有人可以通过锁定标的财产的购买价格而受益，该价格可以在将来的某个日期获得，也可以不在将来的某个日期获得，这完全取决于提货是否对持有人有利。

不必为标的物的任何增值缴税。❶

3. 意外收获说

期权的价值最终是基础标的价格波动和期权估值本质上不对称之间交叉的函数。总之，期权估值过程反映了一个事实，即期权是一种风险有限，但升值潜力无限的投资工具。根据期权内在的不对称性，期权要么到期作废，要么以比未来预期价值更高，甚至高很多的价格结算。这是因为存在一种最常见的潜在结果——零回报（完全没有价值的前景），因此，必须赋予其相应的权重。换句话说，无论期权的正价值是多少，其价值必须打折才行，因为它到期后将毫无价值。例如，假设一个期权有25%的概率支付50美元，25%的概率支付110美元，以及50%的概率到期毫无价值，那么未来预期价值就不是80美元（50美元和110美元的中间值），而是40美元，这是根据两种可能支付的现值打五折（50%的到期无价值概率）得出的。❷

平价期权和失值期权的未来真实预期价值为零。但这并不意味着期权毫无价值。关键在于，期权特权的内在价值全部可归因于意想不到的价格波动，这意味着基础标的的价值增值可能超过它的期货价格。给期权征税的方法明显只反映收入，因此，为了清楚地反映标的的经济价值，理应关注预期收益，而不是意想不到的收益。因此，对意想不到的收益前景的关注应该与期权征税无关。关于期权，除了实值期权，都有零收益的问题，所以期权不一定会以无风险利率升值。因此，期权的真正价值必定存在于

---

❶ See, for example, Rhodes – Jennings Furniture Co. *v.* Commissioner, 9 T. C. M. (CCH) 1019 (1950), and cases cited therein.

❷ Kevin J. Liss, Options as Disguised Financings: the Demise of an Urban Tax Legend, Virginia Tax Review, Spring, 2008, p. 936.

意想不到的收益中，而不是它的预期收益。在这种情况下，如果要减少混淆，更贴切的命名应该重新将其定义为"未来意想不到的价值"。虽然上述例子表明，平价期权没有未来预期价值，但它不能证明期权是毫无价值的。平价期权和失值期权的价值可归因于金融部门所说的时间价值，这属于期权结束的实值问题，尽管它在合同签订之时没有内在价值。❶

（二）我国期权的征税实践

根据我国新的《企业会计准则》的规定，国内在衍生工具处理上采取了与国际会计准则趋同的做法。第一，将原本只在表外披露的金融衍生工具交易移至表内核算；第二，用公允价值对金融衍生工具进行计量；第三，发布了相关套期保值会计具体处理办法，规定在相同会计期间将套期工具和被套期项目公允价值变动的抵销结果计入当期损益。对于期权交易而言，涉及的税种主要包括个人所得税、企业所得税和增值税。个人从期权交易中获得的收益需要缴纳个人所得税；企业从期权交易中获得的收益需要缴纳企业所得税，期权交易中涉及的服务费用和手续费需要缴纳增值税。

根据《财政部、国家税务总局关于个人股票期权所得征收个人所得税问题的通知》（财税〔2005〕35 号）的规定，员工行权时，其从企业取得股票的实际购买价（行权价）低于购买日公平市场价（指该股票当日的收盘价）的差额，应当按照"工资、薪金所得"计算缴纳个人所得税，因为该笔收入与员工在企业的表现和业绩有关，属于工资、薪金所得性质。如果员工在行权日之

---

❶　更令人困惑的是，在期权语境中，术语"时间价值"听起来似乎与货币的时间价值有关。实际上，这两个概念是完全不同的。期权的时间价值仅指由于标的资产的波动性而在一段时间内盈利的潜力。

前将股票期权转让的，则其股票期权转让的净收入，必须按工资、薪金所得计征所得税。2016 年 9 月，财政部、国税总局联合下发《关于完善股权激励和技术入股有关所得税政策的通知》，调整相关的股权激励税收政策，待实际转让股权时，统一按照 20% 的"财产转让所得"计征个人所得税。

<h1 style="text-align:center">第三节　股票期权</h1>

一、股票期权的概念

一般意义上的股票期权（Stock Option），是指在一定期限内，不论股票市场价值如何变动，股票期权买方在支付了期权费后，均有权在合约规定的日期按预定的价格买入或卖出一定数量的股票的权利。❶ 我国 2006 年颁布的《上市公司股权激励管理办法（试行）》（以下简称《管理办法》）第 19 条规定："本办法所称股票期权是指上市公司授予激励对象在未来一定期限以预先确定的价格和条件购买本公司一定数量股份的权利。"因此，我国规范意义的股票期权指的是上市公司对经营者和公司职工实行的一种长期激励的薪酬制度。它赋予公司管理层和员工享有在一定的时间内以事先约定的价格（执行价格）购买一定数量的公司普通股票的权利。如果公司高管和职工勤勉努力，在一定期间内公司效益转好，股票价格上涨，导致股票市场价格高于执行价格，那么股票期权持有人就会向公司行权，从而获得公司股票价差收入。如

---

❶ 薛波主编：《元照英美法词典》，法律出版社 2003 年版，第 1295 页。

果所购股票的市场价格在行权后继续上涨，受权人还可以通过转售股票获得增值收入。受权人获得的股票期权收入就是行权价差收入和转售增值收入之和。如果股票市场价格低于执行价格，受权人无利可图，可以不行权。股票期权激励一般在已上市和拟上市公司中采用。在授予股票期权时，还要规定有效期限，期权的有效期一般为 5 年到 10 年。

在西方发达国家，股票期权已成为大型上市公司对公司高管人员进行激励的一种常用方式。在美国的一些大公司中，总裁 50% 以上的收入、其他高级管理人员 30% 以上的收入来自期权收入。期权和股票赠予也占董事报酬的近 50%。目前，美国排名前 200 位的上市公司的外部流通股中有 13% 是用于对经理进行期权激励的。❶

二、股票期权的功能

（一）矫治公司高管的短视行为

人力资本理论是股票期权作为公司薪酬激励手段的主要理论依据，因为股票期权制度充分肯定了人力资本的价值，允许公司高管和职工参加企业盈余分配，将公司高管、职工的利益与公司的利益捆绑在一起，这极大地激励了公司高管和职工的积极性和创造性，有利于吸引和留住优秀人才。

由于股票期权的价值主要取决于股票的价格，因此，公司高管只有努力学习和勤勉工作，切实提高自身的科学决策水平，大幅度提高公司的生产经营能力和管理效率，才能给公司带来稳定可观的利润，从而振奋股民信心，使公司股价上升，这时，股票

---

❶ 王悦：《股票期权激励效果研究》，哈尔滨理工大学 2002 年硕士学位论文，第 5 页。

期权的受权人才可以通过行权获取股票溢价收益。同时，由于股票期权具有未来收益的特点，公司高管为了让公司股价上升，也不会损害公司的长远发展，否则，既损人也不利己。因此，股票期权制度能够有效地矫治公司高管的短视行为。❶

（二）降低公司的代理成本

股票期权制度能够克服公司所有者和经营者之间的"委托代理"矛盾，将公司所有者的利益与经营者的利益捆绑在一起，让经营者成为股东，避免了代理人的道德风险，降低了监管和代理成本，解决了委托代理链条越长、效率越低的难题。另外，股票期权是一种虚拟财产，公司没有实际的现金流出，因此不会影响公司的现金流，不会增加公司的代理成本，确保了公司的正常经营和发展不受影响。

三、我国股票期权立法现状及制度检讨

（一）立法现状

我国的股票期权制度最早由上海仪电控股（集团）公司于1997 年率先实行。随后，上海、北京、深圳和武汉等地也先后出台了相应的政策。❷ 严格地说，我国目前实行的股票期权制度还不是真正的股票期权制度，它是上市公司和国有控股公司针对公司经营人员的一种长期激励机制。我国调整股票期权关系的法律规范主要有：中国证监会于 2005 年 12 月颁布的《上市公司股权激励管理办法（试行）》；2016 年 8 月，中国证监会正式颁布实施《上

---

❶ 朱亭亭：《我国股票期权法律制度研究》，湖南师范大学 2013 年硕士学位论文，第 9 页。

❷ 金永红："我国实行股票期权激励的三种模式及其比较"，载《管理前沿》2000 年第 5 期。

市公司股权激励管理办法》（以下简称《管理办法》），原《上市
公司股权激励管理办法（试行）》及相关配套制度同时废止；2006
年9月，国务院国资委、财政部联合发布了《国有控股上市公司
（境内）实施股权激励试行办法》（以下简称《境内试行办法》），
该《境内试行办法》至今适用。

（二）制度检讨

1. 我国的股票价格不能准确反映经理人员的业绩水平

股票期权的内在逻辑是一种"业绩—报酬"的紧密联系机制，
公司高管能力越强、工作越努力，公司业绩就会越好，公司的股
价就会上涨，公司高管等受权人就能通过行使股票期权获得更多
的转售差价和股票增值收入。然而，我国的股票市场乱象丛生，
股价非常不理性，这给股票期权的"业绩—报酬"联系增加了不
确定性。[1] 因为我国的股票价格受诸多因素影响，它不但与企业内
部的经营管理有关，更主要的是受整个资本市场甚至宏观经济因
素的影响。尤其是我国股市投机炒作情况较严重，各种违规操作，
诸如内幕交易、操纵市场、欺诈客户和虚假陈述较多，股票市场
价格已不能反映公司的真实业绩水平。在持续上升的牛市中，普
遍实行的股票期权制是牺牲股东的利益来奖励平庸的业绩，因为
"如果股市红火，就连一只既游不动又叫不响的瘦鸭子也会浮得高
高的。"[2] 在熊市中，最有能耐、最勤勉、最忠诚的公司高管也无
法扭转股市行情，导致股票市场价格不能准确反映经理人员的业
绩水平，使股票期权制度的激励功能几乎丧失。

---

[1] 吴圣涛："股票期权为什么会无效?"，载《中外管理》2001年第1期。
[2] 王悦：《股票期权激励效果研究》，哈尔滨理工大学2002年硕士学位论文，第
35页。

2. 股权激励对象过于狭窄

《管理办法》第 8 条第 1 款规定："激励对象可以包括上市公司的董事、高级管理人员、核心技术人员或者核心业务人员，以及公司认为应当激励的对公司经营业绩和未来发展有直接影响的其他员工，但不应当包括独立董事和监事。"该条第 2 款还规定了不得成为激励对象的情形，排除了大股东、实际控制人、不适当人选、曾有过经济犯罪和受过行政处罚的人员等。❶《境内试行办法》第 11 条规定，股权激励对象原则上限于上市公司董事、高级管理人员以及对上市公司整体业绩和持续发展有直接影响的核心技术人员和管理骨干。上市公司监事、独立董事以及由上市公司控股公司以外的人员担任的外部董事，暂不纳入股权激励计划。《境内试行办法》第 13 条规定，上市公司母公司（控股公司）的负责人在上市公司担任职务的，可参加股权激励计划，但只能参与一家上市公司的股权激励计划。在股权授予日，任何持有上市公司 5% 以上有表决权的股份的人员，未经股东大会批准，不得参加股权激励计划。由此可知，《管理办法》和《境内试行办法》均将独立董事、外部董事、监事等行使监督职权的公司高管排除在

---

❶ 《上市公司股权激励管理办法》第 8 条规定："激励对象可以包括上市公司的董事、高级管理人员、核心技术人员或者核心业务人员，以及公司认为应当激励的对公司经营业绩和未来发展有直接影响的其他员工，但不应当包括独立董事和监事。外籍员工任职上市公司董事、高级管理人员、核心技术人员或者核心业务人员的，可以成为激励对象。单独或合计持有上市公司 5% 以上股份的股东或实际控制人及其配偶、父母、子女，不得成为激励对象。下列人员也不得成为激励对象：（一）最近 12 个月内被证券交易所认定为不适当人选；（二）最近 12 个月内被中国证监会及其派出机构认定为不适当人选；（三）最近 12 个月内因重大违法违规行为被中国证监会及其派出机构行政处罚或者采取市场禁入措施；（四）具有《公司法》规定的不得担任公司董事、高级管理人员情形的；（五）法律法规规定不得参与上市公司股权激励的；（六）中国证监会认定的其他情形。"

股票期权的授予对象之外，其主要理由是为了防止监督职能无法发挥作用，因为监事、独立董事、外部董事均要对股票期权计划管理层的行为进行监督。[1]

但是，从国外立法来看，美国股票期权制度有全员扩散的趋势。[2] 2000 年美国电子业协会对 1 000 家实施股票期权的美国公开招股公司进行调查的数据显示：53% 的样本公司给予全体员工股票期权；88% 的样本信息技术公司授予全体员工股票期权；而在员工少于 100 名的小型样本公司中，68% 的样本公司授予全体员工股票期权。[3] 2012 年美国国家所有权中心对硅谷公司的调查显示，100% 的被调查公司对公司新进员工授予一定数量的股票期权，以此激励员工对公司履行忠诚与勤勉义务。[4] 美国通过将股票期权的授予对象的范围扩大到全体员工，将公司发展成果惠及全体员工，有利于缓和劳资矛盾，调动全体职工的积极性和创造性；同时，股票期权制度是用公司的未来收益支付当下的人工成本，有利于降低公司运营成本，享受相关税收优惠。但是，与国外相比，我国股票期权的激励对象范围很小，不利于充分发挥这一制度的激励功能。

3. 股票期权授予对象现金行权存在资金障碍

股票期权采用现金行权方式的，要求在行权交收日收盘前准

---

[1] 朱亭亭：《我国股票期权法律制度研究》，湖南师范大学 2013 年硕士学位论文，第 29 页。

[2] The National Center of Employee Ownership Current Practices in Stock Option Plan Design, Kewen (Hong Kong) Publishing Co., Ltd., 2001.

[3] Bright, D. Industrial Relation, Employment Relations and Strategic Human Resource Management in Harrison. R., Human Resource Management Issues and Strategies. Workingham: Addison – Wesley. 2000.

[4] 王蔚："美国高科技公司股票期权激励计划经验与启示"，载《财会通讯》2015 年第 31 期。

备好足额资金，履行行权交收义务。这就要求股票期权的激励对象拥有足够的资金或者公司能为行权人提供贷款或者延期支付，而根据我国现行法律的相关规定，公司不能为股票期权行权人提供贷款或任何形式的财务支持。《中华人民共和国公司法》（以下简称《公司法》）第 115 条禁止公司直接或者通过子公司向董事、监事、高级管理人员提供借款。《管理办法》第 21 条将禁止借款的对象从公司高管扩大到了包括所有股票期权的激励对象，禁止资金支持的方式从禁止借款扩大到禁止贷款、担保等任何形式的财务资助。❶《境内试行办法》也禁止公司对激励对象提供财务支持。由于公司不能向期权授予对象提供财务支持，且在我国公司高管尤其是普通技术人员和职工普遍收入不高、积蓄有限的情况下，股票期权受权人在行权时面临资金困难、行权不能的窘境，无法实际获益，最终无法实现股票期权制度设计之美好初衷。

4. 股票期权的无现金行权方式受高管股票流通限制规则的制约

若采取无现金行权的方式，则要求券商以出售股票获得的收益来支付行权费用。这就涉及股票流通的问题，《公司法》和《中华人民共和国证券法》（以下简称《证券法》）对公司高层管理人员的股票流通作出了诸多限制。《公司法》第 142 条第 1 款规定，公司董事、监事、高级管理人员在任职期间每年转让的股份不得超过其所持有本公司股份总数的 25%；所持本公司股份自公司股票上市交易之日起一年内不得转让。上述人员离职后半年内，不

---

❶ 《上市公司股权激励管理办法（2018 年修订）》第 21 条规定："激励对象参与股权激励计划的资金来源应当合法合规，不得违反法律、行政法规及中国证监会的相关规定。上市公司不得为激励对象依股权激励计划获取有关权益提供贷款以及其他任何形式的财务资助，包括为其贷款提供担保。"

得转让其所持有的本公司股份。《证券法》第 44 条则规定了持股
5% 的大股东、高层管理人员短线交易收入公司归入权制度，即上
市公司持股 5% 以上股东、董事、监事、高级管理人员，将其持有
的公司股票在买入后 6 个月内卖出，或者在卖出后 6 个月内又买
入，由此所得收益归该公司所有，公司董事会应当收回其所得收
益。❶ 虽然上述限制性规定有利于防止大股东和公司高管从事内幕
交易或操纵市场行为，但至少 1 年或 6 个月的流通限制，也是对股
票期权行权人权利的一种极大限制，使股票期权收益在一段时间
内无法及时兑现，极大地影响了股票期权激励功能的发挥。

四、完善我国股票期权制度的构想

(一) 用股票指数和财务指标约束行权价

股票价格往往不能反映公司的真实业绩，在大盘下跌的情况
下，个别绩优的上市公司也会受到影响，因此，在受权人行权时，
应当根据大盘行情的变化并且参考公司其他财务指标对原来的行
权价进行适当调整，以发挥股票期权的激励功能。根据这种思路，
行权价可随着股价指数（如标准普尔 500 指数）或行业指数的波
动而调整，其基本思想是：期权授予对象要想行权获利，就必须
拿出超过市场平均水平或同行业平均水平的业绩，否则不能行权。
在熊市中，只要公司股票跌幅小于其同行业竞争对手，受权人仍
然可以从股票期权行权中获利。这样，可让股票期权的行权价格
与公司业绩真正挂钩，体现奖优罚劣之效果。另外，还可考虑将
股票期权的行权价与公司的净资产增长率、利润率、市场占有率
等财务指标结合起来，尽量排除非经营管理因素对股票期权行

---

❶ 曾新明："论公司归入权"，载《学术论坛》2008 年第 4 期。

价产生的影响。

（二）扩大股票期权激励对象的范围

目前我国上市公司的股票期权激励对象不包括监事，但非上市公司的股票期权激励对象可以包括监事。为了充分发挥股票期权制度的激励功能，避免董事、监事激励机制出现弱化和不公平现象，加大双方的激励效果落差，笔者认为，应该扩大股票期权的激励对象范围，将监事纳入股票期权的激励对象之中，但是考虑到监事的特殊性，应对其附加一些授予条件，如监事必须尽职进行监督，并以监督报告和监督绩效作为考评依据。至于独立董事和大股东，不宜作为股票期权的授予对象，因为独立董事是公司的一种外部监督力量，必须保持其经济独立，不能让其与股东结成利益联盟。大股东不能授予股票期权的理由是不能"自己激励自己"，否则会出现委托人与代理人"身份混同"行为，使该制度失去意义。笔者认为，大股东原则上不属于股票期权的授予对象，但大股东若兼任高管，如果经 2/3 以上有表决权股东表决通过，也可参加股票期权激励计划。

关于普通雇员能否作为股票期权的授予对象，笔者认为，不能一概而论，要区别对待。对于大型企业和上市公司而言，由于员工人数众多，且普通员工个人对公司股票价格的影响甚小，可以考虑对普通员工不授予股票期权，根据劳动法的工资奖金制度激励即可；但对于大型企业个别关键岗位的技术型人才，可以纳入股票期权激励对象。对于高新技术企业而言，由于规模较小，技术型人才集中，可以考虑扩大适用范围，甚至将股票期权的授予对象扩大到全体员工，以吸引和留住人才。

（三）明确规定公司可以为行使股票期权的员工提供财务支持

由于股票期权行权以现金行权为主，行权人若要实现股票期权收益需要大量现金，为了解决股票期权行权人的资金困难问题，各国立法一般规定公司可以对股票期权受权人提供资金支持。美国法律规定公司可以为期权持有人行权提供贷款、延期支付等财务支持；法国、德国原则上禁止公司为他人提供资金援助以购买自己取得的股份，但对股票期权制度作了例外规定。❶ 如前所述，我国《公司法》《管理办法》《境内试行办法》等相关法律禁止公司对股票期权授予对象提供贷款、担保和财务支持，阻碍了股票期权制度功能的发挥。因此，我国应借鉴美国、法国和德国股票期权制度的成功经验，明确规定，无论是上市公司，还是非上市公司，在股票期权受权人行权遇到资金困难时，都可以向股票期权的授权对象提供贷款、延期支付、担保等财务支持。

（四）放宽对股票期权流通的限制

鉴于《公司法》和《证券法》对公司高管股票流通采取诸多限制措施，使股票期权无现金行权并出售遇到很大障碍，笔者认为，应适当放宽对高管股票流通的限制，允许根据公司经营业绩由公司章程作出例外规定。同时，允许分期行权，授权公司章程制定具体的行权比例，取消每年转让不得超过所持股份总额25%的硬性限制，增加公司高管持有股票的可流通性，发挥股票期权制度的应有功能。

---

❶ 朱亭亭：《我国股票期权法律制度研究》，湖南师范大学 2013 年硕士论文，第 41 页。

第四节　完善我国期权市场法律监管之建议

一、我国期权市场发展现状

20 世纪 90 年代以后，我国陆续推出了在一定程度上类似期权性质的金融工具，主要有认股权证和可转换债券。认股权证是指由股份公司发行，赋予持有权证的投资者在未来一定期限内以事先约定的价格购买发行公司一定数量股票的权利。[1] 1992 年在上海证券市场推出了我国股市的第一个权证——大飞乐股票配股权证。1995 年和 1996 年上海证券市场先后发行了江苏悦达、福州东百等股票权证。深圳证券市场也曾发行厦海发、桂柳工、闽闽东等股票权证。[2] 由于权证发行量小，制度不健全，自从诞生以来，就充满了投机与炒作。因此，我国监管部门于 1996 年终止了权证交易。直到 2005 年 8 月，随着宝钢权证的发行，我国权证市场迎来了新一轮的发展。随后，沪市有宝钢、武钢、招行、南航等 17 家上市公司，先后在股改中利用权证作为股改对价，发行了 21 只权证产品，并在上交所挂牌交易。[3] 但是，2019 年南航权证退市后，权证产品已退出中国市场。

可转换债券是一种债券持有人可以在未来特定时间按约定价

---

[1] 吴权："什么是认股权证？什么是备兑权证？它们各有什么特点？"，载《燕赵都市报》2001 年 6 月 19 日。

[2] 郑勇：《论中国期权交易市场的发展》，吉林大学 2005 年硕士学位论文，第 10 页。

[3] 叶伟春等：《2011 中国金融发展报告——金融不确定性因素的分析》，上海财经大学出版社 2011 年版，第 333 页。

格将债券转换为普通股股票的特殊企业债券。❶ 可转换债券的持有
人拥有转换与否的选择权。我国可转换债券的试点工作开始于
1996 年，当时，可转债的发行处于摸着石头过河的探索阶段，没
有明确的法律规范。1997 年原国务院证券委员会颁布了《可转换
公司债券管理暂行办法》，2001 年 4 月，中国证监会颁布了《上市
公司发行可转换公司债券实施办法》，从此，我国可转换债券的发
展进入规范化轨道。2006 年，中国证监会颁布《上市公司证券发
行管理办法》，原《可转换公司债券管理暂行办法》和《上市公司
发行可转换公司债券实施办法》同时废止。此后，可转债与股票
的发行由《上市公司证券发行管理办法》统一调整。截至 2006 年
年底，沪深市场上市的可转债共计 43 只，总发行规模 568.87 亿
元。❷ 由于可转债的发行有盈利和规模的双重限制，因此，我国可
转债的发展一直不温不火，从 2006 年至 2017 年 9 月，我国上市的
所有可转债数量仅 91 只，募集总资金 3 000 多亿元。❸

　　我国最早推出的具有期权性质的产品是中国银行上海分行推
出的外汇期权产品和利率期权产品，如"两得宝"和"期权宝"，
这两种期权产品属于私人外汇理财业务范围，其交易起点金额为
5 万美元或等值日元、欧元，属于场外期权交易（或称柜台交易市
场）。"两得宝"产品实际上是一项交易期限为 1 个月的欧式外汇
看涨期权，客户在存入一笔定期存款的同时，根据自己对外汇市
场的判断向银行卖出一份期权，客户是期权合约的卖方，中国银
行则充当期权合约的买方。期权合约到期时，中国银行可根据汇

---

❶　郑勇：《论中国期权交易市场的发展》，吉林大学 2005 年硕士学位论文，第
　　10 页。
❷　数据来源：中国证监会网站。
❸　丁鲁明："可转债发行详解：从前世今生到投资机会"，载《新浪财经》2017 年
　　12 月 12 日。

率变化选择是否将客户的定期存款按协定汇率兑换成挂钩货币。作为对价，中国银行向客户支付期权费，因此，客户除收取定期存款利息之外，还可得到一笔期权费收入，从而得到两份收入，故谓"两得宝"。● 如果客户对市场的预测不准，那么不但得不到利息和期权费，而且本金也可能蒙受损失。

"期权宝"相当于外汇看涨期权或外汇看跌期权，其交易期限为两周，银行是卖方，客户是支付期权费的合约买方。客户根据自己对外汇汇率未来变动方向的判断，选择看涨或看跌货币（有一种必须是美元）并根据中国银行的报价支付一笔期权费，同时，客户需要提供和期权面值金额相等的外币存款作为担保。期权合约到期时，如果客户对汇率变动的判断准确，则执行期权获取投资收益；反之，判断失误，客户则选择不执行期权，其最大损失就是其支付的期权费。期权宝交易的最大的优点是：客户的本金无风险，最大风险就是期权费损失，但是，可换取无限的投资获益机会。●

2014年5月，国务院发布《关于进一步促进资本市场健康发展的若干意见》（简称"新国九条"）指出，我国应当扩大资本市场服务的覆盖面。该政策措施的出台，无疑为我国金融衍生产品的推出和金融衍生工具市场的发展铺平了道路，指明了方向。2014年8月，中国期货业协会、中国证券业协会、中国证券投资基金协会联合发布了《中国证券期货市场场外衍生品交易主协议》及其补充协议，为场外期权市场的发展铺平了道路。同年9月，中国证监会发布了《关于进一步推进期货经营机构创新发展的意见》，明

● http：//zhidao. baidu. com/question/13539898. html，访问日期：2019年9月8日。

● 王欢欢：《期权类金融衍生品的国际监管法律问题研究》，华东政法大学2010年硕士学位论文，第43页。

确表示支持有条件的风险管理公司开展期权等衍生品做市业务以及通过合法渠道参与境外衍生品市场。场外交易一对一个性化设计的特点，极大地满足了客户的投资需求。2018 年 5 月，中国证监会发布了《关于进一步加强证券公司场外期权业务监管的通知》，中国证券业协会发布了《关于进一步加强证券公司场外期权业务自律管理的通知》。自此，我国场外期权逐步进入规范化发展轨道。据中国期货业协会统计，截至 2018 年 10 月，已有 54 家期货公司风险管理子公司开展了场外衍生品业务。❶

近年来，我国逐渐推出了金融期权和商品期权，国内上市交易的期权品种越来越多。2015 年 2 月，上海证券交易所推出的上证 50ETF 期权上市交易，开启了我国期权时代的破冰之旅，我国金融衍生品市场出现了完整的现货—期货—期权链条。2015 年 9 月，中国证监会出台了新的管理办法，将场外期权交易由审核制改为备案制。2017 年 3 月，大连商品交易所推出了豆粕期权和玉米期权。2017 年 4 月，郑州商品交易所推出了白糖期权。2018 年 9 月，上海期货交易所推出了铜期货期权。截至 2018 年 10 月 31 日，上海证券交易所 50ETF 期权、大连商品交易所豆粕期权和郑州商品交易所白糖期权共成交 2.758 亿张（单边）。❷ 2019 年 1 月，橡胶期权在上海期货交易所上市，棉花期权在郑州商品交易所上市。同年 12 月，上海期货交易所又推出了黄金期权。我国金属期权的推出，有效地降低了金属期货市场的风险。2019 年 12 月，沪深 300ETF 期权在上海证券交易所、深圳证券交易所和中国金融

---

❶ 高淼：《场外期权服务实体经济的案例研究》，天津工业大学 2019 年硕士学位论文，第 1 页。

❷ 雷晓冰："期权交易的本职及其法律规制的核心"，载《中国证券期货》2019 年第 3 期。

期货交易所同时上市。与此同时，沪深300股指期权也在中国金融期货交易所正式推出。我国金融期权的品种也日益丰富。股指期货与股指期权的推出，有利于降低股票市场波动性，极大地满足了投资者的避险需求。但是，我国上述三家交易所推出的金融期权的开户门槛都比较高，要求投资者至少拥有50万元开户资金。2020年3月，中国证监会批准大连商品交易所开展液化石油气期货和期权交易。与金融期权相比，我国商品期权的开户门槛一般比较低，投资者开通期货账户一段时间后，就可以从事商品期权交易。

二、我国期权监管制度之检视

（一）期权立法有待完善

目前国内调整期权的法律规范主要有《期货与衍生品法》，该法第3条规定："本法所称期货交易，是指以期货合约或者标准化期权合约为交易标的的交易活动。"也就是说，《期货和衍生品法》将期权作为期货交易的一个子类予以一体化监管，其法理依据是期权与期货的功能基本相同，都是价格发现和风险管理，因此，立法机关将期货合约与期权合约纳入《期货和衍生品法》中统一规制。但是，通读《期货和衍生品法》全文，期货与期权除了共同适用当日无负债结算制度、持仓限额制度、大户报告制度、强行平仓等严格的风险控制制度外，并没有单独针对期权作出任何特殊性规定。

另外，我国调整期权交易的法律规范性文件，除《期货和衍生品法》外，主要是各交易所的业务规则，包括交易规则及其实施细则。因此，我国应尽快针对期权交易的特点，将各交易所施行多年的行之有效的交易规则和监管制度上升到法律层面，确保期权监管框架和监管制度的权威性、统一性和稳定性。

（二）期权开户门槛偏高

根据交易所的规则，我国申请商品期权交易的个人投资者，其保证金账户内可用资金余额应不低于人民币 10 万元，而且要有模拟交易经历并经考试合格才有交易资格；申请金融期权交易的个人投资者需满足证券资产不低于 50 万元的条件，还必须符合在证券公司或期货公司开户满 6 个月并拥有金融期货交易经历的条件。如果是单位客户，除满足上述 10 万元或 50 万元的资金条件外，还必须具备参与期权交易的内部控制和风险管理制度，且相关业务人员需通过交易所认可的相关知识测试。

由于期权开户的门槛偏高，导致我国参与期权交易的投资者人数较少，期权市场的流动性严重不足，与人们熟知的上海证券交易所和深圳证券交易所的市场流动性相比，无论是商品期权，还是金融期权，均相形见绌，其交易量不可同日而语。因此，如何降低期权交易的门槛，取消相关政策限制，吸引广大投资者参与期权交易，乃当务之急。

（三）农产品期权品种不够丰富

2016 年中央一号文件号召"创设农产品期货品种，开展农产品期权试点"。2017 年至 2020 年，我国已推出豆粕（2017 年大商所）、白糖（2017 年郑商所）、天然橡胶（2019 年上期所）、棉花（2019 年郑商所）、玉米（2019 年大商所）、菜籽粕（2020 年郑商所）6 个农产品期权。与全球共有玉米、小麦、大豆、豆油、油菜花、棉花、白糖、橙汁等 60 多个农产品期权品种相比，我国农产品期权品种的数量明显偏少，而且多数农产品期货品种无对应的期权与之匹配，这极大地制约了农民对特定农产品价格避险的需求，阻碍我国农业生产的发展。

以农产品期权最发达的美国为例，美国农产品期权产品的数量几乎是期货产品的 2 倍。大部分农产品期权在芝加哥期货交易所（CBOT）交易。截至 2018 年，美国的农产品期权数量共有 106 个，其中谷物油料类期权 93 个、乳制品类期权 6 个、畜产品类期权 6 个、木材纸浆类期权 1 个。从成交量来看，排名第一位的是玉米期权，占全部农产品期权周成交量的 57%，排名第二位的是大豆期权，占全部农产品期权周成交量的 11%。❶ 美国农产品期权品种的丰富和发达与美国的工业化农业大国地位是相辅相成和互相促进的，值得我国借鉴和学习。

可喜的是，中央已经意识到丰富农产品期权的重要性，2020 年中央一号文件进一步明确提出"优化'保险＋期货'试点模式，继续推进农产品期货期权上市。"但是，如何具体贯彻落实中央"推进农产品期权上市"的政策精神，还需要期权监管机构和各交易所出台具体措施。

（四）期权场外交易不够规范

我国场外期权市场发展最早可追溯到 2002 年 12 月中国银行上海分行推出的个人外汇期权产品——"两得宝"。2005 年 6 月，中国人民银行推出场外人民币期权业务——债券远期交易。为了促进外汇市场发展，为企业和银行提供更多的汇率避险保值工具，2011 年 2 月，国家外汇管理局正式推出人民币对外汇的普通欧式期权交易。2013 年部分证券公司及其子公司开始推出沪深个股期权和股指期权，由此推动了场外权益类期权市场的发展。从 2014 年开始，我国期货公司及其风险管理公司开始推出商品类期权产品，主要以农产品、金属和能源商品为合约标的。从 2016 年起，

---

❶ 丁嘉伦、金靖宸："CME 集团农产品期货与期权产品的借鉴及启示"，载《中国证券期货》2019 年第 6 期。

中央一号文件连续提出开展"订单农业＋保险＋期货（期权）"试点，推动了场外商品期权的发展。

与上证 50ETF 期权、白糖和豆粕期权等场内期权产品相比，场外期权属于非标产品，存在较大的信用风险和合规风险。我国场外期权的法律监管不够规范，主要存在以下问题：第一，我国目前没有专门法律对场外期权或场外衍生品进行监管，主要由对银行、证券、外汇、金融、国有资产进行监管的监管机构发布行政规章以及中证协、中期协等协会颁布的行业自律规则予以监管。比如，2011 年国家外汇管理局发布的《关于人民币对外汇期权交易有关问题的通知》、2018 年原中国证监会发布的《关于进一步加强证券公司场外期权业务监管的通知》；中国证券业协会发布的《证券公司金融衍生品柜台交易业务规范》（2013）等。也就是说，我国关于场外期权的法律规范层级较低，没有系统化的监管立法。第二，各部门有关期权的监管标准不统一，有的实行严格的事前准入，有的实行事后产品备案，同时，对参与期权交易企业的资质及其相应的内控制度没有统一要求，致使不具备条件的企业盲目参与场外期权交易，造成很大损失。[1] 第三，场外期权多属于私下交易，透明度低，投资者容易受到欺诈和误导性陈述的影响，遭受损失。因此，我国场外期权市场亟须法律规制。

三、发展我国期权交易市场的法律建议

（一）制定专门的《期权交易管理条例》

我国目前调整期权交易的法律规范是《期货和衍生品法》，该

---

[1] 薛智胜："我国场外期权市场发展及其监管制度的完善"，载《金融发展研究》2019 年第 5 期。

法没有针对期权交易的特点规定专门的期权品种设计原则、交易主体、交易方式、风险管理、监管措施等内容。将期货与期权一体规制，忽视了期权交易的特殊性，不利于期权交易的专门化监管。

笔者建议，完善期权的法律规制可分两步走：第一步，未来修改《期货和衍生品法》时，确定期权交易的基本法律依据和行为准则。第二步，由国务院制定专门的《期权管理条例》，明确规定期权监管的基本原则、期权合约类型、合约的基本条款、交易所的设立条件、风险控制制度、风险管理规则、投资者适当性要求、保证金比例、交易账户的开设和结算规则、期权交易的监管机关及其职责权限、法律责任等内容。只有这样，才能形成我国期权交易的完整监管体系，才能真正地进行种类期货交易。

（二）增加农产品期权品种

一般认为，一个有效的期权市场可以降低相关市场的价格波动风险，并增强对基础资产进行投资的吸引力。通过引入期权，农民可以以国家最低保护价或目标售价为执行价购买看跌期权，一旦到时农产品价格下跌，农民可以要求行使期权，按履约价格履约，如果到时农产品价格上涨，农民可以放弃行权，直接在现货市场以更高的价格出售农产品，同时，购买期权的权利金和手续费可由政府以补贴的形式支付，这样，无论市场价格如何变化，谷贱伤农的事情都不会发生，可极大地促进我国农业产业的发展。与期货相比，期权具有价格便宜、风险有限的特点，期权为农业企业提供了相对可靠的风险规避工具，有利于企业预先锁定产品最低收益，并保留价格上涨的潜在收益。❶

---

❶ 时晓虹："期权助力农业供给侧改革的功能和优势"，载《期货日报》2017 年 1 月11 日。

截至 2022 年 5 月，我国只有豆粕、白糖、天然橡胶、棉花、玉米和菜籽粕 6 个农产品期权品种，而农产品期货品种相对比较丰富，包括四个大类的农产品期货：第一类是粮食期货，主要有小麦、玉米、大豆、豆粕、红豆、大米、花生仁；第二类是经济作物期货，主要有原糖、咖啡、可可、橙汁、棕榈油和菜籽；第三类是畜产品期货，主要有肉类制品和皮毛制品；第四类是林产品期货，主要有木材、天然橡胶和苹果。我国的农产品期货与期权主要在大连商品交易所和郑州商品交易所上市交易。由于我国大多数农产品期货没有相应的期权产品与之匹配，导致农产品期货缺乏平衡持仓风险的避险工具，极大地影响了农民从事农业生产的积极性。

因此，笔者认为，我国应逐步推出与主要农产品期货相对应的期权品种，首先是对大宗农产品推出期货期权，以满足农民的避险需求。随后，将期权扩大到所有上市交易的农产品期货品种。最后，我国可考虑开发新型期权合约，比如，推出序列期权、周期权和日历价差期权❶等形式，以满足市场的需求。

（三）降低期权开户门槛

我国期权交易整体不够活跃，其中开户门槛过高是一个重大制约因素。只有专业的机构投资者才能在期权交易中占据优势，由于个人投资者有商品期权 10 万元和金融期权 50 万元资金门槛的限制，导致许多个人投资者难以入场。由于期权门槛较高，实践中，许多不符合条件的个人投资者只能通过网上分仓平台开户，因为网上分仓平台开户是零门槛，分仓平台通过与证券公司合作，

---

❶ 日历价差期权是指两个及以上的执行价格相同而到期时间不同的看涨期权或看跌期权构成的期权。

由平台在证券公司开设母账户，再共享子账户给广大投资者，从中赚取手续费差价。另外，对于期权卖方而言，由于要缴纳保证金，成本也比较高，上交所正在想办法完善期权保证金制度，降低交易成本。

因此，笔者认为，与其让分仓平台规避开户限制赚取差价，还不如以合法的形式降低开户门槛，让广大投资者参与到期权交易中来，这样既可以增加期权市场的流动性，还可以给广大投资者增加一种投资渠道和避险工具，更能让网上分仓平台等中介无机可乘，真正实现让利于民。具体设想是，大幅度降低期权的开户门槛，将个人投资者商品期权的准入门槛从 10 万元降至 5 万元；将个人投资者金融期权的准入门槛从人民币 50 万元降为 20 万元，主要依据是美国进入个人外汇期权业务的门槛为 2.5 万美元，折合人民币不到 20 万元，这样使中国期权个人投资者的准入门槛与国际水平相当，有利于吸引广大投资者参加期权交易，从而繁荣我国的期权市场。

（四）建立做市商制度

做市商制度是指期权交易中投资者根据做市商提供的报价下达买卖指令并与做市商交易的制度。做市商制度最基本的功能就是提供流动性保障。做市商一般由具备一定实力和信誉的机构担任，以自有资金进行期权合约的买卖，通过向公众投资者提供连续的双向报价，为流动性较差的期权交易品种提供对手盘，保证市场不会在某种价位上出现缺乏交易对手而无法交易的情况，从而保持市场价格的稳定性和连续性，为期权市场提供流动性。而我国期权市场恰恰面临公众投资者参与率不高、市场流动性不足的问题，因此，我国期权市场要顺利发展，必须大力引入实力雄厚的做市商，建立完善的做市商制度。

（五）建立场外期权中央清算制度

我国目前在场外交易中实行中央对手方清算的范围太小，只有银行间市场清算所作为中央对手方可以为相关市场主体提供净额结算服务。为了提高结算效率，化解结算风险，建议将中央对手方清算扩大到所有期权产品。

（六）完善场外期权的信息披露制度

针对场外期权产品的复杂性和私人定制性特征，场外期权市场应充分披露交易商的信用风险状况和交易合约的基本内容，包括主要条款、交易方信息、标的信息、净额结算安排、交易市值、违约后果等，以便投资者准确评估期权市场的风险。

第六章

互　换

第一节　互换概述

一、互换交易的概念和种类

（一）互换的概念

互换（Swaps），又译作金融掉期或金融互换，它是指交易双方达成的在将来互换现金流的合约，在合约中，双方约定现金流的互换时间及现金流的计算方法。现金流的计算涉及利率、汇率及其他市场变量将来的价值。❶ 互换必须以本金、利息等基础金融工具为标的，因此，它属于一种金融衍生产品。由于存在比较优势，交易双方都会拿自己熟悉的业务跟对方交换，以此降低未来现金流的不确定性风险，比如在固定利率市场贷款具有比较优势的公司

---

❶ ［加］约翰·郝尔：《期权、期货和及其他衍生产品》，王勇、索吴林译，机械工业出版社 2011 年版，第 99 页。

与另一家在浮动利率市场贷款具有比较优势的公司进行固定利率贷款与浮动利率贷款之间的互换，从而降低双方的利率风险。

由于不同企业在不同金融市场的资信等级不同，因此，融资的利率也不相同，同时，由于外汇管制或各国货币的汇率风险不同，企业通过在衍生品市场上与具有比较优势的企业进行利率或货币互换，可以降低融资成本或汇率风险，甚至可以将定期获得的互换现金流作为抵押，提高自身的资信水平，减少银行的担忧，从而缓解不对称信息的负面影响，提高贷款市场的效率。❶

（二）互换的种类

随着金融市场的不断发展，互换的种类也逐渐增多，其中最基本的两种类型是货币互换和利率互换，称为标准互换。其他类型的互换大多由这两种基本形式衍生而来，统称为非标准互换。

1. 利率互换

利率互换是一种简单的融资技术，它是指双方当事人同意以一定期间内的本金为基础，交换支付利息的合约。通常，利率互换涉及浮动利率贷款与固定利率贷款之间的交换。金融机构和公司通常使用利率交换作为将浮动利率贷款转变为固定利率贷款的一种手段（反之亦然）。简言之，利率互换乃是同种货币、异种计息方式的金融工具的交换。交换的结果只是改变了资产或负债的利率。❷ 最基本的利率互换形式是固定利率与浮动利率之间进行互换，又称标准利率互换，它是指一方想用将来一定期限内的一定数额本金与固定利率产生的现金流与对方以相同本金与浮动利率产生的现金流进行交换。还有一种常见的利率互换形式是同种货

---

❶ 孙宁华：《金融衍生工具风险形成及防范》，南京大学出版社 2004 年版，第 56 页。

❷ 朱国华、毛小云：《金融互换交易》，上海财经大学出版社 2006 年版，第 28 页。

币两种不同参考利率的浮动利率之间的互换，也称为基础利率互换。在利率互换交易中，交易双方并不需要实际支付本金，只是以本金作为计算利息的基础，双方结算时只支付利息差额。❶

2. 货币互换

货币互换（Currency Swaps），也称外汇互换，它是指两种不同货币在某一特定日期按照交换合约订立时所约定的固定比率进行的交换。换句话说，货币互换是指在交易期间以两种不同货币进行的现金流交换，即两种不同货币的利息及本金的交换。它需要在货币品种、数量和期限上有共同需求的两个平等的伙伴，在其利益相同而货币需求相反的情况下进行交换而形成❷。最常见的一种货币互换方式是不同货币之间的固定利率与固定利率的交换。互换的基本流程是：在互换开始，互换双方按照当时的即期汇率交换不同货币的本金，然后，按照预定的日期进行利息的交换，在互换结束时仍以交易执行时的汇率将本金换回。在有些情况下，期初与到期日可以不交换本金。

3. 其他互换

互换与其他的金融工具组合，可以衍生出很多复杂的互换衍生产品。比如，互换与期权结合产生期权互换，互换与股票指数结合产生股票指数互换等。互换其实就是现金流的交换，由于现金流的计算和确定方法不同，互换的种类也相应地多种多样，如不同币种、浮息对定息的交叉货币利率互换、增长型互换、减少型互换和滑道型互换等。

---

❶ 林琴：《金融互换法律制度研究》，湖南师范大学 2013 年硕士学位论文，第 6 页。
❷ 黄河：《互换交易》，武汉大学出版社 2005 年版，第 99 页。

二、互换的功能

互换自 20 世纪 80 年代初期诞生以来，国际互换交易额平均每年以 10% 以上的速度增长。❶ 究其原因，除了客观经济环境的影响，更重要的是因为互换具有融资和风险管理等特殊功能。

（一）降低融资成本

互换为交易双方提供了一种风险分担模式，它可以根据不同投资者的比较优势和风险偏好对风险进行重新分配，从而有效配置资金，降低风险，实现双赢。例如，预期基准利率上涨时，银行可将固定利率贷款换为浮动利率贷款；预期基准利率下降时，银行可将浮动利率贷款换为固定利率贷款，以此降低利率风险。

（二）管理资产负债结构

在正常的资产负债管理中，一般的资产与负债匹配结构是浮动利率资产与浮动利率负债相配合，固定利率资产与固定利率负债相配合，而通过互换，对资产与负债进行匹配，可以降低资产和负债组合中的汇率和利率风险，使互换双方管理资产负债结构的形式更加多样化。

（三）创造新的盈利模式

对于互换交易者而言，金融互换除了能够规避风险，也能为投机者创造新的投机渠道，精明和熟悉互换交易的投机者可以利用互换进行套汇、套利等投机活动。对于银行等金融机构而言，由于互换属于表外业务，在不改变资产负债表资产负债结构的情况下，交易者就能增加收入，这种独特的盈利模式吸取了众多投

---

❶ 汪昌云编著：《金融衍生工具》，中国人民大学出版社 2019 年版，第 139 页。

资者、银行等金融机构从事互换交易，以创造新的利润增长点。

三、互换的法律关系结构

（一）互换的核心法律关系

互换的核心法律关系是指金融互换交易关系，其实质就是一系列现金流的交换关系，包括三个层次的交换，即初始本金交换、利息的定期支付和到期本金的再次交换。❶ 按时间顺序标准，这三部分法律关系对应地称为"期初法律关系"或"本金换出法律关系"、"期中法律关系"或"连续支付法律关系"（利息支付法律关系）、"期末法律关系"或"本金换回法律关系"。必须指出，这三个子部分法律关系是核心法律关系不可分割的组成部分，它们共同构成一个独立的合同，不能对其进行分开立法或分别裁判。

（二）互换的附属性法律关系

互换的附属性法律关系主要是指各种信用支持安排法律关系。根据目前的国际实践，达成任何一项互换交易都需要信用支持安排，实质上就是各种担保法律关系。目前国际上常用的互换信用支持是依据美国纽约州法所产生的《纽约法下信用支持附件》与依据英国法所产生的《英国法下信用支持附件》，具体信用支持的形式包括质押、抵押、交付保证金以及其他各种合格的信用支持物的交付。

由于互换存在较大的违约风险，但与其他金融衍生工具不同，互换没有保证金条款约束，所以，为保证互换交易的顺利进行，需要信用支持法律关系的存在。必须指出，当前实践也是将互换

---

❶ 张元萍：《金融衍生工具教程》，首都经济贸易大学出版社 2003 年版，第 248 页。

交易关系与信用支持关系复合在一起，构成单一的合同关系。国际互换与衍生交易协会（ISDA）是金融衍生交易国际惯例的制定者，在法律文件的制定上严格坚持一体性原则，将核心法律关系与附属性法律关系融为一体，此后，许多国家纷纷仿效。我国2007年发布的两套金融衍生交易主协议文本也坚持了一体性的原则。一体性原则的重要特征是，违反信用支持关系也构成违反核心法律关系，反之亦然。❶

第二节　利率互换

市场上两种最常见的互换为利率互换和货币互换。在利率互换中，一方同意向另一方支付对应于一定本金的固定利率利息作为回报，该方同时收入对应于同一本金及期限的浮动利率利息，利率互换是同种货币下的利息交换。在一定的利率环境下，互换参与者可以通过利率互换改变其付息方式，例如，一方用固定利率换取另一方的浮动利率（如 LIBOR 等），或用一种浮动利率换取对方的另一种浮动利率。❷ 在货币互换中，一方同意以某种货币下的本金及利息与对方另一种货币下的本金及利息进行互换。

自从 1982 年首次使用利率互换作为融资手段以来，互换交易在全球发展迅猛。国际清算银行估计，截至 2013 年 11 月，场外衍生工具的名义余额总计达 693 万亿美元。利率合约是全球场外衍生工具市场的最大组成部分，名义总金额在 2013 年 6 月底达 577 万亿美元。其中信贷违约互换总额达 24.3 万亿美元，其次是外汇、

❶ 洪治纲："金融互换交易法律关系结构论"，载《商业时代》2008 年第 31 期。
❷ 汪昌云编著：《金融衍生工具》，中国人民大学出版社 2019 年版，第 144 页。

商品互换，最后是股权互换。❶

　　这确实是显著的增长。然而，尽管这些交易相对简单和灵活（特别是互换符合双方当事人的经济利益），但是，令人奇怪的是，许多公司和金融机构没有从事这项业务。很显然，许多金融机构和企业的财务主管、高级行政人员和律师对利率互换不甚了解。由于利率互换是最典型和最普遍的互换形式，因此，本章主要研究利率互换。

一、利率互换的背景

　　利率互换是从古老的国际融资技术，即所谓的"货币互换"发展而来的。在其最简单的形式中，互换涉及一个资金借款人将自己的浮动利率支付义务与另一个借款人的固定利率支付义务进行交换，双方当事人不交换本金。对当事人各自的贷款人的基础合同义务不受任何影响；互换交易契约只约束两位借款人。最常见的情形是，一方当事人用固定利率支付换取基于基础指数（如LIBOR）的浮动利率支付。这有效地将当事人的浮动利率贷款转化为固定利率贷款。因此，如果借款人的浮动利率贷款的利率上升，那么增加的应付利息可以从利率互换收到的利息额中予以抵销。它也可以将在一种货币下的投资转化为另一种货币下的投资。❷

　　互换双方的利息支付要么以总额为基础，要么以净额为基础。根据总额支付计划，双方都要支付对方利息总额，然后，各自再

---

❶　BIS Statistical Release, available at http://www.bis.org/publ/otc_hy1311.pdf December 12, 2013.

❷　[加] 约翰·赫尔：《期权、期货及其他衍生产品》，王勇、索吾林译，机械工业出版社 2009 年版，第 146 页。

支付给自己的贷款人。通常这种交易方式是在双方利息支付日期不相同时使用。但是，如果支付利息的日期相同，双方通常不会按照字面意义交换两种支付利息，而是净赚支付，所以，承担更高利息支付义务的互换当事人只需要向对方支付净额差。当互换与预先存在的债务有关时，更可能使用总额支付的方式，但是，如果基础债务是根据互换计划产生的，那么当事人更可能采取净额支付的方式。

利率互换最有优势的功能是其灵活性，正是这种灵活性使最初的简单交易产生了无数的变化。因此，利率互换可以根据各种异乎寻常或特定的环境进行调整。

二、利率互换的功能

利率互换具有多种功能，具体来讲，表现如下。

（一）利率互换可以作为一种对冲手段

金融机构或交易人的共同目标是将浮动利率资产与浮动利率债务匹配，以及将固定利率资产与固定利率债务匹配，以防止利率变化所带来的后果。就是说，理财规划师试图在金融机构实收的利息收入与该机构向债权人支付的利息之间维持一个合理的差额。如果金融机构拥有比浮动利率资产大得多的浮动利率负债，那么浮动利率负债的利息会上升，而来自固定利率资产上的利息收入却没有相应的增加。因此，利率互换可以缩小因利率上升引起的价差，从而进行套期保值。

为了说明利率互换可以减少利率变化的风险，假定某储蓄机构简化的资产负债表如表 6－1 所示。

表 6 – 1　某储蓄机构简化的资产负债

	本金（美元）	利率（%）	利息（美元）
资产	1 000 万	可变利率10%	100 万
	9 000 万	固定利率11%	990 万
	利息收入合计		1 090 万
负债	4 000 万	可变利率9%	360 万
	6 000 万	固定利率10%	600 万
	利息支出合计		960 万
	净利息收益		130 万

如果利率上涨 2%，该储蓄机构资产负债表的变化如表 6 – 2 所示。

表 6 – 2　某储蓄机构变化的资产负债

	本金（美元）	利率（%）	利息（美元）
资产	1 000 万	可变利率12%	120 万
	9 000 万	固定利率11%	990 万
	利息收入合计		1 110 万
负债	4 000 万	可变利率11%	440 万
	6 000 万	固定利率10%	600 万
	利息支出合计		1 040 万
	净利息收益		70 万

就是说，利率上涨 2% 会导致该储蓄机构的利息收入减少 60 万美元。

下一个例子说明，如果利率上涨 3%，上述简化的资产负债表会发生如表 6 – 3 所示的变化。

表6-3 进一步变化的某储蓄机构资产负债

	本金（美元）	利率（%）	利息（美元）
资产	1 000 万	可变利率13%	130 万
	9 000 万	固定利率11%	990 万
	利息收入合计		1 120 万
负债	4 000 万	可变利率12%	480 万
	6 000 万	固定利率10%	600 万
	利息支出合计		1 080 万
净利息收益			40 万

可以看出，利率上涨3%导致利息收入减少90万美元（130万美元-40万美元）。

通过利率互换的方式，这家储蓄机构能够减少浮动利率债务，代之以固定利率债务，从而减少利率上升导致的净利息收入损失。该储蓄机构可以将大量的固定利率资产与固定利率债务进行匹配，而不是将其与可变利率债务进行匹配。

但是，必须指出，与最初的浮动利率相比，该储蓄机构可能要为固定利率融资支付更高的利率。因此，利率互换刚开始时会减少金融机构的净利息收入。但是，对许多储蓄机构而言，该交换是可以接受的——甚至是令人满意的——因为不管利率多高或多低，互换都能保证一定的净利息收入。潜在利息收入的减少不足以被资产与负债相匹配所带来的稳定性与长期性的价值抵销。

为了说明上述观点，假定该储蓄机构拿2 000万美元的浮动利率债务交换10.5%的固定利率债务。如果利率没有变化，该储蓄机构简化的资产负债表如表6-4所示。

表 6-4　简化的某储蓄机构的资产负债一

	本金（美元）	利率（%）	利息（美元）
资产	1 000 万	可变利率 10%	100 万
	9 000 万	固定利率 11%	990 万
	利息收入合计		1 090 万
负债	2 000 万	可变利率 9%	180 万
	2 000 万互换基金	利率 10.5%	210 万
	6 000 万	固定利率 10%	600 万
	利息支出合计		990 万
净利息收益			100 万

该储蓄机构这种交换的直接成本是 30 万美元（互换前的净收益 130 万美元减去互换后的净收益 100 万美元）。然而，如果在利率互换后，利率上涨 2%，那么该储蓄机构简化的资产负债表如表 6-5 所示。

表 6-5　简化的某储蓄机构的资产负债二

	本金（美元）	利率（%）	利息（美元）
资产	1 000 万	浮动利率 12%	120 万
	9 000 万	固定利率 11%	990 万
	利息收入合计		1 110 万
负债	2 000 万	浮动利率 11%	220 万
	2 000 万互换基金	利率 10.5%	210 万
	6 000 万	固定利率 10%	600 万
	利息支出合计		1 030 万
净利息收益			80 万

这表明利率互换具有套期保值功能。互换后 80 万美元的净利

息收益表明：假定利率上涨 2% 以后，利息收入减少了 20 万美元。如果不互换，同时利率上涨 2%，那么利息收入将减少 60 万美元。因此，利率互换节约了 40 万美元。如果利率上涨 3%，节约的金额将达到 60 万美元。

表 6 – 6❶ 总结了以上假定的结果。假定利率保持不变、上涨 2% 和上涨 3%，它将互换交易的结果和没有互换交易的结果进行了比较。

表 6 – 6　互换交易与否的结果对比　　　　单位：美元

假定的结果	没有互换	有互换
利率不变 净利息收入	130 万	100 万
利率上涨 2% 净利息收入	70 万	80 万
利息收入减少金额	60 万	20 万
利率上涨 3% 净利息收入	40 万	70 万
利息收入减少金额	90 万	30 万

上述分析表明，利率互换能够针对利率的变化，为将固定利率债务与固定利率资产匹配以及将浮动利率资产与浮动利率负债匹配，提供了一种有效的对冲机制。

（二）利率互换可以作为融资工具

除了减少利率变化的风险之外，利率互换也可以为固定或可

---

❶ See Christopher Dean Olander, Cynthia L. Spell, Interest Rate Swaps: Status under Federal Tax and Securities Laws, Maryland Law Review, Fall, 1986, p. 24 – 26.

变利率债务融资提供另一种来源，其方式是允许金融机构或公司间接获取用其他方法难以获得的资金源。要做到这一点，在不同的金融市场上具有不同信用风险的各方当事人必须匹配。然后各方可以利用自己的比较融资优势来与对方交易。缔约方均有不同的融资优势，因为，虽然在浮动利率市场上，评级较高的借款人和评级较低的借款人之间的利率差别很小，但是在固定利率市场上，高评级借款人和低评级借款人之间的利率差可以达到500个基点或更多。其结果是，在固定利率市场能够获得非常有利利率的高评级借款人并不比在浮动利率市场的低评级借款人好多少。利率互换可以使低评级借款人在固定利率市场获得更好的利率。同样，利率互换可以使高评级借款人在浮动利率市场获得更好的利率。

对评级较高的借款人的另外一种激励是，要求评级较低的借款人为获得评级较高的借款人的固定利率融资，向评级较高的借款人支付"差价"。也就是说，拥有浮动利率负债的评级较低的借款人可以进行一种互换，在这种互换中，评级较低的借款人除了向评级较高的借款人支付很多基点的差价，还需承担评级较高的借款人的固定利率支付。这种差价减少了评级较高的借款人新的可变利率的支付，导致在浮动利率市场上的借款利率比其他地方的成本更低。

在某些情况下，评级较低的借款人甚至不必支付差价给与之互换者。例如，当利率相对高的时候，如果评级较高的借款人签订了长期固定利率债务，那么评级较高的借款人可能只是想摆脱目前的状况，通过互换得到更低的可变利率。可以这样说，交易产生了差价。

为了说明前述观点，我们假设：评级较低的公司借款人（X

公司）正在寻找长期固定利率融资，但是这种融资只有在高于银行最优惠利率3%的基础上才可以得到，而可变利率融资可以按银行优惠利率得到。进一步假设银行优惠贷款利率是10%。另外，我们假设高评级公司（Y公司）可以以12%的利率获得固定利率债务，但是更喜欢用浮动利率负债为其利率敏感资产提供资金。在达成了支付50个基点的差价给Y公司的利率互换协议之后，双方从各自的贷款人那里借入商定的本金。然后（或者可能同时），高评级借款人同意以浮动利率向低评级借款人支付利息。低评级借款人同意向高评级借款人支付利息和价差。

以上利率互换交易的结果是：评级较低的X公司可以获得12.5%而不是13%的长期固定利率融资，评级较高的Y公司可以获得比最优惠利率低半个百分点的可变利率融资，尽管它必须支付最优惠利率，但是它可以同时从X公司获得0.5%的收益。❶

（三）利率互换可以作为管理债务的方式

利率互换及其衍生产品——镜像互换——越来越多地用于债务管理。镜像互换是一种设计用于取消或者修改互换交易条件的技术。这两种手段能够使金融机构不断地重新调整其资产负债表，以便利用利率变动的优势，"精确微调"企业的短期和中期负债。

许多企业的财务人员根本不会考虑"从事和不从事"互换交易的风险。参与这种交易的人认为，在没有经常对其效用进行再评价的情况下，抛弃互换交易是有风险的，它构成了对利率变化的一种投机行为。理论上讲，如果互换的最初目的达到了，持续的贸易互换是没有必要且不可靠的。这些不同的意见似乎与其说

---

❶ Christopher Dean Olander, Cynthia L. Spell, Interest Rate Swaps: Status under Federal Tax and Securities Laws, Maryland Law Review, Fall, 1986, p. 29.

明反映了互换和镜像互换的性质或特征，不如说反映了企业财务存在的显著差异。

三、利率互换的交易机制

（一）当事人的匹配问题

当交易者决定参与利率互换后，紧接着就是选择一个合适的交易对手。这要求存在相反融资需求和互补融资优势的双方当事人相匹配。例如，双方当事人相匹配的一个例子是美国的储蓄与贷款机构和日本或欧洲的银行之间的匹配。储蓄和贷款机构能够从事固定利率抵押贷款业务，但它必须以浮动利率为基础获得大部分资金。外资银行通常在欧洲市场以浮动利率放贷，同时它又以固定利率借入欧洲债券。另一个例子是，评级较低的公用事业获得固定收入，而大型美国贷款机构或高评级的工业企业寻求以低于基准利率的浮动利率融资。

大多数情况下，交易者是通过经纪人来寻找合适的互换对手方。经纪人在交易中要么作为一方或者双方的代理人，要么作为本人。作为代理人，经纪人只是充当中介，协助当事人寻找交易相对人和协商互换交易的条款，并收取正常的经纪人手续费。在经纪人作为本人的交易中，经纪人实际上是交易当事人：如果一方违反互换协议，经纪人需要继续向非违约的互换方履行付款义务。活跃在互换市场的投资银行和商业银行经常参与互换交易，它们一般是本人，意图在以后的时间"卖出"它们的互换头寸。

（二）组织利率互换交易

利率互换交易要求当事人认真关注用以确定可变利率支付的指数选择。对固定利率来讲，可能需要终止条款和抵押品或信用增强工具。除了这些根据当事人需要量身定做的基本商业条款，其余互换协议的细节需要由律师协商，并记录留档。

1. 名义本金额

最初利率互换交易的名义本金额通常在 2 500 万美元到 5 000 万美元。最近的趋势是向"微型互换"交易发展，其规模在 1 000 万美元到 1 500 万美元。迄今为止，交易的规模在很大程度上由互换交易参与人的规模所决定：理论上没有最小规模，特别是由于低交易成本的原因。这种交易趋势的小型化使利率互换对许多金融机构和企业来讲是可行的。微型互换允许更小的机构从事利率互换，并允许大型机构与各种金融机构和企业从事各种不同规模、不同指数和期限的互换交易。在互换交易中使用的本金金额必须以公司或金融机构的资产金额为基础，而且公司或金融机构的资产金额必须与相应的浮动或固定利率债务相匹配，或者以公司或金融机构希望在同时进行的利率互换交易中借入的本金金额为基础。虽然作为互换交易基础的债务本金额必须相同，但是互换交易的当事人并没有交换付款或者偿还本金的义务。

2. 指数

可变利率指数的选择可能是从事利率互换交易过程中一个最关键的决定。当事人选择的利率指数应与互换另一方已确定支付的可变利率相适应。这个决定应该考虑到同意支付可变利息的一方正在寻求用互换交易进行套期保值。最常用的利率指数包括伦敦银行同业拆放利率（LIBOR）、基准利率、国库券利率、存款利率、商业票据利率、基金利率和银行承兑利率。这些可变利率指数很少能够完美搭配。因此，同意支付浮动利息的当事人进行浮动利率对冲交易的目的是想用资产赚取收入，他们想要确保这些利率要么依据相同的指数，要么这些指数的波动率相同或近似。用一种利率与另一种不同步变动的利率进行对冲会破坏互换交易的功能。

而且，即使标的债务和利率互换的指数相同，利息支付日期的不同也会给当事人带来风险。如果各个利息到期日的指数利率不同，当使用两种不同的指数时，可能产生相同的结果。

3. 差额

利率互换不仅仅是一种简单的付息交换。固定利率借款人签订互换交易合同的主要动机是它可以创造利润，通过与浮动利率借款人达成协议，鼓励其支付更多的基点数以换取更有利的固定利率来实现。因此，另一个协商的重点是差额。

4. 协议文本

因为利率互换不涉及本金的交易，因此，所需的协议文本比传统的贷款文本简单。互换协议文本一般不足 15 页纸，有时候为了不耽误交易，在互换交易完成以后再起草协议文本。利率互换以合同形式签订，主要条款包含固定利率和浮动利率的定义、结算方式、终止条款和所有双方约定的条款。如果互换协议通过中介机构签订，那么在一方当事人违约的情况下，中介机构要承担继续付款的义务。

互换合约通常包含终止条款，据此，如果一方不能支付利息，要向另一方支付终止费，或者违约方同意补偿非违约方的"损失"。但是，赔偿条款性质模糊，可能增加一方当事人因对方违约而所获赔偿不足的风险。

相反，假如违约方是评级较低的借款人，具体的终止费通常要么以"合同价值"，要么以"公式价值"表现出来。"合同价值"是指互换的一方或者第三人在二级市场上"购买"互换合约的出价。要求违约方用出售互换合约的现金付款向守约方支付终止费。一个典型的公式要求违约方支付未来付款的现值总和，假定这些付款的利率是以互换协议利率和当前的"市场"利率之间的差额为基础。关于终止费计算问题值得关注的一点是，法院可能以罚款的形式来确定违约赔偿金，因为有一个二级市场可以确定实际损失。对这种方法的另一个关注点是，尽管相对容易确定互换合约固定利率一方现值的贴现率，但互换浮动利率一方的贴现率不能确定。当事人可能需要担保或者信用证来确保终止费或赔偿金的支付。这种安排要求有额外的担保或者信用证交易文件。

在利率互换交易中，当对方第一次处理律师的管辖权建议时，或者当委托人属于高度管制的产业从业者时，如公用事业，特别是当委托人是第一次与对方从事互换交易时，通常要求律师出具法律意见。律师法律意见包括传统的可执行性、适当授权以及不与现行的法律和合同相冲突等问题。另外，通常要求外国律师在法律意见书中声明，根据互换协议付款不是为了逃税，并且要求律师特别就终止付款条款的可执行性问题出具意见。

（三）利率互换的抵消

利率互换等多功能的新的融资技术会在原主题上产生很多变化。企业财务主管和融资机构已制定了一些取消或者修改互换交易条款的方法，以考虑互换当事人资产负债表的变化、利率的波动和互换对方信用的变化等因素。这样做的主要手段是反向或镜像互换、互换销售和互换减价"抛售"。

在镜像互换交易中，原来的利率互换协议保持不变，根据规定，希望"退场"的借款人需要继续履行义务。但是，借款人通过从事第二次交易，即第一次互换交易的镜像，可以抵销自己的头寸。比如说，如果想要解除互换合同的一方在接收浮动利息的同时，还要支付固定利息，那么，他将与第三人（不一定认识原互换合同的交易方）签订新的互换合同，在新合同中，他将支付

浮动利息，同时，接收对方支付的固定利息。❶

理想的情况是，到期日、定期付款日、镜像互换的可变利率指数与原互换合同完全一致。由于可变利率会波动，如果两个浮动利率都有相同的指数，那么镜像互换的浮动利率部分将与第一份互换合同的浮动利率部分完全抵销。但是，不能保证固定利率和原来互换合同完全相同。因此，该交易的固定利率部分是盈利还是亏损取决于镜像互换的固定利率是高于原来的互换合同，还是低于原来的互换合同，以及借款人是付款数额较高的付款人，还是收款人。即使当事人抵销了原来的互换合同，但是，他已经签订了第二份交易合同，因此要承担因镜像互换交易相对人违约产生的信贷风险。

在互换合同出售时，互换头寸被转让给购买人或者受托人。原来的当事人不仅是抵销第一份互换合同的条款，而且完全脱离了互换持仓。另外，出售互换合同的收益可以马上兑现，而不用等到互换合约到期，就像反向互换交易那样。

在互换合约抛售时，原互换合同的当事人只是同意终止合同。这种安排的主要缺点是，它需要原互换合同的交易对方参与。

企业财务人员通常认为，通过镜像交易管理债务不是一种可取的互换交易方式。为了识别和取消"不赚钱的"互换合同，更多的企业资金管理人员急于评估现有的利率互换合同的真实价值。因此，建立一个重要的、具有精确定价机制的利率互换市场很有必要。

（四）互换交易的固有风险

利率互换的主要风险是互换交易的对手方可能违约。如果借

---

❶ Christopher Dean Olander, Cynthia L. Spell, Interest Rate Swaps: Status under Federal Tax and Securities Laws, Maryland Law Review, Fall, 1986, p. 35.

款人是净交换额的收款人，那么违约行为将排除把净收款作为收入来源。对净付款人和净收款人而言，违约行为"撤销"了互换，消除了最初签订交易合同带来的优势。由于双方已对基础债务的利息部分进行了重新安排，并且可能已经以该交易为基础开展了相关的营业和融资计划，所以不应该认为，违约只是使当事人回到互换开始之前的状态。这种对互换的依赖可能导致在违约时产生重大后续损失。但是，通过各种信用增强技术，可以减少这种风险。

另一个最关键的风险是利率市场的变化。利率互换的每一方当事人都可能对浮动利率的波动持有自己的立场。往一个方向或者相反的方向变化可以消除互换的优势。利率变化还可能对互换当事人产生二次影响。例如，如果互换当事人匹配固定利率资产（如抵押贷款）进行交易，且长期利率急剧下降，那么抵押贷款可以再融资，并迅速淘汰互换创造的资产。比如另一个例子，储蓄和贷款机构可以匹配浮动利率债务（如货币市场账户），进行互换交易，同时，配以浮动利率按揭贷款。利率突然上升或者推出一种新的储蓄产品，可能使储蓄存款转移到固定利率账户上，导致负债与利率互换的不匹配。

互换当事人面临的第三种风险是，不论是因市场条件，还是因迟钝的商业反应，当事人无法就浮动利率巨额利差（通常用基点数表示）达成协议，该利差支付给固定利率支付方，诱使其与信誉度较低的浮动利率支付方进行互换交易。

最后一个风险是不匹配风险。当使用浮动利率指数作为互换交易的标的时，尽管标的债务可以与不同的指数相适应，但还是会出现不匹配的现象。由于各种利率之间存在很大的差异以及各种不同有效指数之间的剧烈波动，这种不匹配很可能发生。因此，只有最不成熟的一方才会在这种不匹配的情况下进行互换。另外，当互换与标的债务适用相同的指数时，如果这两种指数的设置频率是不同的，或者在一个指数是适用365/366天一年，而另一个指数是适用360天一年时，也可能出现不匹配的现象。

（五）互换交易中的信用增值

在大多数的互换交易中，浮动利息的付款义务人是比固定利率的付款义务人信誉度更低的机构。而且，在大部分的利率互换交易中，互换交易的付款都是以净付款或净收款的方式进行。因为评级较低的机构往往拿浮动利率债务换取更高的固定利率债务，因此，它通常是资金的净付款人。有的时候，评级较高的固定利率借款人要求评级较低的借款人提供信用增值以降低违约风险。此种信用增值往往是以第三方金融机构签发信用证的形式，并经由中介银行提供的。信用证担保整个利率互换交易的净值支付或者终止费用的支付，二者任选其一或者二者同时支付。另外，评级较高的机构可能会要求与之互换的另一方当事人提供存款证明，或者提供独立的托管机构、担保类型和当事人议定的价值，以确保评级较低的债务人在互换交易违约时的付款来源。

降低信誉度较低的互换交易方的违约风险的一个有效方法是，在互换合同中制订一个条款，允许互换交易人任何时候可以从另一方获得担保品，担保品的价值等同于互换交易中增加或降低的市场价值。

（六）互换交易的新用途

利率互换在吸引企业财务主管对积极的债务管理感兴趣的同时，还吸引了许多人的关注。虽然今天的微型互换很少涉及小于1 000万到1 500万美元的本金，但是，互换交易完成的速度以及合同文本的简单性使互换成为一种对任何规模的借款人或债务均具有吸引力的融资工具。互换的两种新用途日益流行起来。

（1）房地产开发公司——为工业与商业房地产收购融资的公司或者开发商，常常以浮动利率债务的方式进行融资，因为固定利率融资的成本相对较高。固定的租金支付义务随着时间的推移而增加，但是，会在预定的时间间隔正式声明或准确计算利息总额增加，使浮动利率债务变得极具风险。互换交易提供了新的融资方式。如果浮动利率债务产生的目的是用它与低于正常利率水平的固定利率进行即时互换交易，那么房地产公司可以确保它在租赁收入和资金成本之间保持一个可预见的差额。在许多情况下，该互换交易对手的风险稍微低于依赖公司交换伙伴的信誉所产生的风险。基础租约可以为房地产公司在互换交易中承担的固定利息支付义务提供确定的担保。另外，大型住宅建筑商通过利用公司信誉，而不是其公司资产来进行利率互换，能够降低营运资金的成本，以确保它们互换头寸的安全。

（2）免税借款人——免税融资市场也发现了利率互换的优势。在美国，这些互换交易与双方的标的债务利息一样常常免交联邦所得税。除非互换交易双方在产生标的债务之前走到一起，否则，这种互换市场浮动利率指数出现差异的可能性更大。因此，由于从互换对方获取的利息不可能相等，或者可能超过标的债务要求支付的利息，所以，套取利润或损失的可能性就增加了。

下面举两个例子说明使用互换交易可以增加免税融资的价值。第一个例子：A公司通过使用污染控制设施的免税债券，借款3 000万元。该债券是可变利率投标保证金，当前利率是5.1%的可变利率。此时，A公司可以将债券转变为8%的固定利率，但是该公司不愿意这样做，因为当前的可变利率比较有利。然而，如果利率升高，A公司承担的固定利率也会升高。A公司认为，浮动利率在未来不会有利。A 公司可以通过利率互换来摆脱这种困境，这需要将其所持的 3 000 万美元债券转变为 8% 的固定利率，然后与持有浮动利率投标债券余额的另一位借款人在一定年期内互换利率。因此，A 公司利用了当前的短期浮动利率，并锁定了有利的长期固定利率。❶

第二个例子是美国多户式住宅开发商用美国住房与城市发展部间接担保的免税债券的收益建造公寓项目。这些债务执行 9.2% 的免税优惠固定利率，期限为 30 年以上。然而，开发商可能将这种优惠利率与互换对方持有的浮动利率为 6.2% 的免税债券进行互换。这种互换交易将使该项目在互换有效期内的利润更高。显然，开发商必须根据历史记录，评估浮动利率指数超过 9.2% 带来的风险。❷

四、利率互换的税法处理

(一) 互换交易支付的特征

利率互换提出了《美国税收法典》没有规定的问题。互换交易中最令人困惑的问题是对互换交易人之间的定期付款进行分类。互换支付的税收后果取决于它的归类，但是，目前的税法没有规定互换付款究竟如何纳税。在现行法律的框架内，可以找到合适的税收规则，同时，为了处理这种新的融资技术，也可以修改法律。研究利率互换的两个组成部分，有助于分析这种交易的税收后果。

互换的第一个组成部分——每一方当事人基于基础债务向初

---

❶ Christopher Dean Olander, Cynthia L. Spell, Interest Rate Swaps: Status under Federal Tax and Securities Laws, Maryland Law Review, Fall, 1986, p. 40.

❷ Id.

始贷款人支付的利息——尽管在当时并没有互换交易，但是，应该征税。互换的设计是使每一方都要对作为互换交易基础的原始贷款义务负责。因此，各方持续就基础债务利息承担自己的支付义务，而根据《美国税务法典》第 163（a）条的规定，很明显，利息是可以扣除的。

构成利率互换第二个组成部分的互换交易人之间的定期付款，没有明确归入该法典的任何一种类型。就付款人来说，不清楚的是，互换付款应被视为当前的成本支出项目，还是资本支出项目。对于收款人而言，不确定的是该笔付款究竟是作为普通所得，还是作为出售或者交换资本资产所实现的收入。

从经济角度看，互换交易总有一方会获得净收益，而另一方遭受净损失。也就是说，互换双方的支付款很少出现价值相等的情况。因此，一方支付的互换款项大于他接收的款项（其差额表现为损失），同时，交易对方接收的款项大于他支付的款项（其差额表现为利润）。基于税收目的，不清楚的是，各方是否应该明确算出他所接收和支出的净互换款，并简单地了解其是盈利还是亏损，或者这两种付款是否都应视为单独的交易。如果算出了支付净额，各方还必须决定什么时候确定收益或亏损，以及是普通所得还是资本所得。

1. 支付的特征

首先从描述定期付款的特征开始分析。乍一看，因为互换支付与基础债务的关系，互换支付的款项应该定性为利息。换言之，互换交易支付的金额要与每个当事人必须支付的有关基础债务的利息额相一致。然而，很明显，将该付款的特征定性为利息是完全不合适的。这笔支付不是利息，因为在互换交易人之间，不存在基础债务。利率互换不涉及本金的交易；它只是以拖欠对方债务的利息为基础，承诺支付收入流。基础债务仅用于计算互换交易支付的金额。

为什么互换交易付款不应当归类为利息或者作为利息扣除，因为该支付代表了另一方的利息义务。利息本身是可以扣除的，只要基础债务是纳税人欠的，而不是其他人欠的。而且，如果利率互换支付可以作为利息扣除，那么将存在双倍扣除的问题：第一次扣除针对的是实际支付基础债务利息的一方；第二次扣除针对的是进行互换交易付款的一方。因此，互换交易付款不应该作为利息扣除。

2. 融资的非利息成本

互换交易付款也能被描述为"与标的债务融资有关的非利息成本"。在互换付款与承诺费或中介费之间可以进行类比。这些费用代表与贷款谈判有关的付款金额。

然而，互换交易付款不应当视为承诺费或者中介费，因为它们实际上与基础债务没有经济关系或者实际联系。在不了解基础债务贷款人的情况下，利率互换需要经过多次谈判和交易才能达成协议，它与当事人的基础债务订约能力无关。确实，在基础债务发生多年之后，才进行利率互换是很平常的事情。因此，对互换付款征税，认为它是基础债务的附加成本，是没有意义的。

3. 普通的商业支出

金融界普遍认为，根据《美国税法典》第 162 条的规定，互换交易付款是可以作为当前费用项目予以扣除的商业支出。部分专家认为，互换交易中收款人收到的净付款应作为普通收入进行报税。

根据《美国税法典》第 162 条规定，可以扣除的项目成本必须是普通的和必要的商业开支。"必要"是指对纳税人业务的发展是适当且有益的；"普通"区分了经常性支出和资本性支出。❶ 经过批准之后，资本性支出必须在资产的有效期内分期摊销，而不是当期一次扣除。

按照《美国税法典》第 162 条的规定，将互换交易付款作为费用项目处理产生的问题是，它忽视了一种可能性，即至少对一些纳税人而言，互换交易更类似于获取资本资产，而不是发生普通的商业支出。尽管利率互换采取了一种与众不同的形式，实际上和传统的投资保险是一样的，互换交易的动机是牟利或者对冲债务头寸，这种交易包含一定的风险。

4. 商品和利率期货

尽管《美国税法典》本身没有解决利率互换问题，但是，它对两种类似利率互换的交易——商品期货和利率期货——进行了处理。商品期货合约是指在未来某个特定时间到来之前，以特定的数量和价格购买或者出售特定商品的协议。利率期货是指未来某个时间，以特定的利率购买或者出售金融工具的协议，如短期国库券、欧洲美元存款或者存款单。就像利率互换一样，利率期货能够防止当事人的利率风险，也就是抵销或者减少利率波动产生的不利风险。换言之，期货合约就像利率互换一样，对购买期货合约的投资者而言，它可以作为一种旨在通过交易盈利的资本投资。

期货合同通常被认为是资本资产，购买或交换期货合约会导致资本增值或亏损。然而，不论何时签订期货合约，只要目的是对冲普通产生收入的资产的价格波动，且与纳税人的日常营业活动有关，该交易所得都被作为普通收入对待。

---

❶ Welch *v.* Helvering, 290 U. S. 111, 113–16（1933）.

利率互换与同期货合约一样，在很多情况下都被视作资本资产，因为利率互换是一种在未来占有某物（即收入流）的契约权利。因为《美国税法典》第1221条所定义的"资本资产"非常宽泛，足以包含利率互换所代表的那种无形财产权，所以利率互换在任何情况下都应被视为资本资产，除非有特殊事实要求有不同的结论。每当利率互换交易是为了对冲利率的波动时，普通规则的例外情形将出现。在这种情况下，根据玉米制品精炼公司诉专员案（以下简称"玉米制品精炼公司案"）的原则❶，利率互换将被取消资本资产待遇。

（二）利率互换作为资本资产的征税问题

根据《美国税法典》第162（a）条规定，以获得资本资产为目的所作的支付，不得作为普通且必要的业务支出予以当期扣除。❷ 如果该资本资产具有明确的有效期，那么有时它的成本可以在该资产的有效期内分期摊销。通过出售或者交换，它可以产生资本增值或者亏损。然而，把利率互换视为资本资产是存在问题的，因为该法典对资本资产征税的规定不足以处理利率互换：互换的独特机制使得很难根据基本的税务概念，如"基价"和"实现金额"，来审视利率互换。

处理互换交易的一种方法是，将互换交易的支付款视为所获资产的买价——在互换有效期内分期支付的价格。该笔付款确实体现了互换交易的成本。作为获取资本资产的成本，它们不应该在当期扣除。相反，它们的总额应被视为互换交易的基础，在互换有效期内进行扣除，或者用出售或中止互换合约获得的利润进

---

❶ Corn Products Refining Co. *v.* Commissioner, 350 U. S. 46, *reh'g denied*, 350 U. S. 943（1955）.

❷ *Cf.* Commissioner *v.* Lincoln Sav. & Loan Ass'n, 403 U. S. 345, 354.

行补偿。购买价格不应该受资本要求的约束，因为定期付款被均匀地分摊到整个协议的有效期内：在某种意义上，它们是自然地被资本化了。

接收的互换交易款项代表一方的投资所得。收入的数额取决于"买价"，它属于资本收益，不应当征税。任何超过购买价格的收入款显然是利润，必须将其定性为资本收益（按资本待遇处理是适当的）。如果当事人收到的款项少于买价，其差额应该被认定为普通损失或者资本亏损。

为了能让当事人的盈亏确认为长期资本收益或者亏损，《美国税法典》要求出售或交换的资本资产应当由纳税人持有达法定期间——目前为 6 个月。然而，根据合同条款，当互换交易终止时，目前的法律不承认"出售"或"交换"。因此，有学者认为，应该修改《美国税法典》的规定，一旦根据其自身条款或者提前终止互换协议，只要满足法定的持有期限要求，就视为出售或者交易已发生，任何利润或亏损都可作为资本对待。资本盈亏处理是有意义的，因为对于那些经过很长一段时间发生的盈利或亏损，可以享受特殊的税收处理政策。

另外，《美国税法典》的规定为税务机关对互换制定滥用征税权计划提供了机会。就像规范的期货合同，纳税人主要有两种方式来取消互换——互换因到期自然终止或者在二级市场上出售互换合约。作为资本资产，在二级市场上出售互换合约总会产生资本收益或亏损。如果终止互换协议与在二级市场上出售它存在不同待遇的话，那么纳税人可以操纵"取消"的形式，以获取最有利的待遇。期待获益的纳税人总会在互换合约终止之前，在二级市场上出售它以获取资本利润；而希望认定亏损的纳税人，总会终止互换交易以确定有普通亏损。因此，应该修改税法，为这两种情况提供相同的税收待遇，以防止市场的低效扭曲。

（三）对冲目的的利率互换的征税问题

如果进行利率互换交易是为了对冲利率的波动，那么这种开支类似于购买保险或者额外库存：不应当享受资本待遇。根据《美国税法典》第 162（a）条的规定，正在进行的互换付款应当在当期予以扣除。

根据《美国税法典》第 61 条的规定，从互换交易中获得的支付款应当作为普通收入，不论从哪里获得这种收入，都应当征税。这种付款应当在收到款项的纳税年度进行申报。接收的款项应该扣减已付款项，净额才是纳税人的普通收入或者损失。

（四）区分套期保值交易和资本交易

互换交易究竟是套期保值交易，还是资本交易，是一个事实问题，它应当取决于纳税人参与交易的动机。为了弄清事实，不论互换交易是基于投资还是套期保值的目的，都必须从特定交易周围的客观环境出发，作出决定。就像适用玉米制品精炼公司（Corn Products）一案原则时经常出现的情形一样，当纳税人基于对冲和投资两种目的成为互换当事人时，最麻烦的问题产生了。

美国国税局和税务法庭采取的立场是，如果该交易主要是出于投资目的，可以享受资本待遇，即使该交易有大量的套期保值动机。美国索赔法院则持相反观点，如果主要基于投资目的持有股票则是资本资产，否则，即使基于套期保值目的大量持有，也不是资本资产。

套期保值被形容为一种价格保险形式，因为签订套期保值合同是为了避免商品市场的价格波动风险。法庭也依赖《美国税法典》第 12569（e）条规定的"套期保值"交易的概念。

"套期保值"是指：（A）任何交易，如果这种交易是在纳税人的贸易或营业正常过程中进行的，主要目的是（i）降低纳税人持有的或将要持有的相关财产的价格波动或者货币波动风险，（ii）降低与纳税人已借贷款或将借贷款，或者已有之债或将来之债有关的利率或价格变化或者货币波动的风险❶……然而，美国联邦最高法院在玉米制品精炼公司一案中阐述的套期保值交易理论的适用范围，超出了《美国税法典》第1256条定义的套期保值交易范围。❷因此，即使法律定义过于狭窄以至于不包括利率互换，它仍可以纳入玉米制品精炼公司一案理论的广义"套期保值"定义。

（五）认定的时间

在给予互换交易资本待遇的情况下，一个主要问题是：什么时候认定资本收益或者亏损？一种方法是将认定损益的时间推迟到互换交易结束之时。在互换到期或者出售或者提前终止之前，纳税人都不需要缴税。另一种方法是要求纳税人在规定的纳税年限内认定有关互换交易收付款的损益。

《美国税法典》的结束交易原则规定，在交易完成或结束之前不用纳税，似乎是规定了前一种处理方法。该理论认为，在交易结束之前，人们不知道该交易的实际购买价格，只是一种付款的可能性。在互换的情况下，假设互换款项的接收或者支付是以浮动利率为基础，那么在互换交易结束之前，整个购买价格或者从交易中收到的总金额是无法确定的。因此，在互换结束之前，当事人不应该认定损益。

（六）特殊情况

如果银行或者储蓄贷款协议是利率互换交易的当事人，可以

---

❶ I. R. C. § 1256 (e) (2).

❷ Rudnick, Carlisle, & Dailey, *Federal Income Tax Treatment of Commodities Transactions*, 24 B. C. L. REV. 301, 328 (1983).

适用一些特殊规则。对银行和信托公司征税的方式一般跟其他公司一样。然而，根据《美国税法典》第582（c）条的规定，银行出售或者交换政府债券、公司债券、票据、证券或者其他债务凭证不属于销售或者交换资本资产。《美国税法典》的规定不调整上述债券之间的利率互换，因为作为利率互换一部分出售或者交换的资产不是政府债券、公司债券、票据或者债务凭证。因此，银行在适当的时候，可以把它们作为资本处理。然而，由于银行在多数互换交易中的套期保值动机，适用玉米制品精炼公司案的原则通常会导致普通处理。最后，关于互换交易支付的经纪人佣金或者其他费用应该与所有其他类型的金融交易同样对待：它们应该在互换有效期内按比例扣除。

总之，利率互换的税务处理应该取决于纳税人签订互换合约的动机。如果签订互换合约是为了投资，应当适用资本待遇。如果互换合约是在正常的业务过程中签订的，其目的是对冲利率的变动，那么，应该进行普通处理。

五、利率互换的证券法规制

（一）利率互换是不是证券

1933年《美国证券法》对证券一词的定义十分宽泛，几乎能涵盖所有用于筹集资金、投机或者对冲经济头寸的融资工具，但是狭义的定义将某些"股票"排除在外。1933年《美国证券法》旨在保护投资者。如果法院能够找到受害的投资者，那么该投资会被认定为广义的证券。融资交易是否属于证券的问题，对于参与人来说非常重要。如果融资交易属于1933年《美国证券法》调整的证券，会产生两个后果。其一，除非有例外规定，该协议必须向证券交易委员会登记。其二，不管有没有登记豁免规定，必

须适用 1933 年《美国证券法》和 1934 年《美国证券交易法》的反欺诈条款。❶

利率互换是否属于证券法调整的一种融资协议？经过分析得出的结论应该是：利率互换合约是一种证券；由于参与人和交易性质的原因，这种合同很少被要求登记；1933 年《美国证券法》和 1934 年《美国证券交易法》的反欺诈条款同样适用于利率互换。

毋庸置疑，构成利率互换基础的债务交易不属于 1933 年《美国证券法》的适用范围，因为它们是商业借贷交易。然而，互换交易的付款总额或者净付款额与基础债务不同。对第三方的净付款代表一种支付一定期限内的更高固定利率的价格购买权。该交易也涉及对利率变动的预测，即使大多数互换交易参与人并未有意识地以这种方式来思考该交易。因此，资金净付款人的地位类似于标准普尔 100 指数的期权购买人或者类似于政府债券或票据的期权购买人。这些期权交易明显涉及证券的购买，因为它们涉及旨在允许资金净付款人改善自己经济状况的支付行为，能否成功分别取决于股票市场或者长期利率的变化。利率互换交易也涉及允许净付款人改善自己经济状况的支付行为。互换交易的净收款人，由于经常要与评级更低的借款人交易，因此，承担了净付款人可能违约的金融风险。另外，净收款人也要预测利率的变化，并承担利率大幅上升的风险。这些风险的承担证明了，即使是从净收款人的角度来看，该交易也属于证券。从 1933 年《美国证券法》的立法目的来看，利率互换应当被视为"证券"。

（二）利率互换可以豁免登记

根据 1933 年《美国证券法》的规定，证券发行登记需要发行

---

❶ Securities Exchange Act of 1934, 15 U. S. C. § 78a – 78kk (1982) (1934 Act).

人的管理者、律师和会计师花费大量的时间，同时，需要大量的律师费用、会计费用和印刷费用。一般来说，只要有可能，发行人会煞费苦心地避免登记。尤其是，发行人会努力使他们的交易列入豁免登记的范围。1933 年《美国证券法》第 3 条、第 4 条对某些交易豁免了登记要求。第 4（2）条将"任何不涉及公开发行的交易"排除出登记范围。该法没有对"公开发行"进行任何界定或解释。在诠释这一法定前提条件时，法院选择通过各种模糊定义，有时甚至是相互矛盾的定义，对公开发行或发售的概念进行界定。法院认为，"私募发行"的特征是，证券发行只针对有限的个人；受要约人具有"自我保护"的能力；受要约人有权使用在登记表上披露的有关发行人的所有信息；没有一般的路演或者广告宣传。由于标准不明确，第 4（2）条的豁免规定，对不谨慎的人来说，永远是一个陷阱。

美国证券交易委员会在 1972 年发布了《144 规则》[1]，试图来改善这种状况，接着在 1982 年颁布了"D 规章"。这些法规为证券注册提供了"安全港"，但并不是为了替换 1933 年《美国证券法》第 4（2）条的法律规定。根据判例法，参与大型商业融资交易的公司被认为具有自我保护的能力，根据其规模和财力，被推定认为具有足够强大的经济谈判能力，能够获取注册应披露的所有信息。因此，从事"私人"证券交易的金融机构和大型公司继续依赖法院对该法规诠释的豁免规定，而不是依赖证券交易委员会制定的安全港规则。

利率互换交易的特征要求当事人享受 1933 年《美国证券法》第 4（2）条规定的豁免待遇。原因是：其一，互换交易面向的受

---

[1] Adopted in SEC Rel. No. 33–5487（Apr. 23, 1974）, 39 F. R. 15261（1974）.

要约人数量有限。其二，互换交易一般不需要路演或广告宣传。其三，参与人是法院推定具有自我保护能力的金融机构和公司。其四，法院推定这些参与人能够获得登记表上披露的信息。然而，随着更小规模的投资者开始参与互换交易，这些交易可能在将来某个时候产生严重的豁免问题。尽管如此，考虑到目前和可能的将来参与者，1933年《美国证券法》第4（2）条规定的豁免注册应当适用于几乎所有的情况。

（三）反欺诈规则

尽管根据1933年《美国证券法》的规定，利率互换交易可以享受注册豁免，但是，利率互换作为一种证券或者证券利息，仍然要遵守1933年《美国证券法》和1934年《美国证券交易法》规定的反欺诈规则。直到1976年，1934年《美国证券交易法》规定的10b-5规则已经发展成为联邦公司实体法，若该规则不适用于证券的购买和销售行为，将具有很大的危险。

美国联邦最高法院1976年关于安永奇诉霍奇菲尔德（Ernst & Ernst v. Hochfelder）案[1]的判决，以及类似限制第10b-5号规则适用的判决，极大地减少了该规则的适用，根据1933年《美国证券法》规定，以欺诈作为诉因起诉的案件可以适用该规则。特别是，关于公司和金融机构之间的利率互换交易，看起来不太可能根据第10b-5规则提出索赔，因为该规则要求证明被告存在主观故意，或者积极的、故意的欺诈意图。然而，如果有证据表明，在互换交易对方当事人对自己的经济状况等重要事实作了虚假陈述，或者遗漏了重要事实的情况下，公司互换方投入了资金，而且承担了信贷风险，那么该法的反欺诈规则可以给公司互换方提供合法诉因来对抗互换交易的对方当事人。

---

[1] Ernst & Ernst v. Hochfelder, 429 U. S. 185 (1976).

第三节　我国互换市场的现状、
　　　　法律障碍与改革思路

一、我国互换市场的发展现状

我国互换市场以利率互换为主要产品。我国达成的第一笔互换协议是 2006 年 2 月国家开发银行与中国光大银行签订的金额为 50 亿元人民币的固定利率与浮动利率互换协议。我国利率互换市场运行第一年的总成交名义本金就达到约 733.33 亿元人民币。[1] 目前我国人民币利率互换交易的浮动端参考利率主要有三种：第一种是银行间质押式回购利率，主要以 7 天回购定盘利率（也称"IRs – Repo"）为基准；第二种是上海银行间同业拆放利率（简称"SHBOR"），这其中又主要分为 3 个月 SHBOR、一周 SHBOR 和隔夜 SHBOR 三种类型；第三种是人民银行公布的一年期定期存款利率。2010 年、2011 年和 2012 年我国利率互换名义价值分别达到 1 231 亿元、2 047 亿元和 2 396 亿元。[2] 截至 2012 年 11 月底，我国未到期的利率互换合约名义本金累积余额约为 2.82 万亿元，占银行间现券市场的 11.61%。[3] 2017 年第一季度，人民币利率互换名义本金当季达到 2.68 万亿元，占全球当季利率互换市场的比例仅

---

[1]　黄宪奇："人民币利率互换出新规"，载《中国证券报》2007 年 4 月 13 日。

[2]　汪昌云编著：《金融衍生工具》，中国人民大学出版社 2019 年版，第 143 页。

[3]　华泰证券股份有限公司、华泰证券研究所："利率互换专题研究系列之一：利率市场也存蓝海"，载华泰证券 2013 年 1 月 23 日。

为 2.62%，发展空间巨大。❶

2008 年 1 月，中国人民银行发布了《关于开展人民币利率互换业务有关事宜的通知》（以下简称《通知》），宣布从当年 2 月起正式开展人民币利率互换业务。根据《通知》规定：利率互换市场的参与者分为三类：第一类是全能型参与者，即具有做市商或结算代理业务资格的金融机构，交易对象不受限制，可与其他所有市场参与者进行利率互换交易；第二类是交易对象相对受限型参与者，即基于自身需求，其他金融机构只能与金融机构进行利率互换交易，而不能与其他市场参与者进行交易；第三类是交易对象和交易目的均受限型参与者，即非金融机构只能与具有做市商或结算代理业务资格的金融机构进行以套期保值为目的的利率互换交易。利率互换交易既可以通过中国外汇交易中心的交易系统进行，也可以通过电话、传真等其他方式进行。利率互换交易实行备案制，金融机构开展利率互换交易需签订《中国银行间市场金融衍生产品交易主协议》，并将其内部操作规程和风险管理制度送中国银行间市场交易商协会和中国外汇交易中心备案。

我国银行间外汇市场于 2006 年 4 月引入人民币外汇掉期交易。当时交易的币种包括美元、欧元、日元、港元和英镑。2011 年 3 月，国家外汇管理局发布《关于外汇指定银行对客户人民币外汇货币掉期业务有关外汇管理问题的通知》（以下简称《通知》）。根据《通知》规定，国家外汇局不再对从事人民币外汇掉期业务的经营资格实施事前审批，凡取得从事人民币外汇掉期业务经营资格满 1 年的银行，可以直接对客户开办货币掉期业务。银行可以自行确定对客户办理货币掉期业务的币种、期限等交易要素。货币

---

❶ 何津津："人民币利率互换市场现状及展望——FICC 业务市场分析系列报告（四）"，载兴业研究 2017 年 8 月 25 日。

互换的利率由双方协商确定，但应符合中国人民银行关于存贷款利率管理的规定。近年来，我国人民币外汇掉期业务增长较快，成交量较大。据统计，2012 年我国人民币外汇掉期交易累计成交金额折合 2.52 万亿美元，同比增长 42.2%。❶ 截至 2020 年 1 月，我国银行间外汇市场掉期会员 188 家，包括大量城市商业银行、中外合资及外资金融机构等。❷

二、我国发展金融互换业务面临的法律障碍

（一）我国没有专门调整互换关系的统一立法

我国目前还没有制定专门调整互换关系的法律。尽管目前存在有关利率互换和货币互换的部门规章，但其级别较低且规定简单，又仅限于利率互换与货币互换中的有限类别，所以，许多与利率互换有关的法律问题尚处于未规定或规定不明的状态。尽管我国的金融衍生交易市场机构经中国人民银行和国家外汇管理局的批准出台了具有单一协议性质的交易主协议，但其本质属于自律性交易规则，其法律效力层级较低。因此，我国目前尚缺乏从基本法层面肯定互换交易主协议及其所形成的附属协议的法律关系性质及效力的明确法律规定。

（二）我国严格的利率和外汇管制制度抑制了互换业务的发展

我国对人民币利率实行存贷有别的管理政策。根据中国人民银行颁布的《人民币利率管理规定》，存款利率由人民银行直接决

---

❶ 央行："人民币外汇掉期交易保持快速增长"，载新华网 2013 年 2 月 7 日。

❷ 钟红、李欣怡："人民币外汇市场交易发展与上海外汇交易中心的建设"，载《中国外汇》2020 年第 7 期。

定和调整，贷款利率由人民银行确定浮动幅度，然后由市场在该幅度内决定。对于外币利率实行比人民币利率更加宽松的管理政策：大额外币存款利率［300 万以上（含 300 万）美元或等值其他外币］由金融机构与客户协商确定；小额存款（300 万美元以下）利率，以人民银行公布的外币小额存款利率为上限，由各金融机构根据国际金融市场利率变化情况自主进行确定。❶ 外币的贷款利率则全部放开，各种外币贷款利率及其计结息方式由金融机构根据国际金融市场利率的变动情况以及资金成本、风险差异等因素自行确定。❷

　　我国的外汇政策是实行经常项目外汇可兑换，资本项目外汇严格管制的政策。由于我国对利率与汇率实行严格的管制，导致我国开展金融互换业务存在基础不足的先天缺陷。而国际上金融互换赖以存在的利率汇率体系，是一种市场化、多层次、多结构的利率（汇率）体系，它包括即期、短期、中期、长期、浮动、固定、批发与零售等多种类型。市场化的利率形成机制是金融互换价格合理形成的重要参照系与基础，如国际金融互换市场上的浮动利率报价就是常以 LIBOR 为基础的。我国利率互换定价的参考利率是经中国人民银行授权全国银行间同业拆借中心发布的，在全国银行间债券市场具有基准性质的市场利率和中国人民银行公布的一年期定期储蓄存款利率等。❸ 也就是说，我国利率互换的利率不是由市场确定的，而是中国人民银行决定的管制利率。因此，我国的利率与汇率形成机制与西方成熟的市场利率机制还存

---

❶ 《中国人民银行关于外币利率管理问题的通知》（银发〔2003〕227 号）。
❷ 《关于改革外币存贷款利率管理体制的通知》（银发〔2000〕267 号）。
❸ 《中国人民银行关于开展人民币利率互换交易试点有关事宜的通知》（银发〔2006〕27 号）。

在较大的差距，这严重制约了我国金融互换业务的发展。

（三）我国互换交易主协议与 ISDA 规则存在差距

国际互换及衍生工具协会（ISDA）❶ 发布了一系列适用于互换交易的标准化文件，以推动互换业务的标准化。目前，ISDA 制定的一系列重要的互换交易标准化文件主要包括：主协议，如《1987 年利率互换主协议》《1992 年 ISDA 主协议》《2002 年 ISDA 主协议》；定义手册及其使用指导手册，如《1991 年定义手册》《2000 年定义手册与附件》《1992 年主协议用户指导手册》；信用支持文件及其用户指导手册，如《1994 年担保权益——纽约法下 ISDA 信用支持附件》《1994 年信用支持附件用户指导手册》《1995 年担保权益——英国法下 ISDA 信用支持附件》等。❷ 这些标准化协议是互换制度主要的国际法渊源。

目前我国调整金融互换的交易主协议是中国人民银行和国家外汇管理局分别授权或批准发布的 2007 年版的交易主协议和 2009 年版的交易主协议。这两份主协议与 ISDA 规则相比，还存在一定的差距，主要表现如下。

1. 交易币种和参考利率远少于 ISDA 规则

我国的互换交易方式仅限于人民币利率互换，银行间外汇市场只开办人民币对美元、欧元、日元、港元、英镑五种货币兑换的货币掉期业务以及 9 种外币（美元、英镑、欧元、港币、日元、新加坡元、瑞士法郎、加拿大元、澳大利亚元）间的互换交易。

---

❶ ISDA，原名为"国际互换交易者协会"，后因金融衍生交易的蓬勃发展，由原来仅发布互换交易的标准化文本及相关手册发展为发布整个金融衍生交易的标准化文本与相关手册，ISDA 也因此更名为"国际互换与衍生工具协会"。

❷ 林琴：《金融互换法律制度研究》，湖南师范大学 2013 年硕士学位论文，第 11 页。

而 ISDA 适用的货币种类和参考利率远多于我国的互换交易。

2. 我国互换的审批制与 ISDA 的自由创新制存在差距

如前所述,根据《通知》第 6 条规定,利率互换既可以通过中国外汇交易中心的交易系统进行交易,也可以以电话、传真等方式进行场外交易,但是,未通过中国外汇交易中心进行互换交易的,金融机构必须于下一工作日 12: 00 以前将利率互换交易情况向中国外汇交易中心备案。该条把未通过交易系统的交易也纳入中国外汇交易中心的统一管理之中,从而排除了不受中国外汇交易中心管理或控制的交易的可能性,以防止出现未受审批的交易。另外,国家外汇管理局对人民币外汇货币掉期业务也实行备案制度。具备资格的境内机构,在开展人民币外汇货币掉期业务之前,应通过中国外汇交易中心向国家外汇管理局备案。因此,我国所有的外汇货币掉期业务应当报中国外汇交易中心备案统计与监管,防止出现未经审批的交易。这与互换的场外交易特性不符,也与 ISDA 规则蕴含的自由交易与自由创新的基本精神相违背。

3. 主协议的适用范围不同

ISDA 规则允许交易者选择适用其主协议,而我国现行规章与交易主协议则强调交易者必须根据其示范文本签订交易主协议,即在协议的适用范围上有强制性的规定。另外,我国现行交易主协议规定,协议所适用的法律必须是中国法,而 ISDA 主协议却允许当事人自由选择适用的法律。这导致我国的互换交易主协议在制度竞争中处于劣势,阻碍了我国互换市场的发展。

三、推动和规范我国金融互换市场发展的构想

(一) 应该大力推进我国利率和汇率市场化进程

我国利率改革的长远目标是建立以市场资金供求为基础,以

中央银行基准利率为调控核心的市场利率管理体系。目前我国在进一步推进利率市场化改革，自 2013 年 7 月 20 日起全面放开金融机构贷款利率管制，但对存款利率目前还是实行严格管制政策，这不利于银行等金融机构之间展开竞争，不能充分发挥市场的资源配置功能。

目前我国的外汇政策是对资本项目外汇实行严格管制，这严重阻碍了我国人民币的国际化进程。据统计，截至 2013 年 5 月，离岸市场人民币存款存量占全球离岸市场存量的 1% 都不到；尽管人民币结算如火如荼地展开，但人民币结算额度 2022 年占比提升至 18.1%，2021 仅为 14.7%；尽管人民币国际使用的规模不断增加，但发展缓慢，且对于全球大宗商品没有话语权。❶ 因此，必须加快人民币国际化进程，开放离岸市场，实现资本项目可兑换，汇率完全市场化。只有这样，互换业务开展的前提条件才具备，我国的互换市场才能得到充分发展，逐步成为一个与国际接轨的成熟市场。

（二）我国金融互换主协议应与 ISDA 规则接轨

我国的互换交易者协会要尽快争取加入国际互换及衍生工具协会（ISDA），成为其会员，获得 ISDA 的支持和指导。我国的金融互换主协议规则要尽快与 ISDA 规则接轨，允许当事人自由协商变更主协议的条款及各项交易内容。同时，允许当事人自由选择适用准据法，允许当事人协商变更协议条款，这些条款应该包括被我国当前禁止选择的金融衍生品定义条款、终止货币条款、交易定义条款和生效日条款。

---

❶ 丁剑平："人民币国际化路径渐行渐明"，载《国际商报》2013 年 5 月 30 日。

（三）允许当事人选择单一协议文本

为了加强对互换交易的监管，《中国银行间市场金融衍生产品交易主协议》及相关文件规定我国的交易方只能采用本国的主协议和信用支持文件，这构成对当事人意思自治的限制，不利于我国互换业务的发展。在互换协议条款内容的确定方面，建议我国立法赋予当事人更多的意思自治权，允许当事人选择不同国家的主协议文本或是允许当事人以确认书或附件方式对协议内容进行必要修改。

第七章

资产证券化

第一节　资产证券化概述

一、资产证券化的概念与类型

（一）资产证券化的定义

证券化是始于 20 世纪 70 年代的将不具有流动性的债权转化为证券的一场大规模运动。它指的是把第三方的债权转化为可交易的证券。[1] 近些年来，资产证券化市场迅速发展，据中国资产证券化分析网（CNABS）统计，2022 年中国资产证券化市场共发行资产证券化产品 1 717 单，发行总规模为 19 905.02 亿元。[2] 第三方债权往往为公司收取未来款项的权利，公司将这些收取未来某些款项的权利集中在一

---

[1] ［美］塔玛·弗兰科：《证券化：美国结构融资的法律制度》，潘攀译，法律出版社 2009 年版，第 1 页。

[2] 孙兆："业务再扩围，我国资产证券化前景广阔"，《中国经济时报》，2023 年 3 月 15 日第 004 版。

起，并以证券的形式出售。这些未来款项一般称为"应收账款"，拥有这些应收账款的公司被称作"发起人"。发起人将这些应收账款集中起来并证券化，然后，再将它们转让给新成立的特殊目的实体（SPV）。SPV 通常只能拥有、发行和交易证券化资产，而不得从事任何其他业务。发行证券的收入被用于支付被证券化资产的价格，并向投资者提供回报。

SPV 既可以发行股票，也可以发行债券。当 SPV 发行股票的时候，证券持有人对应收账款享有所有者权益，按比例接受应收账款产生的现金流，享受 SPV 贷款资产中的全部利益并承担全部风险，而 SPV 仅扮演"过手型"实体的角色。相比之下，当 SPV 发行债券时，证券持有人将以应收账款预期的现金流为基础，获得固定的收益，同时，以这些应收账款作担保，而 SPV 仅扮演一个"支付型"实体的角色。银行将贷款卖给 SPV 后，贷款银行就从交易中消失了，出售即告完成。

除了能够发行不同种类的证券之外，SPV 也可以改变证券的付款条件。比如，将以固定利率发行的债券改为以浮动利率发行。同样，SPV 可以分拆应收账款的付款流，并以这种分拆为基础，发行各种不同付款条件的证券。例如，就抵押贷款支持证券来说，一只证券可以从抵押贷款的本金中获得支付，同时另一只证券只能从利息中得到支付。因此，SPV 能够同时发挥多种功能或者以不同的方式使用证券化资产。证券化的债券和没有证券化的债券之间的主要区别就是：没有证券化债券的本金和利息支付依赖于发行债券公司的财务状况，而证券化债券则依赖资产池产生的现金流。

根据资产的类别不同，资产证券化可以分为下列六大类：实体资产证券化，包括矿产资源、生产设备，以及飞机、汽车等；❶金融资产证券化，包括银行各类贷款、信用卡账款、汽车贷款等；知识产权证券化，包括版权、著作权、专利权证券化等；特许经营权证券化，比如，1998 年 6 月，美国马萨诸塞州将未来联邦公路补助收入证券化，创立了一种新的资产支持证券；❷应收账款证券化，比如，公司发行有关医药处方、医疗账户和出租车行业的应收账款支持证券；不动产抵押贷款证券化，这是引发 2008 年全球金融危机的一种主要资产证券化类型。

（二）证券化与保理的区别

传统上在纺织和服装行业使用的保理业务，与证券化类似，需要出售应收账款以产生现金流。考虑到这两种融资方式表面的相似性，对比两者的适用条件是有意义的。

保理业务是指保理商从与之签订保理合同的委托人一方购买应收账款，委托人承担应收账款不能偿付的所有风险的契约关系。保理商会根据合同约定的日期按月为购买的应收账款付款，这个日期经常被称为"平均到期日"或者"调整的平均到期日"。顾客会立刻得到通知：应收账款已出售给保理人，应按约定将所有款项直接支付给保理商。

在保理交易中，典型的保理商是那些已经存在的信贷公司，这些信贷公司通过从委托人处购买应收账款的方式来获利。相反，证券化通常涉及建立具有破产隔离功能的特殊目的实体（SPV），这些 SPV 从发起人那里购买应收账款，并在资本市场上发行资产

---

❶ 朱崇实主编：《资产证券化的法律规制：金融危机背景下的思考与重构》，厦门大学出版社 2009 年版，第 32 页。

❷ 阳东辉："我国音乐版权证券化的法律困境及其破解之道——基于美国经验的启示"，载《法商研究》2014 年第 1 期。

支持证券。但是，保理商依赖自己在收款方面的专业性来降低损失风险，而 SPV 则是通过购买违约率可预测的优质应收账款来将风险最小化。当然，证券化和保理业务之间的差异并不是那么泾渭分明，在某些情况下，这种差异已经开始模糊了。例如，当 SPV 通过非资本市场渠道，而不是通过发行证券融资的时候；或者保理商通过发行资本市场证券的方式来融资的时候，证券化与保理业务之间的差异就很小。

尽管如此，传统的保理业务并未过时。对许多中小企业来说，设立 SPV 或发行债券的成本太高，使得它们难以采用证券化的方式融资。在这种情况下，保理业务明显具有低成本融资的优势。

医院当前面临着保理业务和证券化技术间的选择。医疗应收账款数额巨大，相对而言是尚未开发的、可以用来满足医院融资需求的资产来源。保理业务和应收账款证券化哪一个更有效呢？1991 年的一项研究比较了医疗领域实行证券化的优势和劣势。作者指出，传统的保理业务通常以 5%～10% 的折价购买应收账款，同时收取应收账款售价15%～20% 的保理费。另外，保理业务不需要提前支付所有款项。因此，作者估计，证券化能够提前支付高于传统保理业务30%～40% 的资金。❶ 融资的差异主要源于保理商要求较大的折扣以保证自身的利润。而 SPV 通过资本市场融资，将证券出售给众多投资者，起着天然地分散风险的作用。

在某些情况下，相比单一的传统证券化或保理业务，将证券化原理和保理相结合可以获得更低成本的融资。比如，医院和中小企业可以通过诸如"可分割利润"的结构安排获利，这类结构可以提供资本市场融资，同时不需要增加成本来设立中介性质的

---

❶ Sandra Ferconio & Michael Lane, *Financing Maneuvers：Two Opportunities to Boost a Hospital's Working Capital*, HEALTHCARE FIN. MGMT. , Oct. 1991, at 80.

特殊目的实体（SPV）。

在可分割利益的结构中，发起人会以约定好的价格出售相当于全部回笼资金的应收账款池的权益，该回笼资金数额必须达到"触发点"（也有可能以高于触发点回笼资金的一定百分比）。一旦购买价格固定下来，无论实际回笼资金如何变化，都不会再作调整，因为这种转让是直接从应收账款的发起人转移到证券的发行人，因此，不需要像双层结构那样创建具有中介性质的 SPV。因此，可分割利益结构允许众多发起人以单一的证券化形式建立他们的应收账款池，以实现规模经济效益。它也能够降低双层结构的交易成本（如双重档案、建立中介性质的 SPV 及其资本化、任命独立董事）。因此，将证券化和保理的概念结合起来可以产生创新和协同的结构和方法。

二、资产证券化的功能

（一）增加资金流动性

资产证券化的首要功能是以让发行人立即获取现金的方式增加资金的流动性。根据定义，证券化过程是将未来的收益转化成当期现金，这种转化能让实体立即确认这些资产的用途和价值，包括当期的业务需求。增加资金流动性能让公司支付债务，优化短期和长期的现金流计划，使公司将资金集中到研究、投资、收购和其他项目上。

通过资产证券化，发行人将证券化资产的拒付风险全部转移给了 SPV。依据公认会计原则（GAAP），这种转移意味着拒付风险不再是发行人资产负债表上的或有负债。此外，这种转移让发行人不再需要保留资产负债表中用于预防拒付风险的准备金。也就是说，发行人能够将证券化资产的相关风险从资产负债表中移走，从而释放一批风险准备金，发行人可以把节余的准备金用于生产经营，进而提高公司资产的流动性。事实上，这种功能是资产证券化爆炸式增长的重要驱动力。

（二）降低资金成本

资产证券化的另一个好处是，它能够满足低利率高信用评级的要求。高信用评级十分重要，它使利率更低，有利于吸引投资者购买证券。信用评级机构以预测该证券是否能够及时偿付为基础，对证券进行评级，最高的信用评级表明该证券具有及时和足额偿还的高度确定性。特定证券可以评估为不同等级，这当中最有价值的是区分"投资级"和"低于投资级"。被评为"投资级"的证券可以以比其他资金来源更具竞争力的低利率发行。另外，许多受监管的实体，比如保险公司和金融市场互助基金可能会受限制，因为低于一定等级的证券不能投资。

为什么资产证券化能够使证券获得更高的信用评级呢？一般认为至少有以下三个理由。

第一，评级机构往往积极参与证券化过程，在证券化的筹备阶段，发行人通常会向评级机构咨询，这些机构能够帮助证券化资产获得最高的信用评级。评级机构常常会发布有关这种交易的详细操作指南，确保公司使用信用增强和其他手段巩固信用等级。信用增强，如同第三方的信用证或者 SPV 的超额担保，使证券化资产更加稳定，从而提高证券的质量。评级机构的积极参与有助于发行人实施信用增强手段，使他们的交易能够获得最高的信用评级。

第二，资产证券化能够让公司将有价值的应收账款转移给 SPV，以便评级机构关注证券化资产的质量，而不是公司本身的信用。正如美国学者希尔（Hill）所言："资产证券化是从低评级的公司中提取出一些应收账款；它留下公司和它的不良资产。"❶ 因此，资产证券化能让信用度不高的公司发行高信用等级的证券。已经宣告破产的公司可以通过资产证券化的方式建立良好的信用记录而获益。此外，没有信用记录的公司可以通过这种方式建立有利的信用等级。通过将注意力从经济不稳定的公司中转移，证券化能够使这种公司发行较高信用等级的证券。

第三，证券化过程可以将有关证券资产的信用风险降到最低，从而提高证券的信用等级。典型的金融交易通常包含多种信用风险，比如可能出现的拒付、破产或者无法预见的负债，这些会对评级机构对证券的评估产生负面影响。成功的资产证券化一方面可以降低发起人的破产风险，另一方面可以降低证券化资产的负债风险。前者是指通过破产隔离机制将证券化资产独立于发起人资产，从而降低将证券化资产纳入发起人债权人的破产债权范围的可能性。后者是指一旦发行人把资产转移给 SPV，信用风险将局限于与证券化资产池有关的信用风险，与发行人风险相隔离。当资产被证券化以后，发行人将来的未知或不确定事件不会改变投资者的投资质量，投资者不会受发行人难以预测的商业行为的影响，同时，投资者的风险仅局限于与资产池明显有关的风险。❷

资产证券化过程产生的更高信用评级，可以为这些交易提供更低的实际利率。这种低利率降低了公司的融资成本，因此，公司通过证券化能够获得更多的货币或资本。高信用评级和低利率的结合使得很多公司的证券化交易具有更高的经济效益。

---

❶ Hill, *Securitization: A Low - Cost Sweetener for Lemons*, 74 WASH. U. L. Q. 1061, 1073 (1996).

❷ 阳东辉："我国音乐版权证券化的法律困境及其破解之道——基于美国经验的启示"，载《法商研究》2014 年第 1 期。

（三）融资选择的多样性

证券化为发行人提供了进入资本市场的渠道，使其资金来源更加多样化。应收账款本身并不适合作为资本市场证券，因为应收账款需要大量的高成本的评估和监管。然而，证券化能让公司把特征类似的应收账款集中起来，使评估更加容易和富有效率。因此，证券化能让拥有价值的应收账款的公司更加有效地进入资本市场募集资金。在所有的金融市场中，资本市场是参与度最深和流动性最强的市场，这里不仅有数量最多的投资者和巨大的交易量，而且有成本最低的融资渠道。证券化对于很多公司和个人来说，是进入这种渠道的唯一机会。

公司和投资者因资产证券化带来的多样化的投资选择、更强的流动性和更高的信用评级而受益。为了获利，公司和个人对于资产证券化充满无限创新的想象力。版税支持证券就是该市场中最新出现的一种证券，它能为文化产业的繁荣和发展提供巨大的资金支持。

三、资产证券化的运行机理

一家公司若想通过证券化方式融资，首先需要确定哪些是能够用来融资的资产。这些资产通常代表在未来某个日期有权获得付款，一般被称为"应收账款"。发起人通常是拥有"应收账款"的公司。应收账款能否按时收回是衡量它们价值的一个重要因素。只要发起人能够合理地预测总体的违约比例，即使是那些存在某些不可回收风险的应收账款，也可以证券化。因此，只要收回是可预测的，一个拥有很多债务人的应收账款池，通常比那些只有少数债务人的应收账款池更受欢迎。

在确定了用于证券化的资产之后，发起人就会将那些应收账款转让到一个新设立的特殊目的公司、信托或者其他依法设立的单独实体——通常被称为特殊目的机构或者特殊目的的实体（SPV）。这种转让的目的是把应收账款与发起人有关的风险相分离。为此，发起人经常会把这种转让结构化以便构成"真实销售"，根据破产法的规定，这种真实销售可以使应收账款与发起人的破产财产隔离开来。

为了筹集资金购买这些应收账款，SPV 会在资本市场上发行证券。但是作为资本市场上发行证券的主体，SPV 必须具有"破产隔离"机制才能获得市场投资者的认同。在这里，"破产隔离"意味着 SPV 能够免受发起人破产的不利影响。

为了实现破产隔离，SPV 的组织机构会严格地限制自己的经营活动范围，以防止债权人（不包括 SPV 证券的持有人）对 SPV 提出非自愿破产请求。此外，一个由发起人拥有或者控制的 SPV 通常会被要求至少有一名独立董事。同时 SPV 还必须遵守所有合适第三方与发起人签订的正式协议。这些额外的步骤有助于降低风险，这些风险包括因发起人破产导致 SPV 自愿申请破产的风险，或者说服破产法院行使衡平法的权力，将 SPV 的资产与负债与发起人的资产和负债进行实质性合并的风险。

由于 SPV 通过发行证券的方式募集资金，并且使用从发起人处购买的应收账款在未来偿还投资者。因此，大部分投资者只关心这些应收账款产生的现金流，而很少关注发起人的财务状况。当融资成本（通常以 SPV 证券的利率反映）低于发起人其他直接融资方式的成本时，证券化是最有价值的。资产证券化的目的就是以风险隔离方式，在资本市场上获得低成本的融资。

SPV 债券所获得的"评估等级"直接影响 SPV 证券的利率。而这种评级又是由许多独立的、受到投资者广泛认可的那些私人公司，也就是"信用评级机构"所决定的。考虑到大部分的投资者没有时间和资源去全面而完整地调查他们所要投资的公司的财务状况，这里不包括某些进行非公开配售的机构投资者（下面讨论），这些信用评级机构有着特殊的意义。投资者依靠这种评级来确定他们在某项投资上所能获得的最低回报。

债券评为"投资级"的公司通常能够以具有竞争力的，甚至比银行贷款等其他普通融资方式更优惠的利率在资本市场上发行证券。就评估等级而言，公司的评级越高，公司的筹资成本就越低。之所以成本降低是因为投资者愿意在这种低利率的情况下购买公司的证券。如果发起人的债券评级在投资级以下或没有评级，则必须通过具有投资级的特殊目的实体（SPV）来融资。如果SPV发行具有较高投资级的债务证券，那么它就能够显著地降低发起人的利率成本。

证券化虽然可以实现低成本融资的目的，但并不一定适合所有的公司。如果一家公司的财务状况极不稳定或濒临破产，此时证券化所能起到的作用就很小。这时，SPV面临比发起人的普通破产管理人更高的风险，同时，风险规避型的投资者往往会避开这种交易。

然而，要确定发起人能否通过证券化节约整体成本，还必须进行以下两方面的成本比较：通过SPV发行证券的应付利息是否大于非证券化融资的应付利息？不同融资方式的交易成本之比较，因为不同的证券化方式之间交易成本的变化很大。

资产证券化需要经过许多阶段。第一，发起人应该建立一个信贷资产池，并成立特殊目的的信托（SPT）。第二，信贷资产必须转移到SPT，并任命一个受托人，受托人通常为信托公司和投资公司。第三，发起人和受托人必须签署信托合同，明确规定双方当事人的权利义务、信托期限、管理信贷资产的方法以及受益人接收信托利益的方式。第四，受托人以向机构投资者发放信托受益人证书的形式，发行资产支持债券。然后，国家金融监管部门将根据法律、信用评级报告、会计报告和法律意见，决定受托人是否可以在国内银行间债券市场发行资产支持证券。第五，这些资产产生的收益将被用来支付资产支持证券的利润。这整个过程都将受到国家金融监管部门的监督。

(一)"一次性"证券化结构

"一次性"证券化结构是指 SPV 为特定的发起人和特定的交易量身定做证券化的具体结构和发行的证券类型。然而，由于"一次性"证券化结构是量身定做的，因而它们的交易成本可能很高，远远达不到降低成本的规模经济效益。此外，为了防止发起人承担资本不足的 SPV 债务，税法和会计准则规定了资本的最低限额，通常为已发行证券金额的 1%~3%。❶ 相反，多卖方证券化管道模式只要求名义资本，因为卖家的多样性降低了 SPV 被视为任一卖方另一个自我的风险。鉴于存在以上差异，只有在逐项比较成本和其他动机之后，才能确定到底是"一次性"证券化结构模式，还是多卖方证券化管道模式对特定的发起人更有利。

目前，"一次性"交易的结构有多种方式，而新的结构只受相关专家创造力的限制。虽然尝试将所有可能的结构进行分类超出了本书的范围，但如果要进行分类的话，可以从确定 SPV 发行的证券种类开始。

企图进行中长期融资的发起人经常通过"证券化私募交易"

---

❶ Steven L. Schwarcz, Feature: The Alchemy of Asset Securitization, Stanford Journal of Law, Business & Finance, Fall, 1994, P. 138.

的方式，利用一次性结构模式，为特定交易成立 SPV，同时，向复杂的机构投资者（如保险公司）发行中长期的票据。此外，投资者的经验也为应收账款类型和结构的创新提供了条件。只有在投资者要求的情况下，SPV 的证券才需要评级。由于私募证券不能自由交易，所以，这种证券的利率往往高于正常的标准。

但是，那些拥有高质量应收账款或者获得信用增强的投资级发起人，可以通过 SPV 向投资者公开发行长期证券。然而，这种公开发行的交易成本是比较高的，不仅要求 SPV 专门为融资而设立，还必须向国家金融监管部门提交登记声明。与那些几周之内就能完成的私募证券相比，向美国证券交易委员会注册就需要几个月的时间。此外，要求满足《美国联邦证券法》披露义务的尽职调查要求也令人生畏。正因为如此，在美国，金额不足 5000 万美元的很少采用公开发行证券的方式，它更常见于金额在 1 亿美元以上的交易。❶

这种"一次性"证券化结构证券的偿付，通常由作出评估结论的第三方评估机构提供全部或部分担保。这些第三方机构有银行（通过签发信用证的方式），也有保证公司（通过履约保证的方式）。这些提供担保的机构，我们通常称之为信用增级机构。它们自主决定是否对某个对象进行增级以及如何收费。尽管获得信用增级会增加交易成本，但是最终结果可能是降低总成本，因为经过信用增级的证券能够获得更高的信用评级，从而使这类证券的利率更低。

（二）多卖方证券化管道模式

"多卖方证券化管道模式"使得发起人有机会通过利用普通的 SPV 方式，来最小化交易成本。这些管道通常由商业银行或投资

---

❶ Steven L. Schwarcz, Structured Finance, A Guide to the Principles of Asset Securitization (Practising Law Inst. 2d ed. 1993), at 62 n. 156.

银行管理，通过允许多个发起人向单个事先成立的 SPV 出售应收
账款的方式，实现交易成本的规模经济效应。

迄今为止，大部分的多卖方证券化管道模式只接纳投资级的
发起人。这种有选择性的制度降低了因某个发起人破产而可能对
其他发起人产生不利影响的风险，当然，由于有破产隔离机制的
存在，这种风险出现的可能性已经不大。但是，近几年，少数多
卖方证券化管道模式开始接纳那些债券评级在投资级以下的发起
人。因此，现在越来越多的发起人能够享受因规模经济效应带来
的交易成本优势。

同"一次性"证券化结构模式一样，多卖方证券化管道模式
也能通过信用增级和"流动性"便利获益。多卖方证券化管道模
式通常发行的是短期证券，如商业票据。评级机构在对这些短期
证券评级时，不仅要考虑最终的违约风险，同时还要考虑及时支
付的可能性。因此，评级机构经常会要求有信誉的第三方担保按
期支付，以达到信用增级的目的。

"流动性"便利是指在不能收回应收账款或重新发行商业票据
来支付到期的短期债券的情况下，由银行提供流动资金，确保多
卖方管道模式在现金流不足时有可用的流动资金来履行短期财务
义务。收回应收账款后，再偿还给流动资金的提供者。

第二节　资产证券化带来的威胁

一、资产证券化助长了表外融资

最近，资产证券化受到一些学者的批判，因为它将实质性风
险从发起人身上转移，促进了表外融资。这意味着由 SPV 融资购

买金融资产的资金，不必作为负债记载在发起人的资产负债表中。安然公司的滥用行为暴露了表外融资的缺陷。虽然所有引起麻烦的安然公司的交易行为都没有涉及资产证券化，但是，"最常见的特殊目的实体是证券化交易中使用的 SPV"的这一事实毁坏了资产证券化的名誉。

正因为这种污名化，政治家对资产证券化失去了正确的判断力。例如，在安然事件出现后不久，美国国会从悬而未决的破产改革法案中删除了期待已久的"安全港"条款，该条款明确了资产证券化交易中销售的构成要件。

资产与负债的典型区别是会计准则的基础。然而，大多数金融衍生工具既不是资产，也不是负债，因此，对金融衍生工具交易通常存在不同的会计处理，虽然金融衍生工具在经济上等同于特定的资产或负债（或其他金融衍生工具交易）。要让会计界和各种监管机构共同确保金融衍生工具在经济上作为资产或负债处理，这是很困难的，成本高昂而且费时。例如，只有当金融工具被定义为证券时，才会产生披露要求；对于许多金融衍生工具来说，是否需要进行信息披露是不明确的。关于收入的分类以及资产负债表和上市公司收入报表上有关具体项目的处理也存在类似的问题。

二、资产证券化增加了央行稳定币值的难度

证券化能够以两种方式使中央银行的货币控制失去作用。第一，证券化使得非银行金融机构能够借款和放贷，从而使银行之外的创造货币成为可能。证券化使得大大小小的公司都变成金融机构，并绕过了银行。这些非银行金融机构在商业票据市场上能够与银行争夺资金，因为高度流动的短期票据和非银行金融机构

债券能够吸走银行存款，而且这些机构还不用遵守中央银行的存款准备金要求，不受央行货币政策的控制。第二，证券化能够提高货币的周转率，达到扩大货币供应量的效果。证券化降低了货币支付成本，增加了流通货币。分割式和汇集式的证券化使得银行能够出售其贷款，减少存款，同时，通过增加小额存款的周转率，在规避央行货币政策工具的同时，实现信用扩张的效果。因此，资产证券化增加了中央银行利用货币政策工具稳定币值的难度。

三、资产证券化使金融机构承担更多的成本和风险

资产证券化可能产生很大的成本，从而导致福利的重新分配，将资金从借款人和贷款人手里转移至金融中介机构手里，部分是通过增加酬金的方式。安排资产证券化需要时间和金钱，尤其是要向交易商或其他中介机构支付巨额的费用。另外，在交易完成以后，投资者要继续承担监控市场和其他证券化交易的成本。

资产证券化还存在较大的委托代理成本问题。非银行金融机构和金融中介机构的高级管理人员和雇员明显具有不同的激励结构。经理等高级管理人员更不愿意承担有关资产证券化交易的风险，尤其是当他们不了解自己公司购买的资产证券化产品时，或者当他们已经向公司投入过多的人力或金融资本时。相反地，低级别的雇员可能会有一种比较短浅的回报视野，或者说希望冒更大的风险，而主动把他们的工作视为一种"免费选择"，实际上就是想搭资产证券化产品的便车。特别是 SPV 被迫尽可能地披露风险，以使自己的补偿最大化。毫无疑问，考虑到这些不同的激励结构，金融产业会周期性地遭遇不端行为侵害。

证券化使得金融机构发放贷款旨在出售，而非投资，这可能

增加金融机构的不审慎行为，同时，由于贷款支持证券的多数投资者都是机构，因此，在竞争性的环境中，它们不审慎投资的倾向可能上升。❶ 在资产证券化过程中，个别银行确实会选择将质量较差的资产进行资产证券化，甚至贷款支持证券发起银行因信用风险转移而放松对贷款的贷前调查和贷后监控，并不断降低放贷门槛，而使整个金融体系风险增大。

20 世纪 70 年代和 90 年代，资产证券化和信用衍生品相继发展起来，使得风险转移突破性地由市场风险发展到信用风险。尤其是随着担保债务凭证（CDO）等结构化金融技术的发展，信用风险转移技术向更加高级、复杂，也更加危险的方向发展，最终引爆了 2007—2009 年的全球金融危机。❷

四、资产证券化产生高昂的信息成本

证券化产生了新的、未经考验的和有风险的产品。这些产品可能非常不稳定，反映甚至放大了市场利率的波动。证券化贷款面临的风险并非银行曾经处理过的传统风险。由电脑操控的 SPV 现金流证券，如果没有专家和设备的帮助，就复杂得难以理解。投资者为了获得充足的资产证券化交易信息，需要花费很大的成本，因此，资产证券化产品的交易人可能选择在信息不充分或不完整的情况下，作出有关资产证券化投资和交易的决策。另外，错综复杂的监管网络和专业的金融衍生工具术语需要大量的经过专业训练的人才，甚至需要专门的资产证券化执业律师才能进行

---

❶ ［美］塔玛·弗兰科：《证券化：美国结构融资的法律制度》，潘攀译，法律出版社 2009 年版，第 94–95 页。

❷ 陈忠阳："巴塞尔协议Ⅲ改革、风险管理挑战和中国应对策略"，载《国际金融研究》2018 年第 8 期。

实际交易。尤其汇集式的资产证券化使得投资者负担很高的信息成本，因为 SPV 持有许多不同借款人的非流动性贷款，而这些借款人的贷款文件非常复杂，信用状况千差万别，投资者很难作出全面、准确的判断。

另外，证券化贷款需要非常复杂、专门的知识，而投资者并不掌握这些知识。因此，投资者必须依赖专家、评估师和评级机构评估 SPV 资产，这让投资者可能面临遇人不淑的潜在风险。而资产支持证券可能更加复杂，它们需要完全披露 SPV 资产的信息，依赖高水准的专家以及适当的软件确定并核实该证券的分析基础及价格表现。❶ 如果资产支持证券是为特定客户定制的，或者是以私募方式出售给投资者的，那么还存在缺乏市场价格，无法准确评估的问题。甚至可以说，即使是最成熟的资产证券化产品购买人实际上也常常存在信息不足的问题。简而言之，由于资产证券化存在严重的信息不对称问题，导致产生高昂的信息成本。

第三节 我国资产证券化的法律实践与改革之路

一、我国资产证券化的实践与立法

（一）我国的资产证券化实践

资产证券化在美国成功推出之后，许多新兴市场经济国家纷纷效仿。国外的经验能够为我国设计和发展自己的证券化法律和

❶ Jereski, What Price CMOs? Funds Have No Ideas, Wall St. J. at C1, C5 (Apr. 12, 1993).

经济框架提供借鉴。然而，中国引进证券化的概念和做法时，有自己特殊的需求和议程安排。资产证券化在美国产生的最主要原因在于增加资产的流动性，然而，我国引进资产证券化的主要目的是矫正国有银行的不良贷款问题。因此，资产证券化成为我国经济改革中的一个关键性步骤。证券化试点项目的成功将会为中国银行业的改革和处置国有公司的不良贷款问题提供新的机遇。银行在中国证券化进程中扮演了至关重要的角色。有两个关键问题必须回答：第一，银行开展证券化业务的动机是什么？第二，银行是否能够为投资者们推出具有吸引力的证券化产品？下面简要分析之。

我国实行多年的政府指令性贷款导致四大国有商业银行——中国银行（BOC）、中国建设银行（CCB）、中国农业银行（ABC）和中国工商银行（ICBC）均存在许多不良贷款。1999 年，为了转移和处置这四家银行的不良资产，我国设立了东方、信达、华融、长城四家资产管理公司。在随后 1 年时间里，这四家资产管理公司共收购了 1.4 万亿元的不良贷款，但收债效果并不理想。截至2019 年末，我国商业银行不良资产规模已达 2.41 万亿元，❶ 收回不良贷款将会是一个艰巨的挑战。

资产管理公司找到的一个办法就是把不良贷款重新打包成可转让的资产，并且将它们以证券化的方式出售给投资者们。然而，很多人对该计划表示怀疑，认为这种打包对投资者没有吸引力。增加这些打包吸引力的方法之一是，提升该打包的信用等级。如果这样的话，债务证券化的收益就很可能会被增强信用而增加的成本所抵销。

---

❶ 银保监会官网：《2019 年四季度银行业保险业主要监管指标数据情况》，2020 - 02 - 18。

　　然而，中国政府和银行已决心推行资产证券化，并把处置国有银行的不良贷款作为首要目标。中国建设银行和中国开发银行宣称，启动信贷资产证券化试点项目的目的是提高它们的信用、增加资本充足率和限制借贷风险。中国的资产证券化存在一种风险，即它可能成为一种功能单一的工具。它的其他功能，包括增加资产流动性和提高资产分配效率，可能会被认为是次要的，进而被忽视。因此，在我国，证券化可能为一种错误的思想所引导，即认为任何数额的债务都可以证券化。然而，中国并不是唯一重视引入资产证券化以减少不良贷款为目的的国家。事实上，在许多国家，尤其在亚洲和拉丁美洲地区，利用证券化控制不良贷款是一种很普遍的做法。而中国和其他国家之间资产证券化的区别主要在于，中国将证券化作为帮助银行业改革的重要手段。证券化将对中国未来的经济生活产生深远的影响。

　　从逻辑上讲，在新兴市场经济国家，为了增加投资者对证券化产品的信心并确保证券化的成功，最好是先引进一些低风险和高安全性的证券化债券。在中国，抵押贷款业务迅速发展，2022年，我国住房抵押贷款市场规模为22.3万亿元。❶ 抵押贷款具有稳定的现金流和高信用评级。虽然抵押贷款证券化可以为投资者提供一个更具吸引力的金融产品，然而，中国的商业银行并不十分热心于抵押贷款证券化，因为抵押贷款的违约率较低，因此被认为是较安全的贷款。此外，由于中国居民可利用的投资渠道有限，所以大部分居民选择将积蓄存入银行。所以中国的银行并没有巨大的流动性压力，进而特别缺乏将优质贷款打包证券化的动力。这些银行乐意在自己的业务范围内保留证券化抵押贷款，并

---

❶ 中研网：《2023 房产证抵押贷款行业发展现状及前景分析》，2023 - 02 - 09。

将证券化抵押贷款出售给关联客户，这些关联客户通常是大型国有独资或控股公司。如此一来，银行便可以一石三鸟：增加资产流动性，减少证券化成本和留住大型关联客户。这种做法使证券化成了内部人交换利益和分享有限风险的方式，反过来，违背了政府改革的初衷。

为了践行对 WTO 所承诺的义务，我国已经取消外国银行分支机构在中国境内经营外币业务和人民币业务的限制。银行业面临残酷国际竞争的时代即将来临。由于受不良贷款和低资本充足率的影响，中国的银行业务面临前所未有的风险。银行业的任何战略性管理决策失误都会将中国经济置于灾难性动荡之中。中国的决策者们已经预见了这一危险，并决心彻底解决不良贷款问题。人们担忧的是，证券化可能会成为一种权宜之计，它只能暂时性地缓解国有银行和国家控股公司的压力。

我国最早的证券化实践可以追溯至 1992 年的三亚地产投资券。当时，发起人为"三亚市开发建设总公司"，证券化资产为三亚丹州小区 800 亩土地的地产销售和存款利息收入，面向三亚市居民和海南的法人团体发售了总额为 2 亿元的地产投资券，期限为 3 年。1996 年 8 月，珠海高速公路有限公司作为发起人，开曼群岛注册的珠海市大道有限公司作为特殊目的机构（SPV），以未来 15 年的当地机动车的管理费及外地过往机动车所缴纳的过路费作为证券化资产，聘请摩根士丹利为证券承销人，私募发行了总额为 2 亿美元的资产支持债券。1997 年 4 月，中国远洋运输总公司作为发起人，以中远集团北美分公司的航运收入为证券化资产私募发行了3 亿美元浮动利率债券；同年 12 月，第二期资产证券化交易又发行了 5 亿美元资产支持证券。2002 年 1 月，中国工商银行与中国远洋运输总公司发行了 6 亿美元的资产支持证券，这是国内银行首次参与境外资产证券化业务。● 深圳市国际信托投资有限公司于 2006 年 10 月推出了我国首个企业资产证券化信托计划，产品名称为"南光股份格兰云天大酒店集合资金信托计划"，最终募集资金 8000 万元。截至 2006 年 12 月底，我国证券化产品累计发行规模达 471. 51 亿元。● 自 2014 年开始，我国信贷资产证券化业务有了较大发展，2015—2017 年，我国信贷资产证券化共发行 13902. 3 亿元。自 2016 年开始，交易所证券化产品发行速度加快，企业证券化产品开始超过信贷资产证券化。❸ 目前，我国资产证券化市场呈现出信贷资产、住房和汽车贷款资产、不良贷款和应收账款等多产品证券化的局面。

（二）我国的资产证券化立法

我国本土化、法制化的资产证券化实践以 2005 年 3 月国务院正式批准中国建设银行和国家开发银行作为信贷资产证券化的试点单位为标志。同年 4 月，中国人民银行和原中国银保监会颁布实施了《信贷资产证券化试点管理办法》（以下简称《试点办法》）；5 月，财政部发布《信贷资产证券化试点会计处理规定》（以下简称《规定》）；11 月，原中国银保监会发布《金融机构信贷资产证券化试点监督管理办法》（以下简称《监管办法》）。2006 年，财政部、国家税务总局又联合发布了《关于信贷资产证券化有关税收政策问题的通知》（以下简称《通知》），明确了信贷资产证券化各参与主体的税收义务与免税待遇。

---

❶ 吴冰："资产证券化：我国一种新的融资方式扬帆启航"，载《甘肃农业》2006 年第 2 期。
❷ 葛培健主编：《企业资产证券化操作实务》，复旦大学出版社 2011 年版，第 29 页。
❸ 张立光、郭妍："我国金融资产证券化的内在逻辑、现实困境与发展对策"，载《济南大学学报》（社会科学版）2019 年第 3 期。

与此同时，在中国证监会的大力推动下，在证券市场各相关机构的有力配合下，企业资产证券化试点业务突飞猛进，取得了令人鼓舞的成绩。根据中国证监会《关于证券公司开展资产证券化业务试点有关问题的通知》的规定，企业资产证券化是指"证券公司面向境内机构投资者推广资产支持受益凭证，发起设立专项资产管理计划，用所募集的资金按照约定购买原始权益人能够产生可预期稳定现金流的基础资产，并将该资产的收益分配给受益凭证持有人的专项资产管理业务活动"。为了规范证券公司客户资产管理活动，2003 年 12 月，中国证监会发布了《证券公司客户资产管理业务试行办法》。为了规范证券公司企业资产证券化试点工作，保护投资者合法权益，2009 年中国证监会发布了《证券公司企业资产证券化业务试点指引（试行）》。2016 年 2 月，人民银行等八部委发布了《关于金融支持工业稳增长调结构增效益的若干意见》，提出要推动资产证券化发展，包括信贷资产证券化、住房和汽车贷款资产证券化、不良贷款证券化和应收账款证券化等业务的试点和加快推进工作。同年，中国银行间市场交易商协会先后发布了不良贷款、信贷资产、微小企业贷款资产支持证券信息披露指引。从此，我国资产证券化业务进入发展的快车道。

二、我国资产证券化面临的法律困境

（一）破产隔离与真实销售问题

资产证券化的核心在于将基础资产从发起人的企业资产中"剥离"出来，以实现证券化资产与发起人整体信用风险的隔离。当发起人面临破产时，发起人的债权人无权对已转让的证券化资产进行追偿。在实践中，证券化基础资产主要以真实销售的方式来达到破产隔离的目的。"真实销售"是指发起人以出售的方式将与基础资产有关的收益和风险全部转移给特殊目的实体，此后，由特殊目的实体对基础资产行使完整所有权，发起人及其债权人不得再对该资产行使任何控制、收益或处分权能。

根据资产的转移是否被移出发起人的资产负债表，可以分为两种类型：担保融资和真实销售。担保融资是指资产在发起人与特殊目的实体之间的转移为担保性质，此时，资产仍保留在发起人的资产负债表上，若发起人破产，担保支持证券的持有人只能以担保债权人的身份参与破产程序，投资人的利益受发起人资产状况的影响。真实销售是指发起人将证券化基础资产出售给特殊目的实体，从而实现了资产的表外处理，在发起人破产时，基础资产就不能作为其破产清算财产。❶

我国目前的资产证券化模式主要有国家金融监督管理总局主导的信托型模式和中国证监会主导的专项资产管理计划模式，没有像西方国家那样设立信托型、公司型和有限合伙型三种类型的特殊目的实体来实现发起人基础资产的转让和隔离。由于我国的《信托投资公司管理办法》和《信托投资公司资金信托管理暂行办法》均规定，信托投资公司不能签发受益凭证，不能发行债券。因此，我国信托型特殊目的实体无法将发起人转让的基础资产进行证券化处理，这极大地限制了我国资产证券化业务的发展。另外，根据中国证监会 2003 年 12 月颁布的《证券公司客户资产管理业务试行办法》的规定，专项计划必须设立专户，做到计划资产与其自有资产及其管理的其他资产严格分开。也就是说，专项计划资产与原始权益人、计划管理人及托管机构的资产必须分离开来，具

---

❶ 葛培健主编：《企业资产证券化操作实务》，复旦大学出版社 2011 年版，第 37 - 38 页。

有独立性，不受发起人控制。❶ 但是，专项资产管理计划的法律性质在投资者与计划管理者之间属于委托关系，规定专项计划财产独立于受托人、托管人固有财产的法律依据仅为中国证监会的规章，通过规章的独特内容设计来让委托合同具有信托的法律效果，但因专项资产管理计划缺乏明确的法律依据，不具备法律主体资格，难以实现资产的真实销售，影响特殊目的实体的破产隔离效果。❷

必须指出的是，由于中国证监会规章的法律位阶较低，仍存在与破产法冲突的不确定性。比如，根据《中华人民共和国企业破产法》（以下简称《企业破产法》）第 31 条的规定，在人民法院受理破产申请日前一年内的专项计划资产真实销售行为很可能因明显不合理的价格交易而被人民法院予以撤销。因此，必须通过资产证券化立法明确解决有关特殊目的信托破产隔离的不确定性问题。

（二）担保权的转移问题

《中华人民共和国民法典》（以下简称《民法典》）第 546 条规定："债权人转让债权的，受让人取得与债权有关的从权利，但是该从权利专属于债权人自身的除外。"因此，商业银行在将贷款协议项下的权利转让给特殊目的实体的同时，贷款协议项下商业银行所享有的担保权也随之转移给特殊目的实体。但是，这些权利的转让是否需要履行法定的程序，如抵押权的转让是否需要以登记为生效要件、质权的转让是否需要以特殊目的实体占有质权标的为要件等问题在实践中至关重要，特殊目的实体应当高度重视

---

❶ 阳东辉："我国音乐版权证券化的法律困境及其破解之道——基于美国经验的启示"，载《法商研究》2014 年第 1 期。

❷ 葛培健主编：《企业资产证券化操作实务》，复旦大学出版社 2011 年版，第 37 页。

办理这些权利的转移手续。我们认为，这些权利的转让是基于法律的直接规定而非当事人之间的合意，如抵押权的转让不应以登记为生效要件，但是没有办理登记手续，则没有公示公信力，抵押权未经登记、质权没有转移占有不具有对抗善意第三人的效力。❶

（三）会计确认和税收问题

2006 年 2 月，财政部、国家税务总局发布了《关于信贷资产证券化有关税收政策问题的通知》，基本采用了美国的信托税制理念，信托收益如果分配给受益人，则受益人应就该收益纳税，如果收益仍然留在信托财产内，则信托财产本身就此收益纳税。若是信托所得在取得收益当年未向投资人分配的部分在信托项目环节已承担税负，则信托所得再分配给投资人时，投资人有权自应缴所得税中扣除信托项目已缴税额。但该通知却规定发起机构赎回或者置换已转让的信贷资产也应课征所得税，而且发起机构与受托机构在信贷资产转让、赎回或置换过程中应按独立企业标准支付对价并课征所得税，未按照独立企业标准支付对价的由税务部门对交易价格进行调整，因而未对以担保融资为目的的信贷资产转移免税，缺乏前瞻性，因为以转移所有权为担保进行融资（让与担保），发起人在融资期限届满后还要回赎资产，这个过程可能涉及缴纳两次所得税。❷

对于专项资产管理计划的会计处理问题，我国没有明确的法律规定。至于专项计划是否属于"公开发行证券"至今尚无明确的立法和司法解释，因此，发行专项资产管理计划的企业只能模

---

❶ 朱崇实主编：《资产证券化的法律规制：金融危机背景下的思考与重构》，厦门大学出版社 2009 年版，第 71 页。

❷ 同上书，第 285 页。

糊地比照《信贷资产证券化试点管理办法》和《企业会计准则第
23 号——金融资产转移》的规定进行会计处理，这就造成各企业
的会计处理难以统一的局面。

关于企业资产证券化的税收问题，到目前为止始终没有明确
的税法规定，诸如资产转让时发起人是否要交增值税，证券公司
取得现金流收益时是否要交所得税，投资者取得收益时是否要交
利息税，交易环节印花税如何计算等种种问题，目前各方只能参
照信贷资产证券化的税收规定来尝试解决。

（四）发起主体门槛问题

中国证监会对发起人主体审批的门槛很高，使得专项资产管
理计划的发起人都是国有大型企业，而大量中小企业拥有丰富多
样的优质资产却无法获得证券化融资，广大投资者虽有投资于证
券化资产的愿望，却苦于找不到合适的优质证券化产品，难以满
足自己的投资需求。

三、我国资产证券化法律制度的优化路径

（一）建立我国支持资产证券化的法律体系

证券化需要复杂的法律体系的支撑。它包括修改传统的信托
法、破产法、公司法、税法、证券法、合同法和会计规则来适应
证券化的特殊目的，另外，还应执行其他的证券特别法。这是因
为，虽然证券化有独特的功能和优点，但是，它也有很多潜在的
风险因素，如违反义务、不可抗力、预付货款、经济形势恶化和
利率变化。因此，需要有基本的法律体系来支撑，这包括系统的
风险评估、抵押贷款止赎、强制保险、信用增强和破产解决方案。
普通法系因其法律体系的性质而享有特殊的优势。判例法的灵活
性、衡平法的原理、信义义务，所有这些都有助于证券化实践。

相比之下，在大陆法系国家，证券化已经出现问题，因为这些国家传统上没有信托法的概念。这些国家必须制定调整证券化关系的专门法律，包括通过立法允许有限使用信托（阿根廷和巴西）或者基于同样的目的成立特殊目的的公司（法国）。另外，在大陆法系国家还缺乏有足够经验的证券承销商、信托管理人和代理人。因此，相对于普通法系国家来说，大陆法系国家，包括成熟的市场经济国家，其证券化都是很不发达的。

目前，我国的资产证券化法律规范体系已初具雏形，它由一系列行政规章组成。从 2005 年 4 月份开始，我国已经制定了《信贷资产证券化试点管理办法》（由中国人民银行和原中国银监会公布），《信贷资产证券化试点会计处理规定》（由财政部发布），《资产证券化信息披露规则》（由中国人民银行公布），《金融机构信贷资产证券化试点监督管理办法》（由原中国银监会颁布），以上规章回答了如何在中国实施证券化的基本问题。然而，为了建立更为成熟的证券化法律制度，我们仍需付出更多的努力。

第一，要提高立法位阶，尽快制定我国资产证券化基本法。第二，要尽快建立我国调整资产证券化的法律法规体系，明确资产证券化的具体操作细则和界定标准。第三，修改阻碍资产证券化的相关法律法规。例如，修改《公司法》《企业债券管理条例》，明确特殊目的实体设立的法律依据，使之具备债券发行的主体资格；同时，修订《民法典》等法律中关于债权转让的有关规定，允许债权的自由流通，建立债权转让公告通知债务人制度；修订《企业破产法》和《民法典》等法律，解决现行法律制度下超额抵押等增信手段与基础资产破产隔离之间的矛盾，促进资产证券化

的顺利发展。❶

（二）明确规定公司可以成为资产证券化的发起人

我国资产证券化的主流产品是信贷资产证券化，但是，我国的《信贷资产证券化试点管理办法》第 11 条将信贷资产证券化的发起机构限定为金融机构，也就是说，只有金融机构才能设定特定目的信托转让信贷资产。该办法第 16 条则将受托机构限定为信托投资公司或国家金融监督管理总局（原中国银保监会）批准的其他机构，显然，该办法禁止其他商业组织成为信贷资产证券化的特殊目的实体。相比之下，在美国等西方国家，特殊目的实体可以采取信托基金、公司或有限合伙等多种形式，更有利于资产证券化业务的开展。因此，必须修改我国的证券化法律，允许公司、有限合伙企业等商业组织成为特殊目的实体。

（三）完善相关会计准则和税收制度

我国立法机构应制定和完善有关资产证券化的会计准则，明确规范资产转移的两种基本形式，即真实销售和担保融资的不同会计处理方式。同时，修改有关税法和税收条例，对我国专项资产管理计划和企业资产证券化的税收问题作出明确规定。为了推动我国资产证券化的发展，应给其提供税收优惠，如减免发起人向特殊目的实体真实出售证券化资产过程中发生的增值税、印花税；对购买资产支持证券的投资者豁免其证券交易印花税以及降低其所得税税率等；在过手证券中，因过手证券不是发行人的债务，不出现在发行人的资产负债表上，因而视特殊目的实体为非纳税主体；而在转付证券中则视特殊目的实体为纳税人，应就其

---

❶ 葛培健主编：《企业资产证券化操作实务》，复旦大学出版社 2011 年版，第 47 - 48 页。

转让收益缴纳企业所得税。[1]

(四) 提高证券化债券信誉，增加投资者信心

信誉是证券化的基础。美国证券化的成功，在很大程度上是政府努力提高证券化债券信誉的结果。换句话说，美国政府和准政府机构提供的担保大大提高了证券化债券的信用。它也增强了投资者对证券化的信心，并把投资者拉进证券化市场。

其他成熟的市场有着相同的经历。它们的实践无一例外地证明了政府指导对于促进证券化是必要的。这些市场实践为中国汲取经验提供了丰富的资源。

中国的市场经济由计划经济演变而来，政府在促进金融发展方面扮演着重要角色。中国政府坚持适度干预经济活动，因此，中国政府通过行使其干预职能，从而在推行证券化方面处于一个有利的位置。然而，必须谨慎地对政府干预进行定位和控制。毕竟，政府干预的目标是建立完善的证券化市场。一旦证券化市场形成并逐渐成熟，政府必须离开市场，而由市场规律进行调节。因此，政府干预必须被限定为引进和加强市场机制，以及建立和完善相关法律制度。目前，我国政府应当优先考虑的是，提高证券化标准，促进法律框架的发展和增强法律的实施力度。

中国最初的证券化目标是通过将商业银行的不良贷款证券化，提高商业银行的经济效益。中国证券化的独有之处在于，中国的证券化担负着推进中国经济改革的历史使命。但我国的国有企业的公司制改造和资产证券化并没有达到预期的效果。

中国的股票市场通过提供一种可以增加资金的新渡道，在一

---

[1] 葛培健主编：《企业资产证券化操作实务》，复旦大学出版社 2011 年版，第48 页。

定程度上缓和了一些公司的资本短缺状况。然而，许多公司并没有从股票市场中受益。上市公司将股票市场看作一个可以自由吸收资金的平台。许多公司追求短期效益，而没有提高公司效益的长期战略规划。违反上市规则和证券法规的事情经常发生，投资者已丧失了对股票市场的信心。自 2001 年年底以来，证券市场就没有过良好态势。伴随着多年股票市场的萧条，中国商业银行继续遭受不良贷款的困扰。资产证券化似乎是解决这个问题的有效手段。

因此，中国的证券化不仅需要致力于根除国有银行的不良贷款，将往年累积的呆账证券化和出售，而且现在到了需要立即阻止国有银行发放潜在的不良贷款的时候了。证券化可以被用来实现这个目的。因为证券化可以切断国有银行和国有工业企业之间的密切关系。一旦信用贷款被出售给特殊目的信托机构，经过证券化，最终为投资者所购买，那么工业企业就会处于持续增加的偿债压力之下或面临被强制清算的真正威胁。此外，由于证券化资产需要评级，并且它们的评级必须向市场和投资者公开披露，所以，银行在提供贷款时会加强监督。这将促使中国的商业银行改善他们的经营和管理方法，以减少其作出轻率的贷款决定，最终将会减少不良贷款的数量。[1]

有人认为不良贷款不适合证券化，因为它们对投资者的吸引力有限。[2] 通过保险或担保的方式来提高这类贷款的信用成本也很高。事实上，并不是所有的不良贷款都是银行呆账。在中国，不

---

[1] Yuwa Wei, Asset‐Backed Securitization in China, Richmond Journal of Global Law and Business, Spring / Summer, 2007, p. 243.

[2] 赵桂刚："资产证券化与我国商业银行不良资产的处置"，载《市场周刊》2006 年 1 月 25 日第 1 期。

良贷款分为五类。一些借款人可能只是延迟偿还贷款,他们并非永远不能偿还债务。因此,在中国,通过证券化控制不良贷款还是有合理前景的。

中国的证券化有坚实的基础,股票交易 30 余年的发展已经产生了一大批投资者,并且专业化的中介机构日益增多。此外,政府也决心进一步推行证券化。因此,资产证券化是一种很有前途的金融衍生工具。

第三篇

金融衍生工具法律制度

第八章

金融衍生工具风险防控制度

第一节 金融衍生工具的风险类型

衍生工具是一种高杠杆率的金融产品,金融机构与投资者为了追求营利性目标很容易累积各种风险,处置不当便会产生巨大损失,引发市场连锁反应,甚至酿成金融危机。2007—2008 年因美国次贷危机引发的全球金融危机,使大约 7 万亿美元的股市财富在令人难以置信的、为期一年的市场动荡中被一扫而光。❶ 这场金融危机使全球经济遭受了严重的、长期的痛苦衰退过程。

随着全球商业环境的快速变化,金融机构管理者往往无法彻底弄清他们面临的金融风险。在预测原材料的使用时,管理者通常信心满满,但是当预测未来的汇率时他们就没那么自信了。因此,金融

---

❶ Eamonn K. Moran, Wall Street Meets Main Street: Understanding the Financial Crisis, North Carolina Banking Institute, March, 2009, p. 10.

机构失去了竞争优势，但是其管理者也认识到，选择无所作为，让外部事件来决定财务结果可能是毁灭性的。因此，必须对金融衍生工具存在的风险进行识别、计量，寻找有效的防范措施，以减少风险发生的概率，甚至在风险发生之后，能够及时应对以减少损失。具体而言，衍生工具市场存在的风险包括市场风险、信用风险、流动性风险、操作风险和法律风险五种类型。❶

一、市场风险

（一）市场风险的概念

市场风险，也称为金融风险，是商品市场价格发生不利变化的可能性。金融衍生工具的市场风险包括两个部分：一是因利率、汇率、股票价格和商品价格等标的资产的价格变动引起的衍生品的价格变动风险；二是衍生工具的杠杆作用常常放大了普通商业风险。远期合约的风险通常与场外交易的衍生品合约有关，最重要的是交易对手的信用风险。一般来说，互换业务是场外交易，交易程序简单、限制少，合同内容以意思自治为主，具有成本低、方便快捷等优势。互换交易双方可以通过调整货币或利率结构，对风险和收益实行一次性双向锁定，转移价格风险，因此，互换的市场风险在金融衍生产品中是最小的。签订互换交易合约时，基于市场预期，双方已经约定到期的实际交割价格。虽然市场价格的波动会影响合同双方是否选择履约，但是，归根结底，互换合约双方能否最终履约还是由双方遵守合约的意愿所决定的，也就是由信用风险决定的。市场风险可以通过相互抵销的合约来进

---

❶ 熊玉莲："论金融衍生工具风险的一般性及在我国的特殊表现和控制"，载《江西社会科学》2005 年第 5 期。

行对冲，但信用风险不能被简单地对冲。

（二）市场风险的揭示

1996 年巴塞尔委员会颁布了《巴塞尔协议》的修正法案，对市场风险揭示提出了要求，市场风险必须在银行的交易账户上反映出来，包括基于投机目的或套期保值目的持有的金融工具账户。为了抵御市场风险，银行持有的所谓三级资本❶可以达到一级资本的 250%。《巴塞尔协议 II》提供了两种计算市场风险储备的方法：模块构筑法和内部模型法。

模块构筑法要求银行持有不低于监管要求最低水平的资本以抵御发行人风险（特定持仓风险）和宏观风险（一般持仓风险）。针对特定持仓风险，要求银行持有的资本充足率相当于交易账户上所有股票总头寸的 8%。针对一般持仓风险，要求银行持有其净头寸 8% 的资本；在流动性强或者多元化的投资组合的情况下，只需要 4% 的资本充足率。

满足一定条件的银行可以使用内部模型计算股票、货币或者商品市场风险，并且规定，它们使用的内部模型必须以巴塞尔银行监管委员会规定的许多参数为依据。内部模型必须以风险值（VAR）为依据，风险值是银行交易账户在某个特定时期，基于历史观察数据得出的具有可信度的最大损失估计。巴塞尔委员会1996 年修正案（The 1996 Amendment）采用了 VAR 来计算资本金，VAR 是两个参数的函数：时间展望期（N 天）及置信度（X%）。这一数量说明在今后的 N 天内，只有 100 − X 的概率，损失才会超出这个数量。修正案中要求 N = 10 及 X = 99，这意味着只有 1% 的概率在今后 10 天的损失超出所计算出的 VAR 结果。换

---

❶　三级资本是指最初发行期限 2 年以上的次级债券。

句话说，我有 99% 的把握，在今后 10 天内的损失不会大于风险值（VAR）。应用 VAR 时，实际上用户在问以下简单的问题："最坏情况会是怎么样？"❶

采用内部模型的银行，必须持有等于以前最大风险值当天的资本，或者持有前 60 个营业日日平均风险值 3 倍的资本。❷因为巴塞尔银行监管委员会承认，风险值（VAR）被用来确定资本的市场风险，没有预测到 2008 年银行最坏情况下遭受的损失，这次《巴塞尔协议》修订包括证券化产品的压力测试要求。压力风险值调整模型的输入，以便考虑银行的投资组合可能面临巨大的资金兑付压力。然后，将压力风险值（以一年为观察期，而不是常规风险值以 10 天为一个周期）添加到常规风险值之中。

金融危机期间，银行交易账户资产遭受的严重损失，暴露了市场风险框架的弱点。具体来说，结构性交易［如担保债权凭证（CDOs）或者资产支持证券（ABS）］的评级被证明存在缺陷，因为市场风险模型没有考虑最坏情况下的损失，从而不能捕捉流动性不足的产品风险。❸ 因此，应修改《巴塞尔协议》，使用更好的定义以及增加信息披露要求。具体设想如下：

第一，修改"传统证券化"与"合成证券化"的定义，以便对这些产品创新作出回应，同时，应减少银行通过利用模糊概念从事监管套利的可能性。巴塞尔银行监管委员会应该重新定义

---

❶ ［加］约翰·赫尔：《期权、期货及其他衍生产品》，机械工业出版社 2011 年版，第 317－318 页。

❷ Gabriel David & Christopher Sidler, The New Basel Capital Accord – An Overview and Initial Comments, Securitization. net, 13（Apr. 2001），http：//www. securitization. net/pdf/eds 0401. pdf.

❸ 阳东辉："论我国金融监管制度的改革与完善——兼评巴塞尔协议Ⅲ之不足"，载《湖南师范大学社会科学学报》2016 年第 1 期。

"再度证券化"，因为目前的定义过于宽泛，可能将目前没有涵盖的一些证券化产品的重组包括进来。定义"再度证券化"的前提是：一定比例的证券化基础资产的风险是否是物化的（如 10% 的物化标准）？

第二，加强巴塞尔协议第三支柱的定性披露，以使市场更好地评估证券化产品的风险。这将给银行提供更多准确的信息，不论是使用模块构筑法，还是内部模型法输入信息。虽然 2009 年巴塞尔协议的修订要求增加了交易账户风险的披露，但是他们没有意识到，银行业务和交易账户风险的披露要求必定是不同的。正如欧洲储蓄银行集团强调的那样，信用风险（银行账户）与市场风险（交易账户）之间的区别应该在两种单独的信息披露程序上得到反映。

二、信用风险

（一）信用风险概述

信用风险也称违约风险，是指缔约方因合同债务人不能按照合同或协议履行义务而遭受经济损失的风险。在自由市场上，人们希望交易对手能够有效地监控彼此之间的信用风险。因为金融衍生工具是双边合同，每项交易都有一个赢家和失败者，衍生合约一方增加的价值被合约对方相应价值的下降所抵销。如果大型金融机构（如贝尔斯登公司）破产，那么它的交易对手需要与其他无担保债权人一样等待挽回所有未结算衍生品合约的损失。交易对手是否能够挽回全部损失的不确定性，对金融系统的所有参与者可能产生不利的"涟漪效应"。一般来说，金融衍生品到期的期限越长，其信用风险就越大。另外，衍生产品场外交易的信用风险大于交易所场内交易的信用风险，因为在交易所内有完善的

交易清算制度，但在衍生品的场外交易中则没有，只要有一方不履行合约，就会给对手带来损失。❶

在衍生产品交易中，信用风险源于交易对手的违约概率。以互换交易为例，互换合约是两家公司私下达成的合约，这类合约包含了信用风险。考虑一家金融机构与两家公司达成了相互抵销的互换合约。如果两家公司均不违约，金融机构完全处于对冲状态。其中一个互换合约价值的下降会为另一个合约价值的上升所抵销。在对手违约时，如果互换对于金融机构具有正价值，金融机构会蒙受损失；但是如果互换对于金融机构具有负价值，交易对手违约不会对金融机构产生任何影响，因为对方的违约有可能使它免除这项债务。在任意一项合约中，金融机构都可能面临信用风险。在合约具有正价值时，对手违约会触发信用风险。❷

衍生产品交易的信用风险要比银行贷款的信用风险更复杂，在违约事件发生时的损失更加不确定。假定某金融机构与某交易对手有一笔衍生产品交易，应考虑以下三种不同的情形：

第一，该交易永远是金融机构的负债。这种情形的一个例子是期权的短头寸，本情形中的衍生产品交易对于金融机构来讲不会产生信用风险，当交易对手违约时，不会造成金融机构的任何损失，这一衍生产品是交易对手的资产，违约发生时，交易对手往往会对交易合约平仓，或将它卖给第三方。在这种情况下，对手违约不会给金融机构造成任何信用损失，当然，该金融机构也没有收益。

---

❶ 韩立岩、王允贵主编：《人民币外汇衍生品市场：路径与策略》，科学出版社 2009 年版，第 250 页。

❷ ［加］约翰·赫尔：《期权、期货及其他衍生产品》，机械工业出版社 2011 年版，第 114 页。

第二，该交易永远是金融机构的资产。这种情形所对应的衍生产品对金融机构来讲总是有信用风险，当交易对手违约时，往往会造成金融机构的损失。在这种情况下，该衍生产品是交易对手的债务，在对手违约时，金融机构会对交易对手的资产进行追索，最终金融机构可能只收回部分衍生品价值，从而遭受损失。

第三，该交易既可能是金融机构的资产也可能是金融机构的负债。在这种情况下，金融机构可能遭受损失，也可能没有遭受损失。若金融机构的衍生产品价值为正，如果交易对手违约，则金融机构会对交易对手的资产进行追索，此时该金融机构可能会遭受损失；若金融机构的衍生产品价值为负，如果交易对手违约，则交易对手会将衍生产品合约平仓或出售，此时金融机构不会遭受任何损失。❶

（二）信用风险的揭示

《巴塞尔协议Ⅱ》提出了两种主要的衡量信用风险的方法：标准方法和内部评级（IRB）方法。内部评级法又存在两种方法：初级法和高级法。

1. 标准方法

《巴塞尔协议》要求银行将所有资产和表外项目分成不同类型，并赋予它们不同的固定风险权重。财产划入哪种风险加权类型，取决于评级机构所作的外部信用评级。这种评级首先考虑交易对方当事人的类型（如主权国家或者银行），然后，适用信用评级机构（如标准普尔公司）的分类法，评估交易相对人的信用风险。因此，不是平等对待所有经合组织（OECD）的主权债务，而

---

❶ ［加］约翰·赫尔：《期权、期货及其他衍生产品》，机械工业出版社 2011 年版，第 358 页。

是根据主权债务的信用评级对主权债务的风险适用 0%～100% 的风险权重。银行债务的风险权数要么比银行主权债务低一个档次，要么通过外部信用评估。公司债务适用与银行债务相同的风险权数，但是，对未评级的债务要分配一个更高的风险权数，而且所有评级低于 BB 的债务要适用 150% 的权数。

在评估信用风险缓释措施（如担保或者金融衍生工具）对资本要求的影响时，已经制定了一些复杂的规则。例如，担保对信用风险缓释工具的有效性取决于特定银行实现担保权的确定性。银行要么用交易相对人的风险权数来替换担保物的风险权数（简单方法），要么对担保物的价值和信用风险暴露进行动态评估（综合方法）。

2. 内部评级法

在遵守某些方法和信息披露标准的前提下，内部评级法允许银行使用内部方法评估信用风险。对特定资产适用何种风险权数取决于资产的类型和以下因素：违约的概率、违约损失率、违约风险暴露和剩余期限（统称为"影响因子"）。❶ 根据初级内部评级法的规定，银行要评估所有资产的违约概率，与此同时，银行监管机构评估另外三种影响因子。根据有关规定，高级内部评级法必须经过银行监管机构的批准，而且只能对最复杂的银行适用，银行可以使用该方法对大部分或所有的影响因子（取决于该资产）进行评估。随后，银行监管机构对评估结果进行审查，并确定其效力。内部评级法还为缓释信用风险制定了特殊规则，在评估违约率时，也涉及这些规则。

---

❶ Constantinos Stephanou & Juan Carlos Mendoza, Credit Risk Measurement Under Basel Ⅱ: An Overview for Developing Countries, Int'l Fin. Corp., 19 (Apr. 2005), http://www.ifc.org/ifcext/rbcgp.nsf/attachmentsbytitle/creditriskbasel2.pdf/$file/creditriskbasel2.pdf.

3. 证券化

《巴塞尔协议Ⅱ》对传统型与合成型资产证券化产生的风险分别提出了资本要求。证券化的风险权数取决于使用标的资产的方法（即如果银行对标的资产适用标准方法，那么就必须对它们证券化的风险加权适用标准方法）。根据标准方法的要求，每一种证券化资产的风险加权范围在 20%～50%；如果标的资产是表外项目，银行首先必须适用信用转换系数将它转化为信贷等价物，然后对由此产生的信用等价物进行风险加权。❶ 对未评级资产和信用风险缓释措施进行了具体计算。根据内部评级法的要求，对评级资产、资产支持商业票据和其他类型的资产适用不同的方法来确定资本要求。

三、流动性风险

流动性风险是指因缺乏合约交易对手或合约当事人因流动资金不足而无法履行合约造成的风险。一旦交易者经营不善或资金短缺，不能及时履行合约或追加保证金就可能产生流动性风险。另外，衍生产品流动性风险的大小还取决于合约标准化程度、市场交易规模等因素。由于场外衍生产品一般是为客户专门设计的，较难在市场上转让，所以，场外衍生产品比场内衍生产品具有更大的流动性风险。❷

巴塞尔银行监管委员会承认，银行交易账户可能持续遭受大

---

❶ Basel Comm. On Banking Supervision, International Convergence of Capital Measurement: A Revised Framework – Comprehensive Version, Bank for Int'l Settlements, at 127 (June 2006), http://www.bis.org/publ/bcbs128.pdf.
❷ 韩立岩、王允贵主编：《人民币外汇衍生品市场：路径与策略》，科学出版社 2009 年版，第 250 页。

幅亏损，因为银行不能捕捉流动性差的产品风险。作为回应，巴塞尔银行监管委员会为银行施加了额外的资本要求，要求银行使用内部模型评估特定产品的风险。现在，要求这些银行计算并持有最低限额监管资本，以抵御超出按风险值模型计算的违约风险。这种额外的资本被称为累积风险收费（IRC）。它评估没有证券化的信贷产品一年之内的违约风险。鼓励银行自己开发计算累积风险收费的模型，只要该模型遵守一定的规定，并考虑资产流动性的潜在差异。

金融危机强调持有资本的重要性。例如，由于《巴塞尔协议》和《巴塞尔协议 II》只考虑和解决了银行的资本要求，以防范其信用和市场风险，因此，它们没有认真考虑银行因缺乏流动资金不能满足储户的取款需求而存在破产的可能性（即英国北岩银行挤兑事件）。❶ 因此，《巴塞尔协议 II》建议引入一个类似于爱尔兰在 2008 年为流动性风险推出的资本比率。在这种模式下，要求银行持有与某个特定期间的平均取款余额成一定比例的资本储备金，即要求银行持有的流动资产等于 7 天的平均流出资金的 100%，以及等于 14 天平均流出资金的 50%。❷ 然而，某些风险不容易量化为流动性风险，应通过修订《巴塞尔协议》支柱 2 进行处理。是否应该决定持有抵御不易量化风险的额外资本储备，应该在内部资本充足性评估程序（ICAAP）中予以明确规定。内部资本充足

---

❶ 阳东辉：“论我国金融监管制度的改革与完善——兼评巴塞尔协议 III 之不足”，载《湖南师范大学社会科学学报》2016 年第 1 期。

❷ Conor Griffin, Basel II Capital Adequacy Regulations & The Credit Crisis Cause or Cure?, Chartered Acct. Ir. （Jul. 8, 2008）, http：//www. charteredaccountants. ie/ Members/Technical1/Financial - Services/Accountancy - Ireland - Articles/BASEL - II - CAPITAL - ADEQUACY - REGULATIONS - THE - CREDIT - CRISIS - C AUSE - OR - CURE/.

性评估程序（ICAAP）应该受到更严密的监督，而且监管机构应该有权对不配合的银行实施处罚。

四、操作风险

操作风险是指衍生品交易和结算过程中，因不正确的内部管理流程、人员、系统或外部事件导致的直接或间接损失的风险。造成操作风险的原因通常有两个：一个是因内部管理制度不完善、工作流程不合理导致决策人、执行人出现人为或非人为的失误带来的风险；另一个是因各种偶发事件或自然灾害带来的风险，如电脑系统故障、通信系统瘫痪、地震、火灾等造成的风险。

《巴塞尔协议Ⅱ》为操作风险制定了一种单独的资本储备金计算方法，包括基本指标法、标准化法和高级衡量法三种计算方法。究竟采用哪一种方法取决于银行风险管理程序的复杂程度。基本指标法建议，银行持有的资本等于它们过去三年平均总收入的15%。标准化法要求银行将其总收入分成最多八个不同的业务线（如零售银行业务或企业融资）。标准化的损失因素（范围在12%~18%，具体适用哪个比例取决于每种业务线的感知风险）适用于总收入的所有部分。所需的总资本是这八个值的总和。高级衡量法允许银行创建自己的储备金计算方法，只要该计算满足一定的定性和定量标准。❶

五、法律风险

（一）法律风险概述

2004 年巴塞尔银行监管委员会制定的《统一资本计量和资本

---

❶ Hal S. Scott, Int'l Finance–Transactions, Policy and Regulation 378–79.（Foundation Press, 15th ed. 2008）.

标准的国际协议》（又称《巴塞尔新资本协议》），首次将法律风险
纳入银行资本监管框架，要求各大银行采用规定的方法计量法律
风险，并在此基础上确定其资本标准。❶ 自此以后，法律风险纳入
金融监控范畴。什么是法律风险？各国的理解也不尽一致，英国
金融服务局（FSA）认为，法律风险是指因未能发生法律效力，
或者对法律效力的理解存在偏差，或者在法律效力不确定的情况
下开展经营活动，导致金融机构的利益或者目标与法律规定不一
致而产生的风险。美国联邦储备委员会则认为，法律风险是指因
银行或客户的违法、不当行为或者因陷入诉讼给银行带来的风险。
而《巴塞尔新资本协议》则对法律风险作了一个尝试性的规定：
"法律风险，包括但不限于因监管措施和解决民商事争议而支付的
罚款、罚金或者惩罚性赔偿所导致的风险敞口。"❷ 笔者认为，法
律风险是指投资者因法律因素所引起的承担潜在损失的风险。

（二）法律风险的特征

法律风险是一种能够使用法律手段控制的特殊操作风险。根
据《巴塞尔新资本协议》的规定，操作风险包含法律风险，但法
律风险并不是操作风险的一种独立类型。❸ 之所以说法律风险是一
种特殊的操作风险，是因为操作风险造成的损失可以通过法律手
段进行有效的管理和防控，比如欺诈、原材料瑕疵、违章操作、
软件失灵等风险就是因内部程序、人员和系统不完善或者外部事
件造成的，这些风险可以通过使用法律手段追究有关人员的民事、

---

❶ 刘轶："论《巴塞尔新资本协议》中的法律风险"，载《武汉理工大学学报》
（社会科学版）2006 年第 2 期。

❷ Basel Committee International Convergence of Capital Measurement and Capital Standard：
A Revised Framework. Basel：BIS, 2004.

❸ 宾爱琪："试论商业银行法律风险——从《巴塞尔新资本协议》看银行法律风
险"，载《区域金融研究》2009 年第 8 期。

行政和刑事责任进行控制。

　　法律风险存在于金融衍生工具业务的全过程之中。从金融衍生工具市场准入到金融衍生合约的签订，从交易到结算与交割，金融衍生工具交易的每个环节均可能存在欺诈、违规、违约等法律风险，这些风险可以通过完善法律规则和严格法律责任追究机制等手段来解决。因此，管理法律风险的手段与管理市场风险和信用风险的手段不同。

　　法律风险是需要计提成本的风险。根据《巴塞尔新资本协议》规定，商业银行不仅要控制法律风险，而且还应当为抵御法律风险而维持充足的资本。对于属于合规风险但不属于操作风险和法律风险的声誉风险，商业银行只需审慎地管理而不必为之配置资本。❶ 这是法律风险区别于合规风险的重要特征。

第二节　金融衍生工具的风险特征

一、风险规模的杠杆化

　　杠杆操作是指预付少量资金进行更大规模的交易。场外交易和交易所交易的衍生工具都具有杠杆效应。这种杠杆作用允许终端用户使用很少的资本进行巨额的投机性冒险。❷ 由于金融衍生工具通常具有杠杆效应和低交易费用的特征，所以，它具有风险放

---

❶　刘轶："论《巴塞尔新资本协议》中的法律风险"，载《武汉理工大学学报》（社会科学版）2006 年第 2 期。

❷　阳东辉："论我国金融监管制度的改革与完善——兼评巴塞尔协议Ⅲ之不足"，载《湖南师范大学社会科学学报》2016 年第 1 期。

大的乘数效应，对货币政策变动的反应比对基础资产的反应更为强烈。

所有衍生品在交易时，一般都要求缴纳保证金。以沪深 300 股指期货合约为例，交易所规定最低交易保证金标准为 8%，考虑到期货公司一般会在交易所规定的标准上加收一定比例的保证金，杠杆率约为 10 倍。因此，在衍生品市场，若投入几千万元的保证金，就可能要承受数亿元的风险，最终损失惨重。

（一）杠杆效应在增加破产风险方面所扮演的角色

考虑到高回报与高风险呈正相关关系，加之股东与经理承担有限责任的事实，杠杆效应将风险从经理和股东手中转移到其他利益相关人那里。在这方面，可以肯定地说，杠杆效应产生了外部性。利益相关人（包括债权人和储户）通常承担了这种外部性的大部分成本。由于银行的风险更大，所以，债权人的贷款不太可能得到偿还。

在美国，银行系统的主要债权人是美国联邦政府。联邦存款保险公司（FDIC）目前为每个合格的存款账户投保了 25 万美元，美联储有权对它认为处于破产危险之中的金融机构提供"最后的贷款救助"。❶ 事实上，美联储在 2008 年金融危机期间，广泛地运用了这一权力，最典型的例子就是对美国国际集团（AIG）提供救助贷款。虽然政府救援的目的在于减轻债权人（尤其是储户）的恐慌心理，从而防止银行的挤兑危机，但是，具有讽刺意味的是，这种保障措施可能增加银行系统的杠杆效应。债权人知道自己的贷款有保险，他们就缺乏动机来监督银行，以核实银行是否拥有

---

❶ Deposit Insurance Summary, Fed. Deposit Ins. Corp., http://www.fdic.gov/deposit/deposits/dis/index.html (last updated Dec. 29, 2010).

充足的资本。另外，知道政府很可能救助陷入困境的银行，可能
被鼓励采取更大的杠杆行动，尽管这样做可能会增加银行陷入困
境的概率。

（二）杠杆效应在增加系统风险方面所扮演的角色

系统风险可以定义为衍生工具市场参与人因遭受不利因素影
响引起市场或金融机构产生流动性危机或破产连锁反应，从而导
致金融系统崩溃。交易对手风险可以加剧系统风险，例如，拥有
衍生品巨额风险敞口的市场参与人破产，会导致其衍生品交易给
交易对手造成损失——如果该交易对手无法吸收这些损失，那么
这可能导致金融恐慌。由于金融机构之间日益增加的联系，杠杆
效应可放大系统风险。为了说明杠杆效应的作用，请看以下例子。

假如有三家银行，A 银行、B 银行和 C 银行，每一家银行都
拥有与其他两家银行持有的资产类证券相同的大量证券。B 银行通
过从 C 银行获得大量担保贷款的方式，使用杠杆操作购买证券，
同时，A 银行可以从 B 银行获得贷款，因为 A 银行的证券可以作
为质押物。现在，作为从 C 银行处获得担保贷款的 B 银行资产遭
受了巨额损失。作为回应，C 银行发出追加保证金的通知，即要求
B 银行支付其贷款余额，以使担保品涵盖未偿还余额。为了筹集现
金偿还债务，B 银行可能出售自己的证券。这反过来会导致类似证
券市场的价格下跌，甚至跌到 A 银行从 B 银行贷款的担保物价值
不足偿还贷款余额。就像 C 银行那样，B 银行也发出追加保证金
通知，A 银行设法出售自己的资产以满足其要求。这一过程不断
重演，最终导致资产价值螺旋式下降，从而引发金融危机。在这
种情况下，更大的杠杆操作增加了危机发生的概率。

在场外衍生工具市场上，衍生产品交易更容易引发系统性风
险，因为缔约方担心交易对手的稳定性甚至担心其破产，从而抽

走自己的资金，引发挤兑危机。随着参与人从重要的信贷市场撤资以努力降低风险，银行挤兑引发了系统性危机。相对于基础金融资产的客户而言，金融衍生工具给客户带来了巨大的杠杆效应，这种杠杆效应足以诱惑客户使用很少的资本进行巨额的投机性冒险，因此，金融衍生工具市场成了许多金融冒险家的乐园。❶

二、风险外观的隐蔽化

金融创新是绕过金融监管的巧妙设计。金融衍生工具，作为非常复杂的金融产品，即使是最复杂的投资者有时也不能意识到它们的风险，因此，无法以投资者自己独立的风险判断取代信用评级机构提供的等级评定。担保债券（CDOs）的复杂性常常使信用评级不透明，使评定的等级令人怀疑。以资产证券化为例，SPV这一特设载体使资产证券化运作更加具有专业性，它能有效隔离发起人自身的信用及破产风险，通过信用评级提高证券的信用等级，吸引投资者购买，但由于信贷违约掉期（CDS）是合同，不受银行和保险公司自身监管制度的约束，从而游离于传统的金融监管制度之外。❷

再以信贷违约掉期为例，它是 20 世纪 90 年代后期由华尔街发明的一种衍生产品，是指当某种具体证券发生违约时——当贷款背后的收入流不足以满足承诺的支付数额时，旨在防止银行和债券持有人遭受损失的合同工具。本质上，信贷违约掉期是投资者获得的关于债务证券（包括债券、债券指数和证券化）的准保险

---

❶ 阳东辉："论我国金融监管制度的改革与完善——兼评巴塞尔协议Ⅲ之不足"，载《湖南师范大学社会科学学报》2016 年第 1 期。

❷ 李仁真主编：《后危机时代的国际金融法》，武汉大学出版社 2010 年版，第155－156 页。

单，旨在避免贷款违约造成损失。[1] 最简单的信贷违约掉期是当事人双方签订的、卖方以支付保险费为代价防止信贷亏损的合同。信贷违约掉期的主要目的是让银行更容易向投资者销售复杂的债务证券，投资者使用信用违约掉期以防止潜在的损失，假如借款者不能归还贷款，像信用违约掉期之类的衍生品通常与证券化资产配对或纳入证券化资产，以防止信贷亏损。信贷衍生品，特别是信贷违约掉期依赖于现金流以及当事人达成的、以相关事件（如本息支付不能，借款人破产、重组以及信用等级变化）的具体信贷风险为标的的协议的履行。截至 2008 年年底，美国已发行和出售的信贷违约掉期总额超过了世界上所有国家的国内生产总值的总和。[2]

尽管信贷违约掉期市场的规模巨大，但它实际上是以保密的方式运行的，既不要求公开披露，也没有任何法律要求这些合同必须向美国证券交易管理委员会（SEC）或者任何其他机构报告。2000 年，美国国会专门选择了不对信用违约掉期进行法律监管，因为达成的共识是：信贷违约掉期市场规模仍然非常小，不存在系统风险，因为投资者风险最小化的倾向能够保护更广泛的金融体系。信贷违约掉期被允许在没有法定准备金和没有法律管制的情况下发展，以确保销售商能够履行其义务。这意味着政府监管部门缺乏评估系统风险程度的方法，以及不能诚实、准确地进行评估。为了评估信贷违约掉期当事人投保的信贷违约掉期与抵押担保证券的价值，信贷违约掉期的买卖双方非常依赖无法预测房

---

[1] 阳东辉："论我国金融监管制度的改革与完善——兼评巴塞尔协议Ⅲ之不足"，载《湖南师范大学社会科学学报》2016 年第 1 期。

[2] See Christopher Cox, Op‐Ed., Swapping Secrecy for Transparency, N. Y. Times, Oct. 19, 2008, at WK13.

贷市场发展趋势的金融模型，同时，过于信任证券与销售信贷违约掉期的金融企业的信贷评级。这些评级大大低估了相关风险。换句话说，如果信贷违约掉期是有用的，那么人们担心的是贷款合同违约的原因。2008 年 11 月中旬，美国证券交易管理委员会主席克里斯多佛·考克斯（Christopher Cox）（以下简称"考克斯"）代表美国证券交易管理委员会与联邦储备委员会以及商品期货交易委员会（CFTC）签署了处理柜台信贷违约互换中央配对的谅解备忘录。考克斯还反复敦促国会制定法律强制规定复杂的、不透明的信贷违约掉期市场必须进行公开披露和增加透明度。

三、风险构成的复杂化

2008 年的全球金融危机在很大程度上可以归结为复杂的"贷款与证券化"银行模式的出现，由于将贷款风险广泛地分配给投资者，这意味着产品链条中的每一方当事人都不用承担金融衍生产品的全部风险（甚至部分责任）。证券化资产的复杂性和缺乏透明度使得无知的投资者不知道自己在买什么，从而作出错误的决策。贪婪的资本大鳄打着金融创新的旗号，将基础资产经过证券化的包装或重新包装，高举所谓"安全与高回报"的诱饵，使金融衍生工具大受投资者的欢迎。由于投资者对次贷担保证券的大量需求，而没有人担心房地产泡沫可能崩溃，换句话说，正是由于不能对这些风险资产准确定价，从而引发了这场金融危机。因此，这场全球金融危机的发生实质上是"金融工程与创新击败了监管机关与金融机构的风险评估能力"。❶

证券化，担保贷款的近亲，是指在结构性融资过程中，资产、

---

❶ 阳东辉："论我国金融监管制度的改革与完善——兼评巴塞尔协议Ⅲ之不足"，载《湖南师范大学社会科学学报》2016 年第 1 期。

应收账款或金融工具被收购，划分为不同的资产池，并打包成证券化产品向投资者出售。这种金融衍生工具是资本形成的重要手段，与资本市场的抵押贷款产业紧密结合在一起。由于不存在个人抵押贷款的二级流动市场，相反，投资银行采取抵押贷款组合的方式，从这些应收账款中分出现金流，并使用这些现金流给受抵押贷款担保的债券持有人还本付息。由于证券化日益普及，家庭理财产品更关注满足全国与全球投资者的胃口，而不是帮助投资者选择合适的贷款方式。这个过程尽管复杂，但是具有更简单的周期性。一级抵押贷款市场的初始贷款人将抵押贷款出售给二级抵押贷款市场上的企业，然后，这些企业再出售由该抵押贷款担保的证券或债券。二级抵押贷款市场上的企业向投资者出售它们购买的抵押贷款担保证券，并使用由此产生的收益从一级市场贷款人那里购买更多的抵押贷款。简单地说，证券化需要将一群资产汇集和重组打包，然后以担保的形式提供给投资者。

证券化是在广大投资者中间分散风险以及减少金融机构风险的一种方法。初始贷款人通过将自己的贷款与其他抵押贷款组合成贷款池的方式将贷款"证券化"。然后，组合抵押贷款池的银行家将该贷款池担保的金融工具出售给投资者。后来，这些银行家又以相同的抵押贷款池为标的制作衍生赌注。当一堆资产被捆绑成一包之后，投资银行家将抵押贷款池打碎成许多不同的部分，称为"片"（法语为"条"）。这些碎片实际上能够以银行家认为合适的任何方式进行证券化安排，允许量身定做一个单一的资产池以适应多种不同的风险。每一个碎片与其他碎片相比，都有不同的信用保护水平或者承担不同的风险：一般是一个高级（"A"）证券加上一个或多个"A"级证券保护层的低级证券（"B""C"等）。信用评级机构是指评定某些类型的债务发行人与债务工具本身的信用等级的公司，它们通常给高级证券 AAA 等级，意味着较低的风险，而低级类获得的信用等级较低，标志着较高的风险。倘若标的资产池不足以支付证券款项，如对贷款投资组合提出违约索赔，其损失首先由次级类证券承担。高级类证券仍然不受影响，除非损失超过低级类证券的全额。养老基金通常投资于较低风险的高信用等级的抵押贷款担保证券，而对冲基金通过投资于低信用等级的抵押贷款担保证券寻求高额回报。然而，许多人没有意识到，初始按揭贷款人在旧体制下承担的风险已经转移给了证券投资者，因为贷款人发现没有必要将贷款保留在账面上，而是能够将贷款池出售给国内外的银行和投资基金。

随着交易结构变得越来越复杂，金融衍生工具需要所有的金融工程师、交易专家以及投资操作员具有高水平专业知识并能理解高难度的数学和统计技术。因此，在金融"黑匣子"未破解或无法破解的情况下，高层管理人员很难作出与金融衍生品有关的实际决定，这种现象同样会发生在市场交易参与者、监管机构和货币政策制定者身上。

今天的监管机构无法评阅银行所提交的诸多答卷，必须依靠银行自己的模型，这明显无法预测到次级市场上会发生什么情况。通过使抵押贷款发起人摆脱违约风险的方式，证券化降低了贷款人审查借款人资质的动机，同时鼓励过度冒险和不准确的风险评估。对同一贷款的多重证券化，使得贷款人无法对借款人的信用进行监管。由于这些新的金融产品被创造出来，监管机构实际上可以腾出手来允许银行采用自己的复杂风险模型或者依赖债券评级机构来评估风险。

四、风险影响的系统化

历史上，因金融危机而引起的金融机构的破产和倒闭往往基于重大风险的相互作用，这种重大风险甚至能够扰乱整个金融系统。政府主管机关（中央银行）通过提供救助资金和宽松的货币政策，能够减轻或者消除这种负面影响。因此，在系统风险以及衍生市场快速扩张的情况下，很可能执行诸如降低利率等宽松的货币政策。

的确，现代金融工具带来了市场革新并且提高了金融系统的效率。通过将基础资产信用风险转移给银行外部系统的方式，快速发展的金融工具以及金融中介正在重塑银行的作用。尤其是，交易规模增加，金融市场之间的相互关系加深；如果个别金融机构风险管理失败，那么会影响并增加系统性金融风险。

由于全球参与，各金融机构并购频发，联系日益紧密，任何大型交易商的退出将会"产生市场流动性问题"。这种突然的退出也会给其他参与主体带来金融风险，包括作为一个整体的由保险公司、各大银行等组成的金融系统。过去的金融危机表明，金融市场与金融机构有直接联系。关于美国 1987 年股灾，纽约联邦储备银行前总裁在 1992 年写给国会的信中表示，"股票和相关的金融衍生工具市场像一个市场一样发挥功效"。对 1987 年股灾的研究显示，一个市场的崩溃与另一个市场因股票、期货、期权市场价格之间的相互关联而导致的崩溃有关。1992 年欧洲货币市场的混乱也是因金融衍生工具和相关市场之间的联系导致的。由于现货市场的波动，一些场外交易被暂停，而其暂停的结果是场内衍生交易的突然增加。

为了避免未来的金融系统危机，任何金融监管改革必须解决两个基本问题：确保及时获取和分析重要的市场信息；基于全球范围来管理和控制金融活动风险。监管机构必须有办法减少潜在地对金融市场有重大影响的衍生交易，金融市场的崩溃要么是过度投机和过度杠杆操作所致，要么是缺乏内部监控和风险管理所致。

因此，各国监管机构一致认为，为了降低金融系统崩溃的风险，为了将因衍生品交易而导致的金融崩溃的可能性降至最低，监管机构、市场参与者和其他人需要共同提高金融衍生工具的风险管理水平，改进会计计量规则和披露方法。

第三节　金融衍生工具的风险控制规则

金融衍生工具交易的信用风险主要是通过市场准入制度、标准化、逐日结算系统、保证金系统以及外汇市场的履约担保来预防的。然而，对于场外市场的金融衍生品交易，由于交易相对人的高违约率，高杠杆率以及复杂的交易结构，如果对投机性交易没有有效的内部监管，那么，即使是大型金融机构也可能产生违约风险。

一、金融衍生工具的市场准入制度

金融衍生工具市场准入制度是指明确金融衍生工具市场参与者的准入条件，对市场参与者实施资格审查，以降低市场交易风险的制度。对金融衍生工具市场准入的控制是有效控制金融市场风险的第一道屏障，它是保证进入市场的每一个交易主体都达到交易最低要求的根本性保障。通过制定金融衍生工具市场准入制度，可以加强对金融衍生产品上市条件和程序的严格控制，能够有效保证真正合理优质的金融衍生工具进入市场流通交易，有利于真正从源头上控制风险。❶ 原中国银监会 2004 年颁布的《金融机构衍生产品交易业务管理暂行办法》（以下简称《办法》）明确规定，对金融机构申请开办衍生产品交易业务实行市场准入管理。

（一）市场准入标准

根据《办法》第 7 条的规定，金融机构申请开办衍生产品交易业务应具备下列条件。

1. 硬件条件

有健全的衍生产品交易风险管理制度和内部控制制度，具备完善的衍生产品交易前、中、后台自动联接的业务处理系统和实时的风险管理系统，有适当的交易场所和设备等。

2. 软件条件

从事金融衍生产品交易业务的人员应当具有下列参与衍生交易活动和风险管理的资历：主管人员应当具备 5 年以上直接参与衍生交易活动和风险管理的资历；具有 2 年以上衍生品交易经验的交易人员至少 2 名，相关风险管理人员至少 1 名，风险模型研究人员或风险分析人员至少 1 名；以上人员要求为专职人员，不得兼任，且无不良记录。

3. 外资金融机构的特殊条件

外国银行分行申请开办衍生产品交易业务，必须获得其总行的正式授权，其母国应具备对衍生产品交易业务进行监管的法律框架和相应的监管能力。

4. 其他条件

金融监管部门规定的其他条件。

---

❶ 王丹："金融衍生工具市场准入问题"，载顾功耘主编：《金融衍生工具的法律规制》，北京大学出版社 2007 年版，第 113 页。

（二）市场准入申请

金融机构申请开办衍生产品交易业务，应当向金融监管部门或其派出机构提出申请，并提交申请报告，可行性报告，业务计划书，内部管理规章制度，主管人员名单、履历，风险敞口量化管理制度，交易场所，设备和系统安全性测试报告等文件和资料。

（三）金融监管部门批准

金融监管部门收到申请后，应当在 60 天内予以批复。法人的分支机构申请办理衍生品交易业务，必须出具法人机构的正式书面授权文件。分支机构的衍生品交易业务统一由总行系统进行实时交易、并由总行统一进行平盘、敞口管理和风险控制。

金融衍生工具监管当局除了对金融机构申请开办衍生产品交易业务进行审批外，还可以根据市场与经济发展的需要决定交易所上市交易的衍生工具种类，审批交易所的章程、条例及业务规则等。通过金融衍生工具市场准入监管制度，可以把不合要求、资质较低的市场主体排除在金融衍生工具市场的大门之外，从起跑线开始控制市场规模和风险。

二、风险管理模型

根据欧共体《资本充足率指令》的指导原则，允许使用历史数据建模直接计算外汇风险资本费用，因为该指令一般不允许使用风险值（VAR）模型计算资本需求。相反，欧共体《资本充足率指令》为各种预处理模型作出了安排。这意味着，在适用模块分析法计算之前，金融工具头寸要遵守某些法定模型：根据正常的欧共体《资本充足率指令》的要求，应该使用模型管理头寸，而不是直接根据模型计算资本要求。因此，重要的是，使用模型并不意味着模块分析法可以放弃。

对一些机构而言，全面禁止使用风险值模型有一种强烈的失落感，因为内部风险管理系统都是以这些方法为基础，而且模块分析法似乎更为落后。然而，欧共体《资本充足率指令》背景下预处理模型的价值不应该被否认，因为它们可以提高数量的质量和可靠性。

例如，使用利率敏感性模型可以为债务衍生工具投资组合实现可观的资本节余。这种模型可用于所有这类金融工具、摊销债券和嵌入利率风险（股票期权）的其他衍生工具。然而，非摊销债券不受这种模型的约束。该模型（也称为"现金流模型"）允许每个合格的债务头寸按到期档次分解成个人现金流。在每个现金流的利率敏感性（机构自身收益率曲线贴现的现金流量与依据欧共体《资本充足率指令》参数的转移收益率曲线贴现的现金流量之间的差额）被测定之后，在每个时间段，各种敏感性数据可以相互抵销。该净值被纳入以正常持续时间为基础的一般市场风险计算参数。

因此，现金流模型可以带来可观的资本节余，这对于任何一个拥有多个较低利率账簿的机构来讲，都是非常有吸引力的。这是因为所有的债务衍生工具、摊销债券和嵌入利率风险的其他衍生工具可归结为一个时间段的单一数值，从而避免了根据正常的欧共体《资本充足率指令》规则征收适用于匹配头寸 2% 的费用。

现金流模型不能用于非摊销债券的事实是欧共体《资本充足率指令》的"时代错误遗物"。在现金头寸对冲衍生工具的情况下，这意味着只有前者允许采用该模型。在这种情况下，衍生工具和现金头寸被包含在一个时间段作为单独的头寸，而且不能简化为一个单一的数值，所以，要对匹配的头寸征收费用。

三、持仓风险要求

企业必须采用财务规则中合适的实用方法，计算最低持仓风险要求（PRR）。但是，鼓励企业制定更高标准的持仓风险要求。持仓风险要求的基本原则是，调整企业财务资源的目的是使它能承受其仓位价值下跌的风险。在计算持仓风险要求时，要求将风险增加率（PRA）适用于仓位价值进行计算。在将合适的风险增加率适用于持仓位之前，首先必须进行估值。但是，在场外衍生工具的情况下，合约本身不像交易所衍生工具或者上市证券，没有市场价值。因此，场外衍生工具存在评估仓位价值难的问题。

美国的最低持仓风险要求规则明确规定，证券与期货管理有限公司（SFA）可以批准采用涉及企业持仓量的最低持仓风险要求的风险评估模型。这种模型的优点是，它们设计了更详细和更具体的方式来处理衍生品交易。因此，对冲被识别的程度大大增加。

许多场外衍生工具的价值只能通过尽量采用实用的方法，根据合约投资或财产标的的价值，来评估衍生工具合约的价值。因此，在决定场外衍生工具的价值时，它需要分解为各个组成部分；每个组成部分都需要设定一个数值；对各个部分进行评估，把各个部分的数值相加，得出总值。

举个例子，上市证券的场外期货，如果双方都不持有该证券，就不会产生最低持仓风险要求的计算，因为它在理念上明显不同于证券现货销售。一方当事人有效持有标的证券多头，另一方持有空头。在考虑持仓风险要求时，这两类交易存在显著区别。相同的理念是计算所有的期货、差价合约和大部分期权的持仓风险要求，只要它们涉及按市值计算的标的仓位或名义仓位。虽然可以通过这种分析方法计算已卖出期权的价值，但已买入期权的价值可以通过参考该期权当前盈利的数据更准确地认定。

差价合约在企图评估持仓风险要求方面存在特殊困难。所谓的现金结算期货是真正的差价合约，它通过参考基础资产名义仓位来评估持仓风险要求。即使差价合约涉及指数，问题也不是很大。

（一）互换的处理取决于所涉及的互换类型

1. 利率或货币互换

如果企业签订利率或货币互换，就有关货币公债而言，它必须处理作为独立名义仓位的每一条互换腿❶，如果企业接收利息，那么它必定是多头，如果企业以下列到期日支付利息，则是空头：在企业支付或接受固定利息的情况下，到期日等于互换期限；在企业支付或接收浮动利息的情况下，到期日等于下一个利率调整日的剩余期限。

2. 股权互换

如果企业持有股权互换仓位，那么该企业必须将仓位分为利率腿和股权腿，利率腿必须被视为等值于按照上述利率互换规定确定到期日的债券，同时，股权腿按照以下两者中的任一方法处理：（1）如果企业支付（或接收）的金额是依据股权价值的变化，那么该企业必须将权益法适用于股权腿作为名义空头（或多头）头寸；（2）如果企业支付（或接收）的款项是依据股票指数价值的变化，那么企业必须将更合适的场外股票指数期货或场外股票指数期权方面的股权腿视为名义空头（或多头）头寸，同时，必

---

❶ 互换腿为互换合约的交易术语，在有关利率的互换合约中，交易双方约定交换的现金流称为互换腿。

须将权益法或权益衍生工具方法适用于根据这些方法确定的头寸。

(二) 美国财务准则提供了许多计算持仓风险要求的方法

1. 权益法

这种方法必须适用于证券，而且在一定条件下也可以适用于股权衍生工具。这种方法将股权互换分为股权腿和利率腿，前者根据股权方法处理，后者根据债务法处理。股权法还规定了股权和股权等值头寸在适用股权法之前，如何净额结算。然后，该方法还规定了三种权益法（简单权益法、购买权益法和完全权益法）中的哪一种更适用于仓位计算。

2. 债务法

这种方法必须适用于债务证券，并可用于处理某些债务衍生工具。这种方法适用于计算债务衍生工具之债务等值头寸，而且互换腿要根据债务法处理。债务衍生工具的债务与债务等值头寸在适用债务法之前是否可以净额结算，应该事先规定。企业可以不选择债务衍生工具方法处理债务衍生工具，或者选择不按照债务法进行处理。

3. 实物法

美国财务准则规定了计算持仓风险要求的实物法，它涉及实物场外衍生品。

美国财务准则还适用于外汇持仓风险要求的计算，如果企业在资产负债表内或表外有资产或债务合约，它还可以以外币计价。如果企业对证券发行或发行人存在集中持仓的风险暴露，还要求对集中仓位计算额外的持仓风险。企业必须使用集中仓位法来计算任何证券多头或空头的持仓风险。

四、交易对手违约风险要求

交易对手违约风险要求（CRR）的目的是评估企业的交易对手在其任何交易中未能履行对该企业所负义务之风险。因此，交易对手风险要求试图评估企业对其交易对手具有的风险以及该交易对手给企业带来的风险。例如，在一定程度上，企业可以减少交易对手的风险计算要求，例如，它持有交易对手的可接受抵押品。因此，完全保证金交易不会产生交易对手风险。在什么程度上，交易对手风险要求允许企业使用净额结算以降低其交易对手风险计算要求，目前尚无定论。但是，隐藏在证券与期货管理有限公司（SFA）净额结算背后的原理是，交易对手风险要求应该只承认已暴露的交易对手的净风险计算值，如果这些计算值反映了交易对手对企业债务违约的确定性。

与适用持仓风险要求相比，场外衍生工具更需要适用交易对手风险要求。从本质上讲，衍生工具要么引入迟延履行义务，要么创造未来付款的义务。市场参与者通过遵循内部风险控制制度，有效地控制了交易对手违约风险。

必须指出，除了欧共体《资本充足率指令》（CAD）规定的新的市场风险资本费用外，场外衍生工具仍然要受交易对手风险要求的约束。这些规定在《欧盟偿付能力比率指令》（SRD）附件2中，而且是众所周知的：添加当前头寸的市值用来测量未来的风险，通过将金融工具的名义本金值乘以取决于到期日和金融工具类型的"附加因子"进行计算。接着，该组合数值要适用交易对手的违约风险权重计算违约风险资产，然后，是按照《欧盟偿付能力比例指令》8%的标准补足资本储备金。

欧共体《资本充足率指令》和《欧盟偿付能力比率指令》的

交易对手违约风险要求基本不变。但是，欧共体《资本充足率指令》允许投资公司现在的交易对手（对公司的原籍国有一些限制）遵守以前为银行保留的 20% 的风险权重。这是一项重要的政策放宽，其合理性基于以下事实：由于欧共体《资本充足率指令》的颁布，银行和投资公司要遵守相同的审慎框架。

五、重大风险暴露规则

除了市场风险和交易对手违约风险资本要求外，欧共体法律还对场外衍生工具头寸规定了其他监管要求。其中最重要的是大风险暴露制度，它设定了一个机构与另一个交易对手拥有的总持仓规模的上限。

根据《欧盟大额风险暴露指令》（LED），欧盟法律首次设立大额风险暴露制度。最初仅适用于欧盟的银行。该指令的基本原则是，所有单个风险的总和，包括从场外衍生工具到交易对手违约风险，不得超过机构基础资本的 25%。然而，给各种风险类型规定了许多例外。欧共体《资本充足率指令》通过多种方式完善了《欧盟大风险暴露指令》规则。它将该规则从银行扩大到了投资公司。这意味着证券公司也应建立大额风险暴露制度。

重要的是，欧共体《资本充足率指令》还改变了上述 25% 风险暴露上限的软法性质。根据《欧盟大风险暴露指令》，这种限制是硬性规定，在任何情况下都不能超标。根据欧共体《资本充足率指令》，银行账簿产生的头寸仍然属于这种情况。然而，现在这种限制对交易账簿头寸而言是软性的，即 25% 的上限可以突破，但是，付出的代价是必须为这些风险预留额外的资本。这对许多银行来说是一个可喜的变化，特别是涉及场外衍生工具头寸的时候。以前衍生工具的市值波动意味着，除了最大的银行，所有银行为了确保不违反 25% 的上限，必须对一些交易对手留些余地。因此，对于一些高评级的交易对手，银行被迫拒绝交易。现在，根据欧共体《资本充足率指令》，违反 25% 上限（以资本费用为代价）是可以接受的，其结果是可以更有效地利用交易对手限制规则。然而，必须指出的是，违反上限的计算规则是非常复杂的，可能需要内部制度的重大改变。

第四节　我国金融衍生工具风险控制制度之反思与完善

一、我国金融衍生工具风险控制制度之反思

（一）过度依赖抵押担保等风险静态控制手段

《巴塞尔协议》首次将最低流动性要求和资本最低杠杆率要求纳入监管框架，8% 的资本充足率要求一直没有变。通过强调银行自有资本（主要是股权资本）在银行陷入困境时具有吸收损失、缓冲对外部债权人的影响、减少银行破产外部负效应的功能，抑制金融机构或类金融机构利用高负债进行金融冒险行为。我国在 20 世纪 90 年代中后期的金融体制改革中也确立了这个风险控制指标。资本充足率监管很容易为个别银行和金融机构通过杠杆交易或商业冒险所规避。这种惰性风险管理天然具有排斥现代风险管理的效应，不利于以风险量化为代表的风险控制的发展。同时，它也弱化了银行以筛选和监测企业方式表现的风险管理社会经济功能，加大了银行资产的关联性和系统性风险，为相关资管产品

的嵌套和资金空转提供了合适的土壤。❶ 另外，由于风险计量模型的复杂性和内控化，资本比例要求不再透明和易于核实，很容易被银行或金融衍生机构用于监管套利。例如，在证券化转移过程中，贷款发起银行因信用风险转移而放松对贷款的贷前调查和贷后监控，并不断降低门槛要求，从而使得整个金融体系风险增大。❷ 因此，大部分金融衍生工具依赖保证金和抵押担保的方式进行静态风险控制，其作用有限，譬如，2008 年全球金融危机的发生就是次级抵押贷款担保物（房地产）的价值在经济萧条期严重下跌引起的。

（二）缺乏有效的系统性风险防控机制

尽管《巴塞尔协议Ⅲ》对系统重要性银行提出了超额资本要求，将资本覆盖的风险范围扩大到周期性风险和系统性风险，但资本监管的本质既不在于资本的数量与质量，也不简单地在于风险和资本的计量，而在于风险管理，即从事后吸收损失到事前风险计量和控制，从个体银行到整个金融体系的风险管理。统计风险的模型对于衡量经常发生的小事件（如内部风险管理）可能是有用的，但并不适用于系统的重要性事件。例如，在 2008 年全球金融危机期间，适用于评估正常市场风险的 VAR 模型严重低估了系统压力下的尾部事件与高损失的相关性，在极端情况下表现不佳。❸

长期以来，计算银行资本的方法是基于银行个体内部的风险

---

❶ 陈忠阳："巴塞尔协议Ⅲ改革、风险管理挑战与中国应对"，载《国际金融研究》2018 年第 8 期。

❷ Elul R. Securitization and Mortgage Default［R］. Federal Reserve Bank of Philadephia, Working Paper, 2000.

❸ Hannoun H. The Basel Ⅲ Capital Framework: A Decisive Breakthrough［R］. Bank for International Settlements, 2010.

评估，无法捕捉个体风险与系统性风险的差异，然而金融危机表明，这种"各扫门前雪"的资本管理和监管方式并不能够有效地防止金融危机，以管理单个机构破产风险为目的的风险转移可能反而增加整个金融体系的系统性风险。❶

（三）银行资本监管要求未能覆盖影子银行和金融衍生工具

2010 年《巴塞尔协议Ⅲ》尽管扩大了资本覆盖的风险范围，包括覆盖衍生产品交易对手、资产证券化和表外业务等资本市场活动的风险，提出资本保护缓冲和逆周期资本缓冲要求，❷ 但没有将影子银行纳入传统银行的监管框架，加大了金融市场的风险，极大地危害债权人利益。

我国目前的影子银行业务主要包括银行理财产品、非金融机构贷款产品和民间借贷，其资金流向隐蔽，不受监管。我国从事衍生品业务的各种准金融机构不受严格的资本充足率、资产负债比例管理、单一投资比例限制等商业银行资本监管规则的约束，很容易因期限错配、流动性转换和高杠杆等因素引发系统性风险。

二、完善我国金融衍生工具风险控制制度之基本思路

（一）建立动态的全程金融风险防控体系

资本监管的本质在于风险管理。首先，必须优化我国的金融功能体系，提高直接融资比重，降低企业杠杆率，尤其是改变国有企业的政府隐性背书现象，加大国有企业去杠杆力度。其次，必须建立动态的全程金融风险防控体系，构建金融安全预警体系，

---

❶ 陈忠阳："巴塞尔协议Ⅲ改革、风险管理挑战与中国应对"，载《国际金融研究》2018 年第 8 期。

❷ 同上。

健全风险监测预警和早期干预机制。最后，应加快我国金融业综合统计大数据平台建设，实现金融信息互联互通和监管信息共享。总之，必须将金融衍生产品风险的事前预警和事后追责制度有机结合起来，建立覆盖金融衍生产品交易全过程的风险防控体系，才能有效地防范金融衍生工具风险。

（二）构建系统性金融风险防控机制

首先，要实现金融监管全覆盖，建立无缝式的金融统一监管体制，实现机构监管、功能监管和行为监管的统一。其次，要统一制定跨市场的交叉金融产品监管规则，比如制定针对现货市场和期货市场、利率互换与货币互换的统一规则，将穿透式监管原则适用于所有金融产品和衍生工具，统一同类资管产品的监管标准和规则，防范跨市场跨业态跨区域的金融风险。最后，应加强系统重要性金融机构建设，加大对系统重要性金融机构的监管力度，提高其抗风险能力，打造维护金融稳定的中坚力量。

（三）将金融衍生工具纳入金融监管框架

要实现金融市场的无缝式监管，必须将互联网金融企业、地方交易所、担保机构等准金融机构纳入我国统一的金融监管框架，探索建立适用于期货、期权、互换、资产证券化等金融衍生工具的监管规则，包括注册资本、资本充足率、资产负债比例管理、信息披露等资本监管规则，消除金融风险监管盲区，促进资本市场、外汇市场、黄金市场、金融衍生品市场的全面协调发展。限制影子银行表外融资业务的无序发展，继续推进利率和汇率的市场化改革，形成有效的市场化定价机制，发挥金融衍生工具的投机和保值功能。

第九章

金融衍生工具信息披露制度

第一节 金融衍生工具信息披露的重要性

一、防范金融风险的需要

金融衍生工具具有规避和对冲风险的功能，对冲风险是一个很好的商业管理办法，正确使用金融衍生工具可以使企业抵御与利率、汇率、股票和商品价格波动有关的风险。合理使用金融衍生工具可以限制潜在的损失，稳定现金流的速度、精度和灵活性，降低交易成本。相反，由于金融衍生工具的高杠杆特征，金融衍生工具的不当使用会造成公司财务的重大损失。在 20 世纪 90 年代初，我们经常在报纸或杂志上看到因金融衍生工具交易而损失惨重的新闻：美国加利福尼亚州橘郡在遭受 15 亿美元的损失后宣告破产；柯达公司宣告遭受了 2.2 亿美元的损失，宝洁公司宣告损失了 1.57 亿美元。2008 年全球金融危机期间，遭受损失的公司不仅限于美国，甚至遍及亚洲和欧洲。因金融衍生工具交易，英国巴林银行宣告遭受了 15 亿美元的损失；德国金属股份公司宣告遭受了 14 亿美元的损失；日本住友商事株式会社 1996 年因金融衍生产品交易而导致的损失大约有 26 亿美元。❶

企业在经营过程中通常面临经营风险和金融风险两种类型的风险。前者与企业开发、制造和销售产品与服务的不确定性有关。后者则与利率、汇率、商品和股票价格波动的不确定性有关。随着全球商业环境的快速变化，管理者往往无法彻底弄清他们面临的金融风险。在预测原材料的价格时，管理者通常信心满满，但是让他们预测未来的汇率时就没那么自信了。因此，选择无所作为，幻想美好未来，让外部事件决定财务结果可能造成毁灭性后果。

随着经济的增长和日益复杂的金融衍生工具的使用，越来越多的有识之士开始关注金融衍生工具对金融系统、私人企业、投资者和纳税人造成的风险。他们认为，通过充分的信息披露、准确的会计计量和合适的销售手法可以保护消费者的利益。信息披露能够在一定程度上防止欺诈和虚假陈述。金融衍生工具市场功能的充分发挥依赖于"财务信息的广泛使用、真实可靠和通俗易懂"。因此，改革和完善会计准则和信息披露制度，有利于投资者准确和全面地了解金融衍生工具市场的风险，从而作出正确的投资决策。

二、金融衍生工具市场国际化的需要

金融衍生工具交易深受各类用户——世界各地的保险公司、

---

❶ See Sumitomo Corporation Revises Unauthorized Copper Trading Losses, Universal News Service, Sept. 19, 1996, at 1.

制造商、银行、非营利机构、政府、共同基金、养老基金和商业公司——的欢迎。截至 1992 年，金融衍生工具名义本金额达 12.1 万亿美元。到 1997 年，这一数额接近 70 万亿美元。❶ 据期货业协会（FIA）统计，2019 年全球场内衍生品市场成交量为 344.75 亿手，同比增长 13.74%，成交规模稳步增加。从标的资产种类看，金融类和商品类衍生品交易规模均同比增长，增幅分别为 12.37% 和 19.23%，市场份额分别占 79.06% 和 20.94%。从地区看，亚太地区与北美地区市场份额合计超过 70%，欧洲和北美地区的场内衍生品成交规模下降，其他地区均有不同程度增长。从具体国家或地区看，中国大陆地区是全球第三大场内衍生品交易地区，成交量为 39.62 亿手，同比增加了 30.81%。❷ 金融衍生工具在全球范围内得到使用，而且已经发展到可以满足抵御市场利率和价格变动风险以保证收益之需要。大量使用金融衍生工具是企业经营风险环境发生变化的必然结果。这些变化包括贸易和资本限制的放宽，以及复杂的跨国经济贸易的发展。全球市场已经不再由美国或者其他经济力量主导或决定。美国政府已经放弃了尽最大努力固定利率、外汇和商品与服务价格的尝试。另外，信息和电脑技术的发展使得设计和使用更复杂的金融工具成为可能。

全球金融衍生工具市场之间联系日益加强。金融市场之间的内在联系使得企业可以在一个市场中对冲该企业参与另一个市场交易的风险。随着金融机构之间联系的日益密切，金融衍生工具的使用应遵循国际金融和贸易一体化的发展趋势。

---

❶ See Oversight Hearing on GAO Financial Derivatives Report, May 19, 1994: Before Subcomm. on Telecomm. and Fin. of the House Comm. of Energy/Telecomm. and Fin., 103rd Cong. (1994).

❷ "2019 年全球衍生品市场回顾"，上海期货与衍生品研究院，https://www.shfe.com.cn/ifd/report/special/911340499.html，访问日期：2023 年 4 月 13 日。

然而，由于全球参与、跨国并购和联系日益紧密，任何大型交易商的退出都可能产生市场流动性问题。这种突然的退出也会给其他主体带来金融风险，包括作为一个整体的银行、保险公司甚至整个金融系统。过去的金融危机表明，市场与金融机构之间有直接联系，股票和相关的金融衍生工具市场像一个市场一样发挥作用。由于股票、期货、期权市场价格之间的相互关系，一个市场的崩溃很可能导致另一个市场的崩溃。1992年欧洲货币危机正是由于金融衍生工具和外汇市场之间的紧密联系导致的。由于现货市场的异常波动，导致一些欧洲场外交易被暂停和终止，从而引起场内衍生品交易量的突然猛增。

虽然存在大量的跨国金融衍生产品交易，但不同国家的金融衍生工具监管却存在巨大的差异。在美国，使用金融衍生工具的不同行业，其监管就存在差异。银行、证券、保险不再分业经营，不同的行业由现有的联邦和州机构混合监管。比如，证券监管机构对证券公司及其分支机构的场外金融衍生工具交易具有有限的监管权。保险公司及其分支机构的场外交易由州政府监管，联邦政府并不干预。所有银行及其控股公司的金融业务由银行业监管机构监管。

监管规则的不一致还体现在有关金融衍生工具的财务报告规则和信息披露制度方面。许多国家的独立监管机构和会计机构还规定了国外市场公开财务报表中金融衍生工具交易的披露要求。为了将金融衍生工具交易的风险降至最低，防止金融系统的崩溃，各国必须提高金融衍生工具的风险管理水平，改进会计计量方法，增强信息披露的透明度。

三、企业评估金融衍生工具市场风险的需要

财务报表是投资者、债权人评估管理层业绩与衡量企业借贷

能力的主要依据，能为投资者的投资决策提供重要参考。同样，其他金融业务也可以适用金融衍生工具的会计计量。会计准则能够确保信息披露的完整性和准确性。无论是否使用金融衍生工具，拥有足够的信息评估企业的整体市场风险，对投资者进行高效和正确的财务分析都是很重要的。

投资者对发行人进行比较的能力取决于有关风险管理和会计政策方面的信息。有了这些信息，投资者就能理解为什么不同的公司面对同样的风险会采取不同的应对策略。会计披露政策能够确保提供所需的信息，以便投资者分析某家公司使用衍生工具是为了套期保值，还是为了投机。因此，建立公平、及时的金融衍生工具信息披露规则是企业评估衍生产品市场风险的必然需求。

第二节　全球主要国家与国际组织的信息披露制度

全球主要国家的会计委员会有关金融衍生工具的会计准则和信息披露制度既不完善、也不一致。在美国的年度报告中，信息披露是很彻底的，而在日本、德国等国家则不是这样。会计准则并没有与商业实践保持一致。会计准则和信息披露的不充分将导致财务报表不能准确地反映金融衍生工具交易的实质和风险。由于某些金融衍生工具缺乏准则导致财务报告不一致，使财务报表缺乏可比性，下面对全球三个国家和两个国际组织的信息披露制度做一介绍。

一、美国的金融衍生工具会计准则和信息披露制度

1994 年，美国证券交易委员会经过审查 500 多份报告，发现

金融衍生工具信息披露领域存在许多问题：第一，对附注的信息披露要求过于含糊，以至于不能区分金融衍生工具交易会计计量的不同之处。第二，金融衍生工具交易的关联影响没有在附注中披露。第三，金融衍生工具、其他金融工具的披露与其他会计项目隔离，所以财务报表的使用者无法知晓公司暴露出来的市场风险。❶ 另外，财务报表的使用者无法从已披露的信息中知晓交易公司究竟使用了哪种金融衍生工具，没有对这些工具进行说明，也无法知晓公司究竟转嫁或承担了何种风险。因此，投资者需要准确测量市场风险的会计准则和足够多的补充信息披露，才能对企业使用这些金融衍生工具的情况有全面的了解。

根据以前的会计准则，投资者或其他的财务报表使用者可能被公司的财务报告误导，因为有关金融衍生工具使用的信息与实际情况不一致，没有反映金融衍生品业务的重要性和所面临的风险。投资者和债权人对金融衍生工具的影响感到困惑和沮丧。投资者常常被公司使用历史成本核算或根本不核算的金融衍生工具造成巨大的损失所震惊。当然，金融衍生工具的透明度原则可以揭开这些影响的神秘面纱。

通过基本的财务报表信息，投资者无法确定使用金融衍生工具的潜在损益。投资者必须了解企业是如何实现损益的，以决定该交易对其他财务报表项目产生何种影响。为了了解公司的财务状况，投资者必须对使用的会计核算方法有非常详细和深入的了解。

1998 年美国财务会计准则委员会（FASB）发布了《衍生工具与避险业务第 133 号财务会计准则公告》（以下简称"FAS 133"）。

---

❶ Ernst & Young, LLP, The SEC's Market Risk Disclosure Rules and Derivative Accounting Policy Disclosure Requirements, at 10（1997）.

FAS 133 适用于所有金融衍生工具，包括那些还未开发出来的金融衍生工具。在 FAS 133 颁布之前，美国处理金融衍生工具会计计量问题的规则没有完全覆盖一些最基本的衍生工具。以前的金融衍生工具会计核算由公司使用衍生工具的目标来决定。对于营利或者投机交易，市场价值的变化反映为损益。对于避险交易，市场价值的变化在潜在的资产负债表上反映。

FAS 133 的制定主要由美国财务会计准则委员会负责，因为基本财务报表中的衍生工具缺乏透明度，从而导致不完整和不一致的会计方法。美国财务会计准则委员会的首要任务是让金融衍生工具在资产负债表上反映出来并予以公开。因为许多金融衍生工具的风险被反映在资产负债表之外，而且披露也不充分。虽然一些金融工具仍按历史成本列报，但 FAS 133 要求金融衍生工具应以公允价值反映在资产负债表上。

美国会计准则委员会的金融衍生工具计划并不是毫无争议的。该计划历时 6 年完成，经历了 100 次会议的讨论，举行了两次独立的国会听证。经过多年的争论，FAS 133 于 1998 年 6 月公布，并于 2000 年 6 月 15 日后的财政年度实施。

FAS 133 表明套期保值会计制度发生了重大变化，而且在广度和复杂性上都令人吃惊。由于 FAS 133 对金融衍生工具的定义非常广泛，许多公司不得不对一些金融工具重新分类，将以前不被认定为金融衍生工具的一些金融工具重新分类为衍生工具。通过要求将所有定义为金融衍生产品的衍生工具都作为资产或者负债予以报告，大大提高了对公司持有的金融衍生工具所蕴含风险的认识。未来损益不再作为负债或资产列入财务报表之中。新方法的基本要求是："符合资产（来自第三方的未来现金流入）或者负债（未来现金流出）定义的金融衍生产品代表着权利或义务，它们应该在财务报表中予以体现"；"公允价值是测量金融工具最有用的方法，也是测量金融衍生工具价值的唯一方法"；"只有资产或者负债项目才能在资产负债表中予以公布"；"旨在对冲的具体会计项目只应用于合格的交易，"符合特别会计制度要求的交易，不必报告资产负债表当期金融衍生工具收入的公允价值变化情况，如同非合格金融衍生工具交易的要求。由于重新分类和报告的变化，许多公司的资产负债表规模可能会增大。❶

金融衍生工具普遍表现为承诺的交易，而不是有形商品的交易。因为它没有初始投资，金融衍生产品不在资产负债表中反映，财务报表的使用者看不见它们，因此隐藏了风险。但是，由于金融衍生工具在公司收到现金盈利或者在公司支付现金亏损时能够结算，因此，该公司确实享有权利且应承担义务。要求在资产负债表中报告金融衍生产品的公允价值，是为了确保财务报表的透明度。

但美国财务会计准则委员会认为，大部分金融衍生产品信息必须予以披露，所有的损益都通过收入来计算。美国财务会计准则委员会旨在广泛地解决对冲会计问题。之后，焦点变为金融衍生品会计问题，因为大多数对冲交易与金融衍生工具联系在一起。套期保值会计是建立在例外基础之上的，且被认为是特例。要求对冲交易具有特殊的会计准则源于两种偏差：认识和测量。认识偏差是因为一些资产和负债信息反映在资产负债表中，但另一些却没有。测量偏差源于现有的会计准则使用不同的方法（如历史成本、市值，或者历史成本和市值的混合方法，或者成本或市值贬值法）测量不同的资产和负债。既然美国财务会计准则委员会已

---

❶ Arlette C. Wilson et al., The Decision on Derivatives: FASB Statement No. 133 Establishes Comprehensive Accounting Requirements, J. Acct., Nov. 1998, at 24.

经定义了什么是合格的对冲，那也就可以设计一种例外——"特别会计准则"——这是一种有别于其他金融衍生工具的会计制度。

FAS 133 要求金融衍生工具公允价值的变化要在收入科目中予以反映，但以下允许使用"特别会计"的三种套期保值交易除外：第一，公允价值对冲——金融衍生产品的公允价值的变化和避险业务应在收入科目中体现。就对冲的效益而言，对冲交易项目公允价值的变化将在收入中抵销因而对收入的影响很小或者没有影响。第二，现金流对冲——就对冲的效益而言，金融衍生产品公允价值的变化已在股东权益其他综合所得中反映。同时，以前在其他综合所得中记账的数额要按收入重新分类。第三，外汇对冲——就对冲的效益而言，金融衍生产品公允价值的变化被当作损益转化，在抵消差额损益的其他综合所得中反映。

如果金融衍生工具交易效率很高，但不能完全抵销对冲交易项目的变化，那么无效部分的交易结果必须在收入科目中体现，同时，金融衍生产品公允价值的变化也要反映在资产负债表中。

美国财务会计准则委员会最初想要一个测试，确保企业作为一个整体能通过对冲来减少风险。但美国会计准则委员会认为，一个用来显示对冲风险的测试是不可能被设计出来的，因为针对现金流对冲和市值对冲的策略是不相容的。美国会计准则委员会最终达成了这样一种妥协，允许一些对冲交易使用"特别会计制度"，只要看上去交易的风险逐步减少。即使是在公司的总体风险已经增加了的情况下，也允许使用"特别会计制度"。

还有一种担心就是公允价值将显著地增加财务报告中收益和资本的波动性，从而阻碍采用具有成本效益的风险管理。局部的和不完美的对冲要求公司在当前收入中包含一些金融衍生产品公允价值的变化。此外，公司股本也会发生变化，因为公司必须报告所有在其他综合所得中作为现金流对冲的金融衍生工具的未实现损益。积累的损益不会顺延但会被包含在同期收益当中，即因对冲项目公允价值的变动而产生的收入。金融衍生产品公允价值的变动越大，综合所得和股本的变化就越大。

FAS 133 也包含了新的对冲交易披露要求。信息披露是公司董事会和管理层的职责。独立审计师不需要出具完成信息披露的证明。一般而言，FAS 133 的披露要求如下：企业必须披露其持有或者发行衍生产品的目标和战略；该披露必须包括对每一类型对冲活动的风险管理办法的描述，包括对对冲交易项目或交易风险的描述；在报告期内的收入净损益代表了对冲效率值、衍生产品组成（可能的话，损益被排除在对冲效率的评估之外）以及在收入报表中的净损益描述。❶

信息披露适用于所有的对冲活动，而且必须对三种对冲活动加以区别——现金流对冲、公允价值对冲和外汇对冲。

美国财务会计准则委员会于 2000 年 2 月发布了第 7 号财务会计概念公告"在会计计量中使用现金流量信息和现值"。

然而，2007 年 2 月美国次贷危机爆发以后，美国金融界对公允价值会计的责难与日俱增，由于金融工具的市场价值在危机期间急剧下跌，无法准确反映资产预期现金流量水平，使市场价值螺旋式下跌，因此，金融机构呼吁在危机期间停止公允价值会计计量。但是，美国证券交易委员会（SEC）认为，暂停公允价值会计计量很可能增加市场的不确定性，打击投资者的信心。因此，在次贷危机期间有关公允价值会计的争论中，美国证券交易委员会不仅一直坚定地支持公允价值会计，而且积极与美国财务会计

---

❶ Ernst & Young, Accounting for Derivative Instruments and Hedging Activities: An Executive Overview of FASB Statement 133, 4 (1999).

准则委员会合作，全力研究应对非活跃市场情况下公允价值应用的新挑战。❶

公允价值的内在缺陷在一定程度上隐匿了次贷产品的风险，推动了市场流动性进一步恶化。例如，非活跃市场情况下的衍生工具的公允价值被严重低估，远低于其"基本价值"，导致企业的财务状况进一步恶化。因此，2008 年 9 月，美国证券交易委员会与美国财务会计准则委员会发布了阐述公允价值会计的联合公告（以下简称"联合公告"），明确指出，在非活跃市场的情况下，允许企业放弃"按市值计值"，采用内部估值模型计量其公允价值。这一措施可以遏制危机期间衍生工具市值的螺旋式下跌，减缓危机的危害后果。❷

美国财务会计准则委员会于 2008 年 3 月发布了 FAS 161 号会计准则《衍生工具及套期行为之信息披露》，❸以提高财务报告中有关衍生工具和避险业务的透明度。该准则要求会计主体以定量的方式披露衍生工具的公允价值及损益，以及衍生合同中其他与信用风险相关的或有事项。根据准则要求，会计主体披露衍生工具信息应当达到能够使财务报表使用人理解以下内容的程度：为什么使用以及怎样使用衍生工具；会计主体是什么；衍生工具和相关避险业务是如何被确认和计量的；衍生工具和相关避险业务是如何影响会计主体的财务状况、财务业绩和现金流量的。对用于避险业务和其他目的的衍生工具，应当分别披露。用于避险目的的，应当分为公允价值避险、现金流量避险和境外经营净投资

---

❶　于永生、卢桂荣：《次贷危机背景下的公允价值会计问题研究》，立信会计出版社 2010 年版，第 46－49 页。

❷　同上书，第 121 页。

❸　颜延："会计报表中衍生产品的信息披露研究——美国的经验与启示"，载《会计研究》2013 年第 4 期。

避险予以披露。❶

美国 2010 年颁布的《多德—弗兰克法》对享受场内交易和清算豁免的终端用户规定了透明度要求。要求已结算互换和未结算互换都必须公布交易数据，并有义务将这些数据报告给"互换数据存储库"和衍生工具清算组织。"互换数据存储库"被定义为"第三方基于为互换提供集中记录保留设施的目的，收集和保留有关互换交易头寸、条件和术语等信息的"实体。互换数据存储库需要确认互换当事人提交的数据的准确性，向商品期货交易委员会提交电子访问数据，公开当事人提交的数据并允许访问，以及建立"应急程序、备份设施以及允许及时恢复运营的灾难恢复计划"。公开互换信息的要求既适用于遵守强制结算规定的互换（包括那些因终端用户例外而豁免结算的互换），也适用于那些被互换清算组织接受但不要求结算的互换。没有被清算组织接受清算的互换也必须向互换数据存储库报告，或者如果互换数据存储库不接收该互换，那么应该将数据提交给商品期货交易委员会。❷

二、英国的金融衍生工具会计准则和信息披露制度

长期以来，英国会计准则委员会（ASB）和英国财务报告机构（FRC）均没有制定专门的衍生工具会计准则。这种财务报表"黑洞"掩盖了衍生工具交易风险。这些交易的复杂性和保密性被视为欺诈的温床。然而，现在英国的上市公司必须在年度报告中披露使用金融衍生工具的财务风险。❸

---

❶ 颜延：《金融衍生工具卖方义务研究》，法律出版社 2014 年版，第 279 页。
❷ Dodd - Frank Act §727，§723（a），§728。
❸ Jim Kelly, Tougher Accounting Code on Derivatives, Fin. Times (London), Apr. 24, 1997, at 13.

　　就金融衍生工具信息披露的内容而言，英国会计准则委员会采用的第一个步骤是要求所有公司披露它们的金融衍生工具和财务工具的市场价值。也要求它们在现有的报告期内显示这些工具的价值变化。与美国相比，英国更加谨小慎微，决定单独解决信息披露问题。投资者现在非常了解金融工具的用途，以及金融工具被用来对冲风险或进行投机交易的程度。

　　新准则在 1999 年 3 月生效。新准则旨在关注重大风险的信息披露。公司必须在财务报表中讨论风险承担和风险管理战略。英国会计准则委员会认为，如果能够审计风险管理战略，并将其纳入财务报告中进行"清晰阐述"，那么企业将改变其风险管理方式。

　　英国金融服务管理局于 2007 年 12 月发布了新版《行为规范读本》，规范金融机构的金融产品销售行为。该规范要求，卖方应当关注客户的需要，以清晰、公平且不误导的方式，向买方传递与金融产品有关的信息。应当使私人客户清楚其准备购买的金融产品或服务的直接或间接成本，以便他们能够在知情的情况下进行投资决策。有关产品的信息披露文件格式系由英国金融服务管理局制定的，通常卖方不能随便修改。该文件通常包括以下内容：产品的主要成分；与产品有关的风险因素详情；收益或资本的变化情况；产品结算的结果；针对特定客户所收取的费用以及客户可能从产品中获得回报的相关信息，包括投资结束之后总的收益及扣除费用后的净回报等；将支付的任何佣金或类似费用；能够进一步提供的信息细节；到期日或之前兑现产品的影响纳税信息等。在风险披露方面，英国金融服务管理局采取了提供原则性指导的做法，要求所有与金融产品有关的风险都必须"充分地"予以披露。❶

---

❶　颜延：《金融衍生工具卖方义务研究》，法律出版社 2014 年版，第 269－270 页。

三、日本的金融衍生工具会计准则和信息披露制度

在日本，金融衍生工具的会计准则和信息披露制度分为旧准则和新准则两个时期。在旧准则时期，日本财政部要求公司资产按成本，或低于成本，或低于市值计价，不允许采用公允价值会计方法。根据旧准则的规定，资产负债表中只记载实际损益。通过推迟潜亏性金融工具的结算，公司报表的财务状况可能看起来比实际情况更好。旧准则信息披露的对象只局限于没有审计要求的期货、期权和远期交易合约。

相比之下，日本财政部的新准则要求金融衍生工具使用公允价值会计方法，盈亏必须按公司持有证券的市值计算，并在每种交易结束时进行披露。因为财政部认为只有公允价值才是准确显示金融衍生工具和交易结果的唯一方法。新准则涵盖所有的衍生工具，包括占衍生工具交易半数以上的互换业务。

在信息披露方面，日本财政部采用的新准则要求如下：所有柜台交易和交易所场内交易的衍生工具都必须在证券报表中作为附注向公众披露；披露的内容包括衍生工具的交易量、目录、贸易政策、目的、每种衍生工具交易存在的风险和风险管理政策；必须连同合约数量，披露每种交易的成交额和/或预期本金额，以及市值和计算市值的根据；外部审计企业必须审计上述披露事项。❶

日本财政部的信息披露新准则还要求公司必须公布衍生工具交易的细节，包括使用衍生工具的目的和相关风险以及柜台交易

---

❶ See ASB Standards in Issue – FRS 13, Derivatives and Other Financial Instruments (Issued Sept. 1998) at http://www. asb. org. uk/publications/publication146. html (visited Mar. 17, 2000).

的价格，同时，要求公司的营业报告必须显示当前衍生工具活动引起的潜在盈亏，这一方面有利于向投资者提供全面、准确的风险评估信息，另一方面还有利于加强企业的内部风险控制。

四、国际会计准则理事会（IASB）的金融衍生工具会计准则和信息披露要求

在 2008 年全球金融危机之前，国际会计准则理事会长期适用的是其前身——国际会计准则委员会（IASC）于 2001 年 1 月制定的第 39 号国际会计准则。该准则类似于 FAS 133。两者之间的唯一区别就是第 39 号国际会计准则调整大部分金融工具的会计核算，其中包括金融衍生工具。第 39 号国际会计准则对外国实体（外币对冲）的现金流、公平价值和净投资额实行相同的会计处理规则。该准则要求所有的金融衍生工具都必须在资产负债表中公开，同时，必须在三种对冲类型的收入中公开无效对冲额，所有其他衍生工具交易的损益也必须在收益中报告。

另外，第 39 号国际会计准则也有新的信息披露要求，要求披露如下信息：评估公允价值的使用方法与假定；对交易日或结算日购买的金融资产予以说明；描述企业的金融风险管理目标和政策；描述每种对冲方式，哪些金融工具旨在对冲风险以及风险对冲的性质；重要的收入和费用科目以及金融资产和金融负债的损益，它们是否包括在净利润或损失之中，或者它们是否作为单独的权益组成部分，对其权益的增减进行调整；证券化的详细资料和回购协议；从应摊成本到公允价值的金融资产重新分类的性质、效果和原因；任何资产减值损失的性质和数量，或者资产减值损

失的转回。❶

但是，第 39 号国际会计准则没有考虑非活跃市场情况下公允价值计量的应用问题，给 103 个成员国留下了财务报表中的最大空白。

因此，2008 年 5 月，国际会计准则理事会成立了一个特别咨询专家组，专门研究非活跃市场情况下公允价值计量的应用问题。经过多次讨论，2008 年 10 月，该专家组提交了研究报告——《当市场不再活跃时金融工具的公允价值计量和披露》（以下简称"IASB 报告"）。该报告指出，无论使用何种估值技术，该技术都要及时反映市场参与者对信用风险和流动性风险所作的调整。估值应将市场参与者对该衍生工具定价时可能考虑的所有因素都纳入考量范围，否则这种估值金额就不代表计量日的当前交易价格；即使该交易价格可以通过观察得到，主体也可能需要对其进行大幅调整，该调整的目的是获得计量日有序交易的价格。如果该调整对公允价值计量整体影响较大，并且使用了一些不可观察参数，主体可使用多种估值模型来验证每一模型的结果。❷

五、巴塞尔委员会关于改进金融衍生工具信息披露规则的建议

为了改进衍生工具信息披露规则，巴塞尔委员会与证券委员会国际组织（"IOSCO"）发表了一份联合声明，建议公开披露银

---

❶ See International Accounting Standards Committee News, IASC Publishes a Comprehensive Standard on Financial Instruments at http：//www. iasc. org. uk/news（visited Mar. 5, 1999）.

❷ 于永生、卢桂荣：《次贷危机背景下的公允价值会计问题研究》，立信会计出版社 2010 年版，第 125 页。

行和证券公司的交易和金融衍生品活动。该建议不仅对从事衍生品交易的金融机构和非金融机构有用，而且对那些长期坚持开发更好和更具协调性的信息披露准则的机构也是有益的。

该联合声明旨在通过改进企业财务状况、业绩、业务活动、风险预测和风险管理实务的透明度，促进市场效率的提高，强化市场的纪律约束，提高私人机构和金融体系的安全性和稳定性，增强监督效果。

该联合声明指出，为了精确评估企业的财务状况和风险程度，及时可靠的信息披露是必需的。为了维持稳定的金融系统，在金融创新日新月异和复杂性日益增加的环境下，要求强有力的风险管理政策和谨慎监督的控制机构以及信息的公开披露。公开披露应该与风险测量和内部使用的风险管理策略相一致。

同时强调，统一的财务信息披露规则能够使财务报表的用户对不同的实体和国家进行比较。财务信息披露应该提供包含定性和定量信息的摘要。定性信息应该包含有关贸易和非贸易的金融衍生工具活动的信息（非贸易活动用于对冲和管理风险，贸易活动用于投机）。摘要应该清晰概括金融衍生工具活动的范围和性质，同时描述这种活动是如何给企业创造利润的。

定性信息应该解释贸易和金融衍生工具活动是如何符合商业目的、战略、风险观念以及"这些活动是如何影响企业的综合风险承担的"。财务信息披露应该描述会计政策和用于确定金融衍生品业务收入的方法。这能够使财务报表的用户理解各种金融衍生工具活动会计方法的重大差异。由于不同国家或机构的会计准则不同，所以，这些信息能够让财务报表的用户对不同公司的经营状况进行对比分析。新会计准则可能对财务报表具有重大影响。

定量披露应该概括贸易投资组合和使用非贸易金融衍生工具

的信息。市场活动的信息应该包括风险种类（利率、汇率、贵重金属、其他商品和股票）、广义的金融衍生工具类型（期货、远期、掉期和期权）和重新定价的日期。

虽然巴塞尔委员会的建议不能取代各个国家的任何具体规定或标准，但是，对于那些没有严格市场监管制度的公司而言，遵守这些信息披露建议，将给投资者提供作出明智的投资决策所需的信息。

第三节　国际会计准则和信息披露制度之缺陷分析

尽管美国、英国和日本以及国际会计准则委员会和巴塞尔委员会都大刀阔斧地进行改革，尽可能地给使用财务报表的用户提供更多的信息，以便用户能够准确评估投资风险和作出明智的投资决定。然而，在对财务会计准则和信息披露进行重大改革之后，迄今为止，仍然存在缺点。

一、综合风险确定难

FASB 制定的 FAS 133 要求，资产负债表上的衍生工具必须以市场价值计算，它的主要目的是确保企业能够准确地测量和公布使用金融衍生工具的潜在综合风险。遗憾的是，潜在的风险只能通过一笔交易一笔交易的方式测量。这也提出了一个问题，即是否财务报表的用户通过了解符合新会计准则和信息披露制度的信息，能够确定企业的综合风险水平。

市值法可能是主观的，但是，通过对市场价值的计算，投资者将获得对不同公司进行对比分析的全面信息。有关综合风险大小或者金融衍生工具交易给企业财务状况带来潜在风险的信息，将给投资者提供获取企业金融衍生工具交易总额的机会。然而，由于市值计算法属于新生事物，投资者必须学习新的会计方法以及理解它对财务报告的整体影响，所以，它在实施的初始阶段可能给投资者带来一些问题。另外，公允价值的确定也是一个难题，尤其是在金融衍生工具市场不发达的地区，甚至没有市场价值可供参照。

FASB 的最初目的是希望新的规定能够让企业显示因使用衍生工具而降低的整体风险。然而，FAS 133 只要求企业一笔交易一笔交易显示风险降低情况。因为这个原因，财务报表用户很难明晰综合风险的降低程度或者因使用金融衍生工具导致的潜在整体风险。单笔交易可以显示该笔交易的风险降低情况，但是，当审视所有的金融衍生工具交易时，该企业的风险降低程度可能微乎其微。反过来，这又给该企业的财务状况构成了更大的潜在风险。

二、简捷算法可能导致企业规避全面信息披露义务

根据 FAS 133 的规定，专用账户允许进行"高效"对冲。这意味着，如果损益表中只报告了套期保值的无效部分，则符合条件的套期保值可以接受特殊会计处理。无效部分是指在对冲工具变化中不能完全抵销的衍生工具的价值变化部分。遗憾的是，财务会计准则委员会对什么是"高效的"定义很模糊。FAS 第 80 号《财务会计准则》有一个解释，它规定，如果对冲具有 80% 的效果，那么它被认为是高效的。但是，FAS 第 80 号《财务会计准则》也不清晰，因为它是为关联交易而不是为对冲提供指引。

如果企业对冲工具公允价值的变化完全与衍生工具公允价值的变化相一致，那么 FAS 133 也允许企业不必评估其衍生品是否

完全有效。另外，若衍生工具符合一定的标准，FAS 133 也允许采用所谓的简捷算法。简捷算法假定金融衍生工具是高效的，收入中没有发现无效部分，企业能够假定，对冲项目公允价值的变化与金融衍生工具完全一致。因此，没有发现无效部分，财务报表的用户将只看到对冲项目价值的变化是如何被金融衍生工具价值的变化完全抵销的。因此，真实的价值变化将难以被发现。

简捷算法用于互换和商品远期。FAS 133 明确承认，与符合简捷算法要求的互换相比，应区别对待，利率互换标准会引起债权价差的改变。简捷算法忽视了所有因债权价差变化可能产生利率互换无效的行为；因此，企业力求满足"完全有效的"简捷标准，从而规避全面信息披露的义务。

根据新的规定，对冲必须从一开始就进行会计记录。该记录文件必须确定对冲与金融衍生工具之间的关系、具体的金融衍生工具类型、对冲项目、特定对冲风险的性质以及如何测量该工具的效果。这种会计记录的范围比 FAS 133 之前更广泛。虽然在企业指定进行某种对冲之前，它不可能看到该对冲的执行方式，但是，对于如何指定对冲以满足该企业的财务报表列报目标，还是存在一定的自由裁量空间。这种企业自由裁量的灵活性也能解释为什么相同的对冲项目和金融衍生工具因企业不同而差异很大，当对不同的企业进行比较时，这也可能导致混淆或者甚至出现带有欺骗性的财务报表。

企业设法满足简捷标准以避免在收入报表中显示对冲的无效。因此，财务报表用户不可能决定是否能够满足这些金融衍生工具的风险管理目标。企业是否通过满足简捷算法的条件，能够绕过必须披露无效对冲部分的规定，财务会计准则委员会不得不再次考虑这个问题，要求更具体的效果检测方法。考虑到这种操纵风险，现在财务会计准则委员会对这个问题的考虑更加谨慎，而不是等到另一轮巨大的财务损失公开报道后才考虑。

考虑到财务会计准则委员会的新规定，实质相同的交易可以适用不同的记账方法。例如，建立资产—负债匹配型对冲战略的企业，与纯粹债务对冲型企业相比，相同的对冲工具记账方式不同。新的会计规定与以前相比，能够给财务报表的用户提供更多的帮助。但是，尽管可以提供额外的帮助和保证，如果所有的对冲都使用相同的标准记账，那么根本不会允许使用简捷算法。

由于简捷算法考虑到了某些金融衍生工具和"有效对冲"不一定在收益中报告无效对冲的事实，因此，在收益中确认的净损益并不包括已确认的全部损益。如果损失确实发生，但没有报告，那么财务报表用户将会对企业的收益和财务业绩产生误解。总的来说，这些没有报告的损失可能非常大。

第四节　我国金融衍生工具信息披露制度

一、我国金融衍生工具会计准则的演变

我国长期以来没有关于金融衍生工具方面的专门会计准则，关于金融衍生工具的一些基本概念和会计处理方法散见于财政部发布的《企业会计准则——基本准则》《企业会计准则——投资》《企业会计准则——非货币性交易》《企业会计制度》《金融企业会计制度》和中国证监会发布的《公开发行证券的公司信息披露编报规则第 18 号——商业银行披露特别规定》、中国证监会《金融机构衍生产品管理暂行办法》、财政部会计司《金融机构金融衍

生工具交易与套期业务会计处理暂行规定》等行政规章之中。

在 1996 年之前，我国金融衍生工具的会计确认由金融机构自主决定，大多数金融机构将金融衍生工具视为纯粹的表外事项，表内不作任何确认；同时使用成本计量方法，即只对已经实现的金融衍生工具公允价值的损益予以确认，未实现的损益则一般不作表内确认。直到 1996 年中国人民银行发布《商业银行资产负债比例管理监控、监测指标》，才第一次将表外业务的概念提出。随后，中国人民银行发布的《商业银行表外业务风险管理指引》（2000 年）和《商业银行信息披露暂行办法》（2002 年）提出了新的表外业务分类方式，要求披露金融衍生工具的计量基础、账面价值和风险管理措施。中国证监会发布的《公开发行证券的公司信息披露编报规则第 18 号——商业银行信息披露特别规定》（2003 年）简单地规定应披露金融衍生工具的计量基础、公允价值、风险头寸和套期确认标准等 4 项内容。原中国银监会发布的《金融机构衍生产品交易业务管理暂行办法》（2003 年）从市场准入、风险管理、罚则等方面专门对金融衍生工具的监管进行了规定。原中国银监会发布的《商业银行风险监管核心指标》（2006 年）则是更为系统、全面地规定了商业银行的信息披露制度。

2006 年财政部颁布了新的《企业会计准则》，新准则改变了以往只在资产负债表外披露金融衍生工具的会计处理方法，将金融衍生工具纳入企业资产负债表内，并以公允价值进行计量。由于公允价值需要一定规模的金融衍生品市场的存在，如果没有活跃的市场存在，则公允价值极易被扭曲。

具有里程碑意义的是财政部于 2006 年 2 月颁布了 4 项金融工具会计准则，为我国上市公司金融工具会计核算提供了完整、规范的会计处理标准，即《企业会计准则第 22 号——金融工具确认和计量》《企业会计准则第 23 号——金融资产转移》《企业会计准则第 24 号——套期保值》《企业会计准则第 37 号——金融工具列报》。❶ 这是我国首次明确金融工具、金融衍生工具应主要以公允价值计量并纳入表内列报与披露，这 4 项准则可以对目前商业银行、上市公司等金融机构有关金融衍生工具业务的会计处理提供完整的指引。2008 年 1 月，中国会计准则委员会与国际会计准则理事会就会计准则持续趋同达成共识并签署备忘录，至此，我国承诺并在金融工具、房地产等领域全面实施公允价值计量。

根据上述规定，金融衍生工具的权利义务确认为金融资产和金融负债，并在会计报表内予以确认；初始计量采用历史成本，后续计量则一致地采用公允价值计量；基于非套期保值目的持有金融衍生工具时，其相关的公允价值变动一般在当期直接计入净收益；基于套期目的持有金融衍生工具时，套期项目有效套期部分的公允价值变动待被套期项目相关损益实现时予以确认，无效部分视同非套期保值目的持有金融衍生工具处理；企业对衍生品交易的相关政策，以及各项金融衍生工具处理、交易目的、面值、期限、风险、套期保值等信息在报表附注中予以披露，同时，在附注中还应披露金融衍生产品交易对企业整体影响的相关信息。❷

二、我国金融衍生工具信息披露制度面临的困境与障碍

虽然新会计准则对金融衍生工具的会计处理作出了更详细和系统的规定，会计信息的披露更加充分，新会计准则也确立了与

❶ 韩传模、王桂姿：“金融工具会计准则实施后产生的问题及对策”，载《财会月刊》2007 年第 4 期。

❷ 韩立岩、王允贵主编：《人民币外汇衍生品市场：路径与策略》，科学出版社 2009 年版，第 170 –171 页。

国际接轨的公允价值计量原则，但是我国目前处于加快完善社会主义市场经济体制阶段，金融衍生工具市场还处于初建阶段，在信息披露制度方面还面临以下困境与障碍。

（一）金融衍生工具公允价值的确定难度很大

我国《企业会计准则》（2006）将公允价值解释为"在公平交易中，熟悉情况的双方，自愿进行资产交换或负债清偿的金额"。虽然会计界对公允价值的表述并不完全一致，但都强调了"公平交易"条件和"双方自愿"的原则。公允性是公允价值的本质属性，所谓公允性就是在市场交易中双方能够以公平交易价格自愿成交。但对于复杂的金融衍生工具而言，公允价值会计面临很大的技术性挑战：第一，对于由活跃交易转变为非活跃交易的金融工具，市场主体需要判断这些交易是否属于强迫交易；若存在强迫交易情形，那么该如何计量该金融资产的公允价值。第二，对于没有交易市场的金融衍生工具，金融衍生工具的公允价值又该如何确定，如何寻找恰当的估值模型。第三，金融衍生工具的公允价值很难计量，尤其是复杂的次级金融衍生工具，由于无法获得相关的市场信息或估值参数，已经由"按市值计价"转变为"按模型计价"。❶

我国金融衍生工具市场的发展尚处于起步阶段，真正形成市场条件的金融衍生产品目前只有期货交易，而互换和期权交易才刚刚起步，市场的活跃程度较低，较合理的公允价值的取得是以活跃的市场为前提的。出于谨慎和风险防范的目的，我国的金融衍生工具市场仍以场内交易为主，而国际上金融衍生工具市场主

---

❶ 于永生、卢桂荣：《次贷危机背景下的公允价值会计问题研究》，立信会计出版社 2010 年版，第 136 页。

要以场外交易为主，这必然造成我国金融衍生工具市场成交清淡，从而导致缺乏认定金融衍生工具公允价值的市场条件。

（二）金融资产分类面临挑战

金融衍生工具的分类、确认和后续评价，很大程度上依赖于会计人员的专业判断。新的财务报表将金融资产在初始确认时分为四类：以公允价值计量且其变动计入当期损益的金融资产；持有至到期投资；贷款和应收款项；可供出售金融资产。❶另外，金融资产还按流动和非流动项目进行再分类。企业将交易目的的金融资产列为流动资产，将持有至到期日的金融资产列为非流动资产不存在争议，但可供出售金融资产是列为流动资产还是非流动资产法律没有明确规定，如何归类全靠会计人员的自我判断，因为其分类直接影响企业的流动比率、速动比率等相关财务指标的计算，判断失误或被人为利用将产生财务报表欺诈的严重后果。❷

（三）没有规定衍生产品相关主体的实时报告义务

由于金融衍生产品风险敞口随时都在发生变化，只有及时、全面地披露准确的信息才能为投资者决策提供有价值的参考，同时，便于监管机构监管。❸欧美国家均要求金融机构在衍生产品交易发生后，立即以电子方式进行实时报告。而我国的相关法律没有规定相关主体的实时报告义务。根据国务院国资委 2009 年发布的《关于进一步加强中央企业金融衍生业务监管的通知》第 6 条

---

❶　陈平："浅析我国衍生金融工具会计准则"，载《金融经济》2007 年第 10 期。
❷　韩立岩、王允贵主编：《人民币外汇衍生品市场：路径与策略》，科学出版社 2009 年版，第 170－171 页。
❸　颜延、彭润中："金融工具会计准则实施后产生的问题及对策"，载《上海金融》2013 年 5 月 15 日。

的规定，国有企业实行的是金融衍生产品投资的定期报告制度，分为年度报告、季度报告、紧急报告和周报告四种类型。年度报告在年度终了后向国务院国资委出具经中介机构审计的专门报告；季度报告在每季度终了10个工作日内向国务院国资委报告，报告内容包括业务持仓规模、资金使用、盈亏情况、套期保值效果、风险敞口评价、未来价格趋势、敏感性分析等情况；紧急报告是指在发生重大亏损、浮亏超过止损限额、被强行平仓或发生法律纠纷等事项之后3个工作日内向国务院国资委报告；周报告是指在上述紧急情况发生后，对采取的应急处理措施及处理情况建立周报告制度。也就是说，国务院国资委对国有企业从事金融衍生业务规定的信息披露义务正常情况为季报，发生重大亏损、被强制平仓等事项后，才要求在3个工作日内进行紧急报告。

根据原中国银监会2011年修订的《银行业金融机构衍生产品交易业务管理暂行办法》第41条、第42条的规定，银行业金融机构应将以下信息向原中国银监会报送：与衍生产品交易有关的会计、统计报表及其他报告。同时，银行业金融机构应对外披露从事衍生产品交易的风险状况、损失状况、利润变化及异常情况。在衍生产品交易、运行系统、风险管理系统等发生重大变动时，银行业金融机构还应当及时主动向原中国银监会报告具体情况。由此可知，原中国银监会将规范银行业金融机构从事金融衍生产品交易的及时信息披露义务重点放在重大业务风险或重大业务损失上，未规定实时报告义务。

2009年中国银行间市场交易商协会根据中国人民银行的授权，发布了《关于银行间市场金融衍生产品交易备案事项的通知》，建立了场外金融衍生产品信息披露制度。要求金融机构必须按照规定的内容和格式将其未通过中国外汇交易中心暨全国银行间同业拆借中心交易系统进行的金融衍生产品详细交易情况报送中国银行间市场交易商协会备案。同时，应在每周前2个工作日内以电子邮件形式将上周《交易情况备案表》发送给中国银行间市场交易商协会指定的备案机构的电子邮箱。

综上，中国银行间交易商协会建立了包括金融机构主协议文本备案、场外交易备案和违约事件报告在内的信息披露制度。但是，未规定金融机构场外交易的实时报告义务，也未提出建立数据存储库之类的报告要求。

（四）信息披露内容的完整性欠缺

我国金融衍生工具信息披露制度内容的完整性欠缺，譬如，没有制定相关的示范披露表格，没有将估值技术与模型纳入披露规范。金融衍生工具估值的复杂性决定了卖方向买方披露估值技术和模型的重要性。一些国家甚至要求卖方设计情景分析，并披露每日估值的所有方法和假设。欧盟证券监管机构委员会《执行金融工具市场指令之消费者手册》甚至规定，即使披露了估价技术和模型，但买受人明显不能理解，出卖人仍应当承担解释和说明的义务。如果卖方不披露相关估值技术和模型，买方将因技术原因遭受损失，这是非常不公平的。[1] 但遗憾的是，我国的监管标准没有规定卖方向买方披露估值技术和模型的义务。[2] 另外，因卖方信息披露的复杂性，包括英国在内的成熟市场均设计了相关标准和规范的示范披露表格，以便于市场参与者遵从，但是，我国还没有相关的信息披露规范。

---

[1] The Committee of European Securities Regulators, A Consumer's guide to MiFID, Investing in financial products. March 2008, pp. 1 – 11.
[2] 颜延:《金融衍生工具卖方义务研究》,法律出版社 2014 年版,第 296 页。

三、破解我国金融衍生工具信息披露制度困境与障碍的设想

（一）明确规定公允价值的定义

通过立法明确规定公允价值是指反映计量日资产或负债的市场价格，如果资产或负债不存在可观察的市场价格，公允价值就是估定假定市场存在情况下的市场价格。这样就解决了目前公允价值的定义含混不清和实务中应用混乱的局面，在实践中具有更强的可操作性。

（二）建立公允价值级次标准和确定相关计量参数

为了解决公允价值的复杂性和非活跃市场情况下的确定难问题，使资产或负债的公允价值能够准确反映其真实价值，建议参照美国财务会计准则委员会发布的"公允价值计量"准则（SFAS 157）的公允价值级次，建立我国的公允价值的级次标准，并确定相关计量参数。具体构想如下：一级计量适用于在计量日能获得相同资产或负债在活跃市场上报价的企业，此时，以该报价作为金融衍生工具的公允价值；二级计量适用于在计量日能获得类似资产或负债的活跃市场报价的企业，以该类似资产报价作为金融衍生工具的公允价值；三级计量适用于无法获得相同或类似资产或负债的可比市场交易价格的企业，以来自独立于主体渠道的数据，如权威机构发布的行业平均收益率、其他统计数据或独立资产评估中介机构的数据为依据确定金融衍生工具的公允价值。❶

（三）增加衍生工具公允价值信息披露的内容

为了提高衍生工具信息披露的准确性和完整性，我们建议以

---

❶ 于永生："公允价值级次研究"，载《中国会计学会高等工科院校分会 2008 年学术年会暨中央在鄂集团企业财务管理研讨会文集（上册）》，2008 年 11 月。

示范表格形式分类披露主要资产或负债表日的公允价值计量总额和所属级次。由于三级计量的可核实性差，可靠性不足，应将其适用范围限制在少数必要的资产或负债之内，同时，还要增加披露三级计量的参数来源或参数推导的依据。

（四）提高报告频率，规定实时报告义务

为了给投资者和监管机构提供及时、准确的信息，笔者建议提高我国衍生产品交易的报告频率，并逐步建立金融衍生产品交易的实时报告制度。即场内和场外交易的每一笔金融衍生产品，均需向监管机构指定的数据存储库进行实时报告。通过实时报告制度，方便监管机构和投资者便捷地利用数据存储库获得自己所需的信息，实现信息共享，保障金融衍生产品交易市场的公平、公开和公正。

（五）建立统一的报告标准和数据存储库

为了便于查询和管理，建议借鉴美国的做法，明确要求各交易所建立自己的数据存储库以满足监管标准。而且在时机成熟以后，还应当逐步建立全国统一的金融衍生产品交易数据存储库，并对衍生产品交易的主体身份、资金来源、数据查询和保密等问题进行专门立法。不论何种数据存储库，监管机构均有登录、查询和监控的权力，而且应当为相关投资者提供检索和查询服务。

第十章

金融衍生工具监管模式

第一节　以美国为代表的多头监管模式

　　美国的金融衍生工具市场已有 40 多年的实践经验。由于美国证券交易委员会负责证券产品的监管，商品期货交易委员会负责监督期货交易，因此，美国证券交易委员会和商品期货交易委员会共同负责衍生产品的管理监督。❶ 也就是美国采取了我们常说的多头监管模式。

一、美国金融衍生工具市场监管机构：证券交易委员会和商品期货交易委员会

　　在美国，监督金融衍生工具市场的政府机构主要有两个，即证券交易委员会和商品期货交易委员会。

---

❶ Patrick H. Arbor, Derivatives are Just Like 3 Pieces of Mom's Apple Pie, Chi. Trib., Jan. 23, 1995, at 13N.

（一）证券交易委员会

美国证券交易委员会（SEC）是根据 1934 年《美国证券交易法》成立的美国联邦政府专门委员会，旨在监督证券法规的实施。现在，该委员会负责美国七部证券相关法规的执行工作，它们是：1933 年《美国证券法》、1934 年《美国证券交易法》、1939 年《美国信托契约条例》、1940 年《美国投资公司法》、1940 年《美国投资咨询法》、2002 年《美国萨班斯—奥克斯利法案》和 2006 年《美国信用评级机构改革法案》。美国的所有证券发行和证券交易都必须在该委员会注册，接受该委员会的监督。证券交易委员会（SEC）对股票期权具有专属管辖权，负责股票期权的反欺诈执法，保护公众投资者的利益。

（二）商品期货交易委员会

美国商品期货交易委员会（CFTC）于 1974 年由美国国会组建，最初负责监管美国的商品期货与期权市场。但它的发展经历了以下几个不同的发展阶段。

1. 1922 年《美国谷物期货法》

美国最早对衍生工具进行调整的法律是 1922 年国会颁布的《美国谷物期货法》，该法的立法目的是通过监管谷物期货交易所的交易，消除谷物州际贸易中的障碍，通过加强监管以保护谷物贸易和维护市场公信力。该法规定，除了所有者或谷物种植者之外，任何人在交易所交易谷物期货只能在农业部指定的合约市场进行交易。也就是，这个时期由农业部负责谷物期货市场的监管。

2. 1936 年《美国商品交易法》

1936 年《美国商品交易法》是《美国谷物期货法》的修正案，根据该法规定，成立了商品交易委员会取代《美国谷物期货法》设立的专门委员会，商品交易委员会由农业部长、财政部长和司法部长组成。

这个时期，指定合约交易所交易的商品期货的范围从谷物即小麦、玉米、燕麦、大麦、黑麦、亚麻和高粱，扩大到包括棉花、大米、粉碎饲料、黄油、鸡蛋和爱尔兰马铃薯。在随后几年，《美国商品交易法》修订了 12 次，进一步扩大了它的监管范围，包括羊毛条、油脂、棉籽粕、棉花种子、花生、大豆、豆粕、羊毛、洋葱、牲畜、畜产品和冷冻浓缩橙汁，如果交易在未来交割，必须在指定的合约交易所交易。

3. 1974 年《美国商品期货交易委员会法》

根据该法，授予农业部和商品交易委员会行使的所有权力全部移交给新的商品期货交易委员会。它非常明显地扩大了《美国商品交易法》（CEA）的适用范围。除了设立商品期货交易委员会作为独立的机构并赋予其对商品期货与期权享有专属管辖权外，该法还扩大了《美国商品交易法》的"商品"范围，将商品的定义扩大到包含"所有其他商品和物品（洋葱除外）以及目前或将来涉及未来交割的所有合约服务、权利和利益，"远远超出了《美国商品交易法》具体列举的农产品范围。

二、证券与期货的监管权冲突：联合监管与《夏德—约翰逊管辖权协议》

（一）证券与期货的监管权冲突

由于《美国商品期货交易委员会法》授予商品期货交易委员会广泛的管辖权，很快引起了证券交易委员会和商品期货交易委员会之间的冲突。争端源于证券期权与期货应该由哪个机构监管的问题。该问题在 1980 年进入争议的关键阶段，当时这两个机构都宣称对证券期权享有管辖权。

证券交易委员会一贯采取的立场是，证券期权应该像证券一样被监管；商品期货交易委员会则认为，它对包括证券在内的所有商品期权与期货享有专属管辖权。多年来，商品期货交易委员会坚持认为，证券期权应该像期货一样被监管，因为期权是资本形式的外化，而且几乎总是可以设计出与期货合约具有相同经济特征的期权（反之亦然）。根据《美国商品期货交易委员会法》第 5 条规定，涉及在指定的合约市场或互换执行设施或任何其他交易所或市场上交易或执行的、未来交割的商品销售合约的账户、协议（包括任何其性质具有或被称为"期权""特权""赔偿""出价""投标""看跌""看涨""提前担保"或"拒绝担保"之交易）与交易都应由商品期货交易委员会监管。❶

（二）对两种监管结构和冲突规则的分析

双方争执的焦点是如何避免执法权的重叠和矛盾等问题。有记录表明，国会议员不愿意引进证券期货，因为存在管辖权不明确的内在法律缺陷。因此，监管机构遇到了它们的前辈在 20 世纪 80 年代初就面临的相同管辖权问题。

1. 注册要求差异

如果经纪人和交易商（BD）是经营证券期货产品的期货佣金商（FCM），那么他们应该向商品期货交易委员会注册；如果期货佣金商是经营证券期货产品的经纪人和交易商，则应向证券交易委员会注册。商品期货交易委员会规定，向美国期货协会（NFA）

---

❶ Gary E. Kalbaugh, Deviratives Law and Regulation, Wolters Kluwer Law & Business, 2014, p. 35.

提交的书面通知必须包含基本的信息。相反，证券交易委员会要求期货佣金商适用更复杂的程序进行证券期货经纪人注册。

2001 年 8 月 27 日，证券交易委员会公布了"根据 1934 年《美国证券交易法》第 15（b）（11）条有关经纪交易商注册"的最终规则。根据最终规则，期货佣金商向证券交易委员会注册为证券期货经纪人，必须填写一份新的 BD - N 表格完成注册。BD - N 表格是一种新的、适度衍生的 BD 表格。这种新的表格实际上包含商品期货交易委员会平行注册程序的要求。这些要求包括向商品期货交易委员会申请注册时，提交符合预告登记五个法定条件的声明以及其他基本的身份信息。这五个法定条件是：经纪人和交易商或者期货佣金商是用自己的佣金注册；它们将自己的订单限制在证券期货产品上；各委员会都可以规定，经纪人和交易商或者期货佣金商要向另一个委员会提交书面通知；经纪人和交易商或者期货佣金商自己的委员会没有暂停注册；经纪人和交易商或者期货佣金商是全国协会（由经纪人和交易商组成的美国证券协会，或者由期货佣金商组成的美国期货协会）的会员。❶ BD - N 表格将由美国期货协会（NFA）保存，该协会同时保存期货佣金商提交的预告登记表。❷

注册要求之间的差异说明商品期货交易委员会和证券交易委员会之间内在关系紧张。这种关系紧张不仅体现在这两个机构的监管心态方面，还体现在它们的监管结构方面。人们担心经纪人和交易商（BD）在办理注册手续时，比竞争对手期货佣金（FCM）

---

❶ CFMA § 203（a）（2000）；Securities Exchange Act of 1934, 15 U. S. C. § 78o（b）（2000）；Commodity Exchange Act, 7 U. S. C. § 4f（a）（2）（2000）.

❷ Final Rule on Registration of Broker Dealers, 66 Fed. Reg. 45, 138 - 39, 141（Aug. 27, 2001）.

商享有更多的竞争优势，引发不公平竞争。

2. 相互冲突的适用性要求

虽然联合监管在书面上看起来吸引人，但实际上缺乏集体精神凝聚力。成立商品期货交易委员会和证券交易委员会明显是基于不同的原因，而且在各自行业服务于不同的目的。适用性要求可能是证券期货经纪人在为客户提供服务时面临的一个不确定性领域。证券交易委员会和商品期货交易委员会担负不同的职能，它们各自行业的适用性框架存在明显差异。

为证券期货创立联合监管框架的主要目的是限制监管"交易"。由于执行适用性要求时存在相互矛盾，至少在一定程度上可能产生监管交易的后果。虽然证券行业给它的经纪人施加了严格的适用性要求，但是，期货市场历来没有适用性规则。证券交易委员会和证券交易所官员担心，期货市场缺乏适用性规则将使客户面临很大的风险，因为证券期货是复杂的、高杠杆的和潜在的价格不稳定性产品。令人担忧的是，期货佣金商将会在没有进行任何危险提醒的情况下，将这些产品出售给弱势的散户投资者。在起草《美国商品期货现代化法》（CFMA）的过程中，立法者要求美国期货协会（NFA）为证券期货制定适用性规则。在证券期货产品可以交易之前，美国期货协会必须具有符合特定目的的全美证券协会的资格。资质标准包括制定类似于美国全国证券交易商协会（NASD）的客户保护和适用性规则。美国期货协会宣称，它正在与证券交易委员会一起制定类似于证券行业的规则。根据现行规则，美国期货协会要求进行"充分的风险披露"，但是，美国期货协会声称，它最终将禁止经纪人"提出不合适的建议"。

3. 最佳执行标准冲突

美国期货协会研究了证券期货适用最佳执行规则的问题。美国期货协会在它的网站上解释，很难"知道什么是最佳执行标准。"然而，证券行业恰好有这种要求，如果行业之间的监管框架不同，就可能存在冲突。

证券行业的最佳执行规则"要求经纪交易商在代理客户交易的情况下，寻找最有利的交易条件"。在期货行业没有这种规则的情况下，会产生期货行业的监管方法没有证券期货经纪人那么严格的问题。在缺乏这种规定的情况下，证券期货经纪人很可能避免为他的客户获取最佳执行价格，以及避免发布有关订单执行的信息。而证券行业必须对这些做法实行严格监管。❶

同样麻烦的是，证券业很可能不会对证券期货经纪人施加这种经纪人价格发布义务新规则。2001 年夏天，证券交易委员会有关订单执行的新的发布规则开始生效。该规则要求证券交易所和经纪交易商发布有关客户订单执行质量统计和发布方式的定期报告。❷ 然而，这条新的传播规则不可能对证券期货产品有效。尽管监管机构试图实现证券期货和标的股票之间的平等监管，但是，这两种产品的监管差异始终存在。

4. 存在差异的保证金水平

不同金融工具之间的保证金水平通常不一样，监管机构希望市场之间公平竞争，确保任何产品都不能获得比其他产品更多的不公平竞争优势。在美国，股票一般需要缴纳比期权或期货高得多的保证金。在现货市场购买股票的投资者需要缴纳 50% 的保证金。相比之下，期货合约的保证金要低得多，通常为 1% 至 7% 。

---

❶ Workshop on Operations Issues for Single Stock Futures, SIA Operations Conference 21 – 22（Apr. 28, 2001）

❷ See Laura Unger, Timeless Principles of Investing in an Electronic Age（May 6, 2001）, at http://www. sec. gov/news/speech/spch487. htm.

股票期权的保证金要求为标的证券的 20%。❶ 不同的比率说明，保证金在每个行业扮演的角色根本不相同。这些跨行业的不同比率和不同用途的保证金要求导致大规模的监管套利。因为金融衍生品市场应该由竞争性的市场力量，而不是由政府监管政策来挑选赢家或输家。

《美国商品期货现代化法》（CFMA）要求，证券期货的初始保证金和维持保证金应该设定在与期权保证金相当的水平。对于那些设计监管框架的立法者而言，定义"相当"一词存在难度。为了实现对期权的平行监管，《美国商品期货现代化法》授权美国联邦储备委员会（以下简称"美联储"）负责建立证券期货的监管框架。反过来，美联储利用《美国商品期货现代化法》授予它的职权，将这种权力委托给商品期货交易委员会和证券交易委员会共同监管。2001 年 10 月 4 日，这两个监管机构联合发布了预定于 2001 年 12 月中旬最终敲定的拟议规则，但是，直到 2002 年 5 月，该规则才最终获得批准。❷

另外，期权和期货保证金必须每天支付，以弥补合约价值的减少。而证券保证金必须覆盖 5 个交易日。❸ 由于股票的价格波动很大，美国证券交易委员会认为，每天甚至每小时都需要对具有杠杆作用的证券期货合约追加保证金，对散户投资者来说，可能过于危险。然而，持反对观点的人则认为，更频繁地追加保证金可以减弱价格波动，因为它们能够使投资者在累积更多的重大损

---

❶ See, e. g., NASD Rule 2520; Chicago Board Options Exchange Rule 12. 3; New York Stock Exchange Rule 431; American Stock Exchange Rule 462.

❷ Customer Margin Rules Relating to Security Futures, 66 Fed. Reg. 50, 720 (Oct. 4, 2001) (to be codified at 17 C. F. R. pts. 41 & 242).

❸ U. S. General Accounting Office Report to Congressional Requesters, Issues Related to the Shad – Johnson Jurisdictional Accord (Apr. 2000). at 21.

失之前，结算亏损头寸。

总之，对不同的产品规定不同的保证金要求会导致不公平竞争，较低的保证金会给投资者产生更大的杠杆作用，杠杆作用越大，就越会增加投资者潜在的损失。对投资者杠杆率过高的担忧，也是这两个行业采取不同的保证金水平的原因。

（三）解决监管权冲突的《夏德—约翰逊管辖权协议》

1981 年美国证券交易委员会和商品期货交易委员会达成了《夏德—约翰逊管辖权协议》，并将其内容纳入国会立法。该协议规定期权的管辖权应按照期权标的的管辖确定。因此，授权证券交易委员会对所有证券期权，包括指数期权享有管辖权；授权商品期货交易委员会对所有期货与期货期权享有管辖权，包括市政证券期货与股价指数期货。同时，禁止单一股票期货和单一股票期权。另外，该协议赋予商品期货交易委员会享有证券期货与股价指数期货（与期权）的管辖豁免权。

该协议旨在解决证券交易委员会与商品期货交易委员会的管辖权重叠问题。但遗留的问题是：该协议并没有定义"未来交货合同"或"期权"——虽然它说，"未来交货不包括任何延期交货或交付的现货商品销售"，但是，由于期权往往既具有期货合约特征，又具有证券特征，因此，该协议给未来的新型衍生工具留下了不确定性空间。

三、美国金融衍生工具监管的新发展与框架

从 1992 年开始，美国金融衍生工具监管进入管制与发展的新时代。其中又以 1992 年《美国期货交易行为法》、2000 年《美国商品期货现代法》和《美国多德—弗兰克华尔街改革与消费者保护法》（以下简称《美国多德—弗兰克法》）的颁布为标志。

（一）1992 年《美国期货交易行为法》

在 1992 年之前，商品期货交易委员会有权根据《美国商品交易法》的规定，豁免商品期权合约的监管。但是，根据《美国商品交易法》的规定，商品期货交易委员会没有类似的权力免除商品期货合约的监管。因此，美国国会制定了 1992 年《美国期货交易行为法》，赋予商品期货交易委员会广泛的豁免权。作为回应，1993 年 1 月，商品期货交易委员会制定实施细则规定，满足特定标准的互换协议，包括合格的互换参与人之间签订的互换协议，可以豁免适用《美国商品交易法》除反欺诈条款外的所有规定。

但是，1992 年《美国期货交易行为法》并没有解决场外互换的监管待遇问题：即场外互换是否应被视为证券、期货、期权，还是票据尚无定论。

（二）2000 年《美国商品期货现代化法》

2000 年 12 月 21 日，美国国会正式颁布《美国商品期货现代化法》。该法规定场外衍生品市场要接受商品期货交易委员会的监管；同时，推翻了 1982 年《美国期货交易行为法》"关于证券期货（而非广基证券指数）的禁令，允许证券期货交易，即未来交割的单一证券或窄基证券指数的合约销售……"授权商品期货交易委员会和证券交易委员会对这类产品享有共同管辖权。《美国商品期货现代化法》要求这些产品的交易设施向商品期货交易委员会和证券交易委员会注册，同时，将中介机构注册为经纪交易商和期货佣金商。❶

---

❶ See Title Ⅱ, Commodity Futures Modernization Act, "Coordinated Regulation of Security Futures Products."

2008 年《美国商品期货交易委员会重新授权法案》再次对《美国商品交易法》进行修改，将商品期货交易委员会的管辖权扩大到包括一方当事人"以杠杆或保证金为基础，报价、缔约或融资"的零售外汇业务。

(三)《美国多德—弗兰克法》

《美国多德—弗兰克法》于 2010 年 7 月 21 日通过，对场外衍生工具实施新的监管框架。❶

《美国多德—弗兰克法》放松了《美国商品期货现代化法》对衍生品监管的广义豁免，它建立了新的监管架构。该框架建立在衍生品市场分为"互换"（主要由商品期货交易委员会监管）和"证券互换"（主要由证券交易委员会监管）的基础上。创立了新的注册人类别，如"互换交易商""主要互换参与人""证券互换交易商"和"主要证券互换参与人"。引入了在"互换执行设施"上交易的有关市场运行的强制结算要求。《美国多德—弗兰克法》极大地扩大了商品期货交易委员会的执法权，将互换纳入商品期货交易委员会的执法权范围，而不再仅由反欺诈机构执法。

美国对金融衍生工具实行的多头监管模式，尤其是对证券期货行业实行商品期货交易委员会和证券交易委员会联合监管的双头监管模式，引发了规则冲突和法律不确定性问题，导致某些产品享有不公平竞争优势，最终会危及金融衍生工具市场的发展。因此，这种模式并不可取。

---

❶ PL 11－203（2010）.

第二节 以德国、法国为代表的单一监管模式

一、德国的金融衍生工具监管模式

（一）德国金融衍生工具市场发展概况

德国的金融衍生产品交易尽管起步较晚，但发展很快。目前，德国已成为全球最大的金融衍生产品交易市场，特别是在欧元衍生品交易上一枝独秀。德国金融衍生品的主要交易场所是位于法兰克福的欧洲期货交易所（EUREX，该交易所是由法兰克福交易所集团和瑞士交易所联合创建的）和位于斯图加特的欧洲权证交易所（EUWAX）。其中，欧洲期货交易所是世界最大的电子化金融衍生产品交易中心，该交易所的市场参与者在全球各地都能下单交易该交易所的衍生产品。欧洲权证交易所的规模比欧洲期货交易所小得多，但其权证交易很有特色，是德国地方性交易所中最大的衍生品交易平台。❶

欧洲期货交易所交易的品种分为六类：第一类，固定收益衍生品，主要是各种欧元债券衍生品，包括 EURO BUXL 长久期欧元债券期货（24~35 年），EURO BUND 长期欧元债券期货和期权（8.5~10 年），EURO BOBL 中期欧元债券期货和期权（4.5~5.5 年），EURO SCHATZ 短期欧元债券期货和期权（1.75~2.25 年）。其中 EURO BUND、EURO BOBL 和 EURO SCHATZ 的期货和期

---

❶ 李京阳："德国金融衍生产品市场及其监管研究"，载《南方金融》2009 年第 2 期。

权是全球交易量最大的欧元债券衍生品，其收益率被市场视为欧元债券的基准收益率。第二类，货币基金衍生品，主要是三个月欧元银行间同业拆借利率的期货和期权。第三类，股票衍生品，包括美、英、德等国全球各大股指成分股的股票期货和期权。第四类，股指衍生品，包括世界主要股指期货和期权，如德国 30 蓝筹股指数，德国新市场股指，德国 30 技术板块蓝筹股股指等。第五类，波动率衍生品，这是一种新型的金融衍生品，它是将金融资产的波动性也作为一项独立的资产来进行交易的衍生品。投资者可以利用波动性期货来对冲欧洲证券市场的波动性。2005 年4 月，欧洲期货交易所首次推出了波动率期货，针对三个股指：欧元区斯托克有限指数、瑞士市场指数和德国股票指数。波动率的计算以 30 日股指滚动波动率为准。第六类，交易所交易基金的期货和期权。❶

（二）德国的金融衍生工具监管体制

德国的金融衍生工具市场监管体系与其行政管理体制大体相当，为三层阶梯式结构。

1. 联邦层面的监管机构

德国联邦金融监管局（BaFin）。德国联邦金融监管局成立于2002 年 5 月，是根据《德国金融服务整合监管法》设立的全新监管机构。德国联邦金融监管局负责银行业、证券业和保险业的监管，同时，负责金融衍生工具场内和场外交易的监管。主要监管内容包括：打击内部人交易；信息披露的监管；打击价格操纵；确保合约履行和资金支付；规范金融分析和信息提供；制定和执

---

❶ 李京阳："德国金融衍生产品市场及其监管研究"，载《南方金融》2009 年第2 期。

行专业操作标准；负责金融衍生工具交易的国际监管与合作；审批外国证券期货机构在德国开设电子交易系统。

2. 州层面的监管机构

各州证券交易所监管局。德国长期实行联邦制，各州政府有很大的经济管理权力。各州证券交易所监管局隶属于各州财政部或经济部，并依据《德国联邦证券交易法》代表州政府对本州内的证券交易所进行监管。如欧洲期货交易所位于法兰克福，受黑森州交易所监管局监管。欧洲权证交易所位于斯图加特，受巴登—符腾堡州交易所监管局管理。各州监管局的监管重点是对交易所内交易价格形成过程的合理性和合法性进行监管，并负责审批境内证券期货电子交易系统的设立。❶

3. 交易所层面的监管

交易所内部的交易监察办公室。交易所内部的交易监察办公室在业务上接受各州证券交易所监管局的领导，但是，它在组织上具有一定的独立性，是交易所依据自律原则设立的。交易监察办公室的任务是对所有金融衍生工具交易和业务数据进行整理汇总，予以评估，同时，负责相关信息的披露。❷

(三) 德国金融衍生工具市场监管的法律依据

德国有多部相关法律适用于对金融衍生产品的监管，如银行从事金融衍生品交易由《德国银行法》调整，证券公司、机构投资者从事金融衍生产品交易则由《德国证券法》调整，有关金融衍生产品的会计处理由《德国会计法》调整等。由于德国没有独

---

❶ 李京阳："德国金融衍生产品市场及其监管研究"，载《南方金融》2009 年第 2 期。

❷ 同上。

立的证券公司，银行的业务范围涵盖了除保险以外的所有金融业务，德国从事金融衍生产品交易的金融机构主要是银行，因此，《德国银行法》中有关信息披露制度的规定同样适用于金融衍生产品交易。

金融衍生工具适用的专门法律是《德国交易所法》和《德国联邦证券交易法》。《德国联邦证券交易法》明确规定，衍生金融产品属于证券范畴，要受该法调整。该法详细规定了参与金融衍生产品交易的金融机构应当承担的信息披露义务，明确规定了联邦金融监管局是金融衍生产品交易的监管机构。《德国交易所法》明确规定衍生产品交易应由交易所成立的自律机构监管，同时，还需接受所在州的证券交易所监管局的监管。

小结：德国金融监管的特点是实行综合监管与分级监管相结合的模式。德国设立了综合性的金融监管机构——联邦金融监管局，负责银行、证券、保险等所有金融行业的监管，这可以充分发挥统一监管优势。另外，德国在各州设立代表州政府的证券交易所监管局，在交易所内部设立交易监察办公室，这种三层级的监管结构能够各司其职，各尽其责，既分工合作，又协调统一，因此，德国金融衍生工具市场监管的效果较好。

二、法国的金融衍生工具监管模式

（一）法国金融衍生工具市场发展概况

从 20 世纪 80 年代开始，法国财政部开始利用资本市场筹集资金，大量发行政府债券。为了进一步活跃政府债券市场的交易，1986 年成立了法国期货交易所（MNrIF），该交易所主要上市产品为法国公债期货与指数期货。

（二）法国的金融衍生工具监管体制

1. 监管机构

目前法国金融衍生工具市场的监管机构为法国金融监管局，它于 2003 年 8 月成立，由原来的法国证监会、金融市场主管局（委员会）、金融管理纪律委员会三个监管机构合并而成。法国金融监管局直接受立法机构委派，具有独立的法人地位，有权提起诉讼，有自主的管理规则。法国金融监管局负责证券、期货市场的监管，查处违法违规行为，确保信息公开和透明。

2. 金融监管局的组织机构

法国金融监管局下设董事局和纪律委员会。董事局由 6 名董事组成，成员主要是最高行政法院、最高上诉法院、审计院、国家会计局、法兰西银行、上议院、下议院、经社理事会和咨询机构的代表，另由经济部长任命 6 名代表，董事长提名秘书长一名（日常负责人）。纪律委员会由 12 名委员组成，负责查处金融违法行为。纪律委员会可下设专业委员会。

3. 监管机构的职责

（1）监管范围：审批可上市交易的衍生产品，监管金融衍生产品的信息披露。

（2）基本职权：制定结算规则，监督市场交易情况，提供投资信息服务，调解纠纷，受理投诉。

（3）执法手段：核查、调查。董事局秘书长负责签发监管、调查指令，任命调查人员。调查人员经过法官授权可到公司进行搜查。调查结果应提交董事局，由董事局决定是否采取法律措施。如董事局决定展开调查，应当通知有关人员，并由纪律委员会执行该决定，调查决定无需公开。紧急情况下，董事局可以下令暂停公司业务（调查期间），如认为有必要追究刑事责任，董事局应当通知检察官，并公开相关函件；如涉及价格操纵情况，董事局应立即通知检察官，并移送有权受理案件的法院。最后由纪律委员会独立调查，决定采取何种措施。调查后，纪律委员会决定是否实施制裁。如果是专业公司高管人员实施的行为干扰了市场秩序，专业公司要对他们的行为负责。❶

4. 监管机构的执法手段

（1）行政制裁：法国金融监管局可以对违法的单位或个人给予警告、暂时或永久地停止业务的行政制裁，并对单位处以非法所得 10 倍的罚款，对个人处以非法所得 5 倍的罚款。对上述行政处罚不服的，可向巴黎上诉法院提起行政诉讼。

（2）搜查：只有在刑事案件中才能在授权的情况下进行搜查。即使没有司法警察在场的情况下，监管部门也有权把文件拿走。

（3）行政禁令：禁止或停止某些行为或作为。

（4）逮捕、拘留：只有法院才有权作出逮捕、拘留决定，检察官和监管机构均无此项权力，这是法国与其他国家在司法权力方面存在不同的地方。❷

小结：法国金融衍生工具市场监管的特点是实行高度集中的单一监管模式，法国金融监管局是专门的证券、期货监管机构，地位很高，董事局的董事由政府重要部门的高官和社会各界名流组成，拥有崇高的威望。同时，金融监管局本身就是一个具有准执法权和准司法权的机构，可以高效快捷地制裁违法行为，提高执法效率。

---

❶ 吴庆宝："德国、法国等西方国家证券、期货市场法律监管理念"，http：//www.chinalawe. 访问日期：2012 - 2 - 24。

❷ 同上。

第三节 金融衍生工具市场的自律监管模式

一、自律监管的概念与特征

自律监管作为一种社会治理机制具有悠久的历史，它可以追溯到宗教兄弟会和中世纪的商人行会。[●] 在一定程度上，自律监管是指将监管权力下放给私人行业主体，它被视为范围更广的新型治理模式的特定形式或元素。自律监管常常与下列术语交替使用，如"自治""合作治理""协议治理""合作监管""自愿主义""私人监管""软法""准监管""强制性自我管理""社会成员共同管理"，等等。每一个这类术语都强调真正的"自律监管"与政府直接监管存在根本性区别：完全的自愿监管性，规则的制定权集中在非政府主体手中，或者说，规则本身没有约束力或者法律属性。

法学家和其他社会科学家早就意识到，对复杂系统实行单纯的自上而下的集权式监管是完全不适当的。当今社会信息流动的复杂性给所谓的"命令与控制型监管"提出了难以克服的挑战。因此，一种针对自上而下监管模式的主要批评之一——政府完全垄断了规则的制定和执行——是政府"没有足够的知识来诊断问题产生的原因，设计合理的解决方案以及确定违法行为（信息失灵）"。政府监管的缺点还包括不能设计出复杂和有效的法律与政

[●] *e. g.*, SELF – REGULATION IN TODAY's SECURITIES MARKETS: OUTDATED SYSTEM OR WORK IN PROGRESS? 1（CFA Inst. Ctr. for Fin. Mkt. Integrity, 2007），*available at* http://www.cfapubs.org/doi/pdf/10.2469/ccb.v2007.n7.4819.

策工具来解决复杂的社会问题（工具失灵），不能完全实施这些规则（实施失灵），以及不能激励被监管单位和个人遵守这些规则（激励失灵）。

相比之下，私人经济主体——金融机构和投资者——不受管辖权因素的限制，与政府机构相比，它们能够对跨国商务活动进行无缝式的监管。事实上，美国法律规定，大型国际活跃金融机构要对它们的营业风险进行并表管理。因此，行业自律组织在监管金融系统的全球性风险方面，处于一个比较有利的位置。

二、自律监管与政府监管的比较

与政府直接监管金融行业和单纯的市场监管机制相比，行业自律监管具有三个重要的潜在优势。

（一）自律监管具有很大的灵活性和情境驱动性

因为私人主体积极参与市场活动，能够对市场条件的变化作出更迅速和灵敏的反应，所以，自律监管本身比政府监管的效率更高、成本更低。从这个角度说，自律监管是一种"反应灵敏的、见多识广的、有靶向性的"的监管方法，能够激发被监管对象的道德责任感和潜在品格修养，从而增强自觉的守法意识。自律监管具有培育私人主体共同价值观的潜在功能，能够增强会员参与规则制定过程的主动性并培养其主人翁观念，以便自觉遵守自己制定的规则。❶

自律监管具有很大的灵活性和情境驱动能力。由于私营主体积极参与市场活动，能够对市场环境的变化作出快速、更好的反

---

❶ 阳东辉："建立'公共利益嵌入型'金融自律监管模式"，载《中国社会科学报》2012年9月19日。

应，因此自律监管本身比政府监管效率更高、成本更低。从这个意义上说，自律监管代表了一种"灵敏、知情、有针对性的监督方法，能够激发被监督部门或组织的内在道德修养，从而增强守法意识"。自律监管具有培养私人主体共同价值观、主人翁意识和规则制定参与感，从而自觉守规的潜在功能。

（二）金融行业具有及时和高效地获取和评估相关市场信息的能力

这种信息优势对于有效地监管日益复杂的金融市场和金融活动而言，是至关重要的。在获取市场信息方面，私人主体比政府具有巨大的潜在优势，他们有能力识别、分析和评估全球金融市场，特别是有关复杂金融产品和交易的基本趋势的潜在系统含义。一般情况下，私人投资者和金融机构有更好的条件获取重要的实时市场数据，能够更聪明和有效地拥有这些信息。他们的"内部人"位置使私人市场参与者能够作出更灵敏的判断，即哪些信息与预防系统风险有关，某些具体的信息如何影响整体走势。产业主体具有理解和分析日益复杂的金融信息的比较优势，也就是具有监管效率的重大优势。

（三）私人企业有能力真正从全球角度出发监管自己的营业活动，不用考虑国界和司法管辖权的限制

金融全球化给管辖权存在地域性的政府监管机构提出了严峻的挑战。为了有效地降低系统性风险，对跨境金融活动进行无缝式监管成了必要条件。❶

---

❶　阳东辉："建立'公共利益嵌入型'金融自律监管模式"，载《中国社会科学报》2012 年 9 月 19 日。

三、金融衍生工具市场自律监管模式存在的问题

2008 年全球金融危机过后，各国都在反思金融监管制度存在的问题，旨在将未来类似危机的发生概率降至最低。这一过程中的一个重要里程碑是通过了《美国多德—弗兰克法》，该法使美国的金融监管制度发生了重大改变。必须牢记：在技术创新快速发展的时代，金融监管改革本身是一个动态现象。理论上，金融监管改革是一个不断地进行集体审议和思想交流的过程，而不是在任何特定时刻制定成法律的一套静态规则。在日益复杂的全球金融市场上有效地预防金融危机和抑制系统风险，仍将是监管者和政策制定者的移动目标。2008 年金融危机发生的一个主要原因是金融风险在所谓的"影子银行体系"中累积，而影子银行体系游离于政府的监管之外。为了弥补这种监管失灵的状况，许多人呼吁对场外金融衍生品市场、对冲基金和其他私人投资工具引入某种形式的政府直接监管。同样，许多人建议必须加强对抵押贷款经纪人和信用评级机构的监管。❶ 该领域一个最突出的问题涉及修改银行和其他金融机构现行的资本充足率制度，以限制杠杆效应、增加流动性以及更好地使其资本与实际风险状况保持一致。

反思 2008 年金融危机，可以得出两个基本结论：第一个结论是信息流动与监管成败相关。很明显，管理日益复杂的金融系统的关键，是及时获取和有能力加工相关的市场信息。在这个永无止境地追求更快和更先进技术的世界上，金融监管机构维持他们的监督、识别、评价并及时应对日益复杂的金融工具与金融交易策略带来的风险和挑战的能力是至关重要的。第二个结论是金融

---

❶ 阳东辉："建立'公共利益嵌入型'金融自律监管模式"，载《中国社会科学报》2012 年 9 月 19 日。

全球化对监管能力的影响。在当今联系越来越紧密的全球化金融市场上，各国政府在努力监管国际活跃金融机构时，面临着严峻的挑战。监督跨国金融活动，并强制遵守任何单个国家的法律法规，是一个特别微妙而复杂的政治任务，因为它涉及不同国家的主权和治外法权问题。在这个由主权国家组成的世界上，各国监管机构对金融事务的有限管辖权，与对实行跨国经营的现代金融机构进行无缝式统一监管的要求不相符。尽管正在不断地努力实现各种形式的国际协作和市场监管，但这种监管能力的内在局限性使发现和预防全球金融系统整体经济风险变得更为复杂。

四、金融衍生工具市场自律监管的改革思路

任何金融监管改革必须解决两个基本问题：确保及时获取和分析重要的市场信息；基于全球范围来管理和控制金融活动的风险。作为一种干预经济的监管方式，行业自律监管明显不同于政府直接监管和纯粹的市场自律，它在解决这些挑战方面具有很大的前景。为了应对日益复杂的、动态的金融衍生工具市场带来的挑战，必须建立一种全新的"嵌入式自律监管"模式❶，以便更好地发挥政府监管和自律监管的合力。

这种"嵌入式自律监管"模式必须在金融机构的营业自由和保持金融稳定的公共利益之间维持微妙的平衡。一方面，金融机构有权以自身利益最大化的方式管理自己日益复杂的经营活动；另一方面，根据维持金融稳定的公共利益原则，它们必须自愿接受监管，依法合规经营。实际上，这种新的自律监管方法试图基于更广泛的社会价值和监管原则，"嵌入"金融实务，而不是从公

---

❶ Saule T. Omarova, Rethinking the Future of Self - regulation in the Financial Industry, Brooklyn Journal of International Law, 2010, P. 671.

共利益角度"解除嵌入"。当然，笔者认为，期望自私自利的私人金融机构为了高度分散的、不确定的公共利益，对自己的营利活动施加限制，是一种幼稚的想法。必须有强大的激励诱惑，才能吸引金融机构以牺牲自己的私人利益为代价，承担减少系统风险和维护金融稳定的集体责任。考虑到目前金融行业的薪酬结构、治理机制和整体文化，建立这种激励机制存在较大风险。在当前缺乏激励私人金融机构担负公共责任机制的情况下，让贪婪和无意识的华尔街大鳄们管理他们自己的事务可能导致更大的滥用和未来灾难。❶

行业自律监管存在的诸多危险和弊端只能靠强大的政府监管来弥补，同时，要注意处理和协调好行业自律监管和政府监管之间的关系，明确两种不同监管方式的监管目标，并考核其监管效果。一种比较理想的监管模式是将行业自律监管牢固地"嵌入"到政府监管体系中。❷

另外，金融行业的特殊性使得政府对金融业的自律监管进行干预和约束显得尤为重要。第一，在金融领域，投资者的风险与回报呈现出很强的正相关性，风险越大，回报越高，金融机构和投资者具有强烈的冒险动机。第二，金融行业的风险往往是系统性的，其发生与防范绝非任何单个金融机构或私人企业所能引发和控制，政府最后的干预和救助是必不可少的。第三，金融行业具有逆景气循环效应，在资产价格上涨的美好时期，全民狂欢，风险累积，准备金提取不足，一旦金融危机爆发，便引发多米诺骨牌效应。只有通过全面的具有强制力的政府监管才能防范和化

---

❶ 阳东辉："建立'公共利益嵌入型'金融自律监管模式"，载《中国社会科学报》2012 年 9 月 19 日。

❷ 同上。

解系统性金融风险。❶ 因此，寻找一种新型的金融行业自律监管模式，即一种明确关注预防系统失灵和嵌入广泛公共利益与政策目标的模式，应该成为政府监管金融市场的一种最佳补充设计方案。

第四节　我国金融衍生工具的监管模式及制度完善

一、我国现行的金融衍生工具监管模式

我国现行金融衍生品监管机构主要涉及四个主体。

（一）中国证监会

中国证监会就其性质而言，是国务院直属机构。其主要职权是统一监管全国的证券期货市场，具体职权包括证券期货监管体系设置权、下属机构的垂直管理权、规范性文件的起草和制定权以及对证券期货违法行为的调查、处罚权。就金融衍生工具而言，期货和期权的交易也由中国证监会监管。

（二）国家金融监督管理总局

国家金融监督管理总局，是在原中国银保监会基础上组建的国务院直属机构。统一负责除证券业之外的金融业监管，包括银行、金融资产管理公司、信托投资公司及其他存款类金融机构的监管。另外，银行、信托投资公司从事金融衍生产品交易也必须接受国家金融监管总局的监管。

---

❶ 阳东辉："建立'公共利益嵌入型'金融自律监管模式"，载《中国社会科学报》2012 年 9 月 19 日。

（三）中国人民银行

中国人民银行是中华人民共和国的中央银行，在国务院的领导下独立执行货币政策。中国人民银行作为货币政策制定者，肩负稳定币值的重任，其基于履行职责的需要仍然可以对人民币外汇衍生产品交易进行监管。中国人民银行主要是从宏观方面对各类金融机构的衍生工具交易给予政策建议。

（四）国家外汇管理局

国家外汇管理局是中国人民银行管理的副部级国家局，负责管理外汇收支、买卖、借贷、转移以及国际结算、外汇汇率和外汇市场。由于外汇交易划归国家外汇管理局监管，因此，对于外汇衍生品交易，国家外汇管理局当仁不让，具有监管权。

二、我国现行监管模式的缺陷

（一）分业监管模式已经过时

我国的"分业经营""分业监管"模式，虽然有利于明确分工，强化监管力度，但也会导致各自为政、缺乏配合、互相推诿、争权夺利等现象，使被监管对象有机可乘，出现分业监管与跨业违规经营的矛盾，如人民币外汇衍生品交易，如果作为期货、期权衍生品，中国证监会有权监管，如果作为外汇衍生品，要接受国家外汇管理局的监管。另外，作为对人民币汇率有重要影响的金融衍生品，还要接受中国人民银行的监管，若是由银行从事人民币外汇衍生品交易，还要接受国家金融监督管理总局的监管。这就导致人民币外汇衍生品交易作为跨部门、跨市场交易的品种，在监管机构方面出现重叠。再比如，《期货和衍生品法》第 8 条规定："国务院期货监督管理机构依法对全国期货市场实行集中统一监督管理。衍生品市场由国务院期货监督管理机构或者国务院授权的部门按照职责分工实行监督管理。"而《银行业金融机构衍生产品交易业务管理暂行办法》规定："中国银行业监督管理委员会是金融机构从事衍生工具交易业务的监督机构。"这就出现了多头监管和交叉监管问题。因此，笔者建议，我国应尽快修改相关立法，建立统一的金融监管体制。

（二）监管协调缺乏制度保障

目前，我国在金融衍生产品交易等涉及跨市场、跨行业监管的问题上，主要采取"一事一议"式的非制度化安排。毫无疑问，这种非制度化安排与及时、果断处置高风险金融交易的要求相去甚远，与推动金融创新、防范金融风险的目标和要求很不适应。❶因此，我国应建立常态化的、制度化的金融衍生工具监管协调机构，赋予其协调职权，明确各监管部门的配合义务，使其有能力协调各监管部门的冲突，保证金融衍生工具市场有序发展。

（三）监管法规滞后

我国有关金融衍生工具监管的专门性法律法规很少，仅有的几部部门规章也不统一，体系混乱，更不用说制定基本法层次的金融衍生工具市场监管法。如 2004 年原中国银监会颁布了《银行业金融机构衍生品交易业务管理暂行办法》，从市场准入和风险管理等方面为从事金融衍生品交易的金融机构提供了一般监管原则，但是对于期货、期权等具体的金融衍生产品，却没有具体的业务操作和风险管理规定。尽管我国于 2022 年颁布了《期货和衍生品法》，但内容较为宏观和抽象，没有针对各种不同的衍生工具作出

---

❶ 韩立岩、王允贵主编：《人民币外汇衍生品市场：路径与策略》，科学出版社 2009 年版，第 193 页。

有针对性的具体规定。总体而言，我国现阶段的金融衍生工具监管立法较为滞后，许多交易所的交易规则有待上升为基本法律规范。

（四）金融自律监管组织独立性不强

我国的金融自律监管组织主要有证券业协会、期货业协会和各交易所等。而在功能的发挥上，无论是中国期货业协会、证券业协会，还是交易所，都远远没有起到成熟、规范的自律组织所应有的作用。

我国的期货业协会是在民政部注册的社会团体法人，虽然《期货和衍生品法》明确了协会的地位、职能和作用，但期货业协会现有的功能仅仅是组织从业人员考试、培训、注册、年审和对经纪公司之间及与客户间的纠纷进行调解等。由于缺乏较为详细的行业道德标准及对违规会员的惩处职能等规定，期货业协会权威性不高，难以建立完整可行的行业自律规则。❶

必须指出，我国金融自律监管组织独立性不强主要体现为对政府具有较强的依附性，譬如，《中华人民共和国证券法》（以下简称《证券法》）第 107 条规定："证券交易所设总经理一人，由国务院证券监督管理机构任免。"《期货和衍生品法》第 84 条规定，期货交易所的负责人由国务院期货监督管理机构提名或者任免。可见，证券、期货交易所虽然名义上实行会员制，但实际上其负责人的任免仍是行政任命性质，这种特殊的会员制安排已使其沦为行政机关的附属物。❷ 实践中，许多金融自律组织削尖了脑

---

❶ 熊玉莲：《金融衍生工具法律监管问题研究——以英、美为主要分析视角》，北京大学出版社 2009 年版，第 152 页。

❷ 马良华、吕瑜："中国期货市场的监管体制及其改革"，载《浙江金融》2003 年第 11 期。

袋去抢行政事业单位的编制，挖空心思去争取政府财政经费拨款，并以背靠政府这棵大树为荣，丝毫没有意识到这种行为与自己独立的经济、法律地位是背道而驰的。要知道自律组织不仅可以辅助政府干预，还可以制约政府干预！一味寻求政府的庇护、依赖国家公权力的结果就是逐渐丧失自己独立的法律地位，沦为行政机关的附庸与传声筒。❶ 总之，我国金融自律监管组织的强烈政府依附性，导致了自身独立功能的丧失，难以担负自律监管的重任。

三、完善我国金融衍生工具市场监管模式的建议

（一）建立金融衍生工具统一监管模式

金融衍生工具产品众多，既有期货，还有期权、互换、资产证券化和其他新型金融衍生工具，更有多种产品组合的衍生工具，比如互换期权、期货期权等。一个衍生产品涉及多个领域、多种技术、多种知识，因此，任何一个单一监管机构都难以有效发挥其监管效能，多头监管又会出现扯皮、冲突、推诿等监管低效现象。所以，必须建立金融衍生工具统一监管模式，该种监管模式强调监管职权和执法标准的统一，该监管机构具有很强的协调职能，能够制定全国统一的监管法律法规，完全能够实现维护金融安全的监管目标。

（二）建立公共利益嵌入型金融自律监管模式

政府监管与行业自律监管均是金融衍生品市场监管架构的有机组成部分，前者采用自上而下的监管方式，后者采用自下而上的监管方式，二者相辅相成、互为补充。由于世界的复杂性、动

---

❶ 阳东辉、赵静：“第三部门的功能异化及其矫治——经济法视野下的社会团体”，载《时代法学》2011年第6期。

态性和关联性，大多数行业监管模式介于这两者之间。现实生活中，多种政府和非政府力量反复博弈，不断磋商，由此导致经济和社会生活中的公共利益和私人利益的边界日益模糊。传统自上而下的政府监管模式由于政府居于信息劣势，导致监管效率低下。因此，我们必须寻找一种新的、能够利用私人能力为公共目标服务的更有效的金融监管模式。❶

这种新的监管模式要求在尊重金融机构的私权自治和保持金融稳定的公共利益之间维持微妙的平衡：一方面，金融机构有权以自身利益最大化为原则管理日益复杂的经营活动；另一方面，它们又必须在维持金融稳定的公共利益原则的前提下，合法合规经营，承担更大的经济和社会责任。❷

笔者把这种新的自律监管模式叫作"公共利益嵌入型"自律监管模式，即直接将保护公共利益义务注入金融行业自律监管之中，要求它们承担维护金融稳定的主要责任，防止以集体决策的方式造成巨大的财务风险。实际上是让私人金融部门承担直接的、真实的社会责任以遏制它们的自利行为。❸ 这是一种明确关注预防系统失灵和嵌入广泛公共利益与政策目标的自律监管模式，它赋予金融机构更大的自律监管职权，是弥补政府监管失灵和纯私人自律监管缺陷的一种最佳设计方案。具体设想如下。

第一，加强金融自律组织内部民主以增强自身实力。让一个社会团体真正做大做强的有效方法就是实现内部民主，只有民主化的社团组织，才能够成为监督政府与服务社会的载体，也只有

---

❶ 阳东辉："建立'公共利益嵌入型'金融自律监管模式"，载《中国社会科学报》2012 年 9 月 19 日。

❷ 同上。

❸ 同上。

这样的自治组织才能够具有自生能力。[1] 金融自律监管组织要摆脱政府附庸角色的唯一途径就是进行民主化改革，充分发挥每个成员的积极性和创造性，形成集体合力，从而内生成监督政府公权力的强大组织。

第二，将政府承担的部分社会性权力让渡给金融自律组织，扩大金融自律组织的权限。笔者建议以外部分权的方式将那些并非需要国家强制力干预的领域划入社会自治权利的范围，加大社会自治权在国家经济中的比例，实现社会自治权利对国家权力的制约。[2]

第三，以立法形式固定金融自律组织的自治权。我国应将金融自律监管组织的地位、性质、职权和职责以立法的形式固定下来，尤其是将原来政府行使的部分公共职权明确赋予行业协会，从而真正发挥自律组织弥补政府失灵和市场失灵的功能。

---

[1] 阳东辉、赵静：“第三部门的功能异化及其矫治——经济法视野下的社会团体”，载《时代法学》2011 年第 6 期。

[2] 同上。

第十一章

金融衍生工具法律责任制度

第一节　金融衍生工具市场主体的民事责任

法律责任历来是法律制度研究的重要内容，没有责任制度的法律等于没有爪子的老虎。金融衍生工具主体权利义务得以落实的保障就是法律责任制度，它包括民事责任、行政责任和刑事责任三方面的内容。

一、金融衍生工具市场主体民事法律责任概述

在民法理论中，民事法律责任是指民事主体因实施了民事违法行为而应当承担的不利后果，一般包括缔约过失责任、违约责任和侵权责任三种形态。就金融衍生工具而言，由于其标准化和高流动性，违法行为人侵害的客体往往是他人的财产权利，一般不会侵害他人的人身权利。

（一）金融衍生工具市场主体民事责任的概念和特征

金融衍生工具市场主体民事责任是指在金融衍生工具交易过程中，违反金融衍生工具法律、法规或合同约定，侵犯他人合法权益而应承担的法律上的不利后果。金融衍生工具市场主体民事责任主要包括交易过程中的侵权责任和市场准入未获批准产生的缔约过失责任。金融衍生工具民事责任具有自身的特征。

1. 金融衍生工具交易中的侵权责任具有外观合法性

在金融衍生工具交易过程中，因内幕交易、操纵市场、欺诈客户等违法行为，扰乱金融市场秩序，侵害他人合法权益的，应当承担侵权责任。但是，由于金融衍生工具本身的合约性质，金融衍生工具市场的侵权行为往往是在交易过程中发生的，都有合法的契约作为掩护，因此，金融衍生工具侵权责任具有外观合法性。

2. 金融衍生工具市场准入中的民事责任主要表现为缔约过失责任

在金融衍生工具交易过程中，因缔约人未获得市场准入许可而导致合同不成立或可撤销，给相对人造成财产损害应承担缔约过失责任。例如，在金融衍生工具市场准入的法定许可或注册登记制度下，行为人未经许可或注册登记与他人订立金融衍生工具合约，必须承担返还合同另一方在交易项下已支付资金本息或已转让资产的责任，同时向另一方承担相应的损害赔偿责任。❶

3. 金融衍生工具交易中的侵权责任往往与违约责任竞合

例如，金融衍生工具经纪交易商诱导客户委托其代理进行衍

---

❶ 熊玉莲：《金融衍生工具法律监管问题研究——以英、美为主要分析视角》，北京大学出版社 2009 年版，第 115－116 页。

生工具交易获取佣金，将自营业务与代理业务混合操作，擅自挪用客户的资金和金融衍生工具权利凭证等违法行为，既可能是违反法律规定的侵权行为，也可能是违背合约受托义务和忠实义务的违约行为。

（二）金融衍生工具市场主体民事责任的构成要件

1. 行为客观方面具有民事违法性

它是指在金融衍生品交易过程中，各类市场主体违反金融衍生工具法律法规和交易所规则所规定的义务，实施了法律禁止的作为或不作为行为。其中作为行为，如内幕交易行为、操纵市场行为、欺诈客户行为等；不作为行为，如投资者不按规定追加保证金、不履行大户报告制度、经纪机构不履行风险揭示义务、适应性审查义务和资金分离义务等。

2. 主观方面一般为故意或重大过失

过错是侵权行为构成要件中的主观因素，反映行为人实施侵权行为的心理状态。过错根据其类型分为故意与过失。故意，是指行为人预见到自己的行为可能产生的损害结果，仍希望其发生或放任其发生，主观故意作为一种意志力对行为人行为的实施起着支配力和控制力的效果，故其可谴责性更强，有时可能要承担惩罚性赔偿责任。过失，是指行为人对其行为结果应预见或能够预见而因疏忽未预见，或虽已预见，但因过于自信，以为其不会发生，以致造成损害后果。根据法律对行为人要求的注意程度不同，过失又分为一般过失与重大过失。一般过失也称"轻微过失"，是指行为人违反了法律对具有特定身份人的较高注意义务要求，但是，并未违反一般理性人的注意义务要求。重大过失是指行为人没有尽到普通理性人应尽的注意义务，是一种过错程度比较严重的过失，是一种不可原谅的过失，其法律后果往往与故意相差无几。在金融衍生工具侵权行为中，一般而言，侵权人所实施的内幕交易、操纵市场、欺诈客户等积极违法行为，主观上都具有积极获取非法利益的故意；至于不履行追加保证金、不履行大户报告义务等消极违法行为，行为人也是明知应当为而不为，一般可认定为主观上具有重大过失。无论是故意，还是重大过失，并不影响金融衍生工具市场主体民事责任的成立与否，但过失（包括重大过失）一般不承担惩罚性赔偿责任。

3. 存在损害后果

损害后果是民事责任构成要件的基本元素。"无损害即无责任"，这是罗马法的箴言。金融衍生工具交易民事责任的确定是一个非常复杂的问题。这种复杂性主要表现在：第一，金融衍生品市场是一个充满投机和瞬息万变的市场，造成投资者损失的因素也是多种多样的。因此，很难区分违法行为造成的损害与正常市场风险造成损害的边界，同时，也很难计算违法行为造成的损失数额。

第二，投资者难以提供证据证明自己所遭受的实际损害。如何计算金融衍生工具侵权行为造成的实际损失，一般有三种方法：一是实际差价计算法。该方法即受害人所持金融衍生工具合约建仓时的价值总额，扣除以下各款所列数额的差额：请求赔偿时，该金融衍生工具合约的市场价格；如在请求赔偿时，该金融合约已经卖出，为该金融衍生合约卖出的价格。除此之外，损失还包括佣金损失、税金损失及利息损失。二是实际价值计算法。该方法是指受害者实际进行的金融衍生工具交易时的合约价格与当时该种合约的实际价值的差额为赔偿额。❶ 对于金融衍生工具交易时

❶ 梁志伟："论证券中介机构民事责任的构成要件"，载《广西财经学院学报》2008 年第 6 期。

的实际价值确定主要有四种方法：以金融衍生工具侵权行为揭露或公布时该合约的市场价格为基准；以金融衍生工具侵权行为被揭露或公布后一段时间内该合约的平均价格为基准；以金融衍生工具侵权行为进行前一段时间内该金融衍生工具合约的平均价格为基准；以金融衍生工具交易时的现货市场价格为基准。三是实际诱因计算法。这一方法是指致害人对于其自身行为造成的金融衍生工具价格波动负赔偿责任，对其他外来因素导致的金融衍生工具价格波动不负责任。在实际操作中，首先应对系统风险造成的损失从赔偿额中扣除，其次是投资者自己应对扩大部分的损失承担责任。❶

4. 违法行为与损害后果之间存在因果关系

侵权行为法上的因果关系是指加害人的行为与受害人的损害之间的客观关系。由于联系的多样性，因果关系有多种表现形式，即一因一果，一因多果，多因一果和多因多果。通常认为，违法行为与损害后果之间存在因果关系是违法行为人承担侵权责任的必备要件。就金融衍生工具侵权行为而言，其因果关系更为复杂，因为在金融衍生工具交易中，投资者的损害后果可能是多种因素造成的，既有宏观的政策因素，也有微观的企业因素，多种因素交织在一起，难以确定因果关系的主次比例。一般认为，从定量来看，存在超过 50% 盖然性的情况下，就可以得出存在因果关系的结论。❷

---

❶ 巫文勇：《期货与期货市场法律制度研究》，法律出版社 2011 年版，第 273 页。
❷ 王军："大陆法系侵权行为法上严格责任比较研究（续）——兼论其中的过错推定制度"，载沈四宝主编：《国际商法论丛（第 7 卷）》，法律出版社 2005 年版，第 50 页。

二、金融衍生工具市场操纵行为的民事责任

（一）金融衍生工具市场操纵行为的一般理论

金融衍生工具市场操纵行为是指金融衍生工具操纵者利用资金、信息或其他优势，垄断供求关系，或者通过虚假交易等方式人为地使得金融衍生工具合约价格上涨或下跌，诱使投资者作出错误决定，从而使自己牟利或者减少损失的行为。操纵市场行为的受害者一般为参与金融衍生产品交易的善意投资者，既包括套期保值者，也包括投机者。在金融衍生工具市场上，基于供求关系自然形成的价格是正常的。而市场操纵行为实质上是对金融衍生工具价格的一种垄断行为，其行为背离了自由竞争的市场机制原理，它不仅损害了社会公众的利益，而且破坏了金融衍生工具市场的竞争秩序，是一种法律禁止的严重违法行为。

（二）金融衍生工具市场操纵行为的表现

金融衍生工具市场操纵行为的手段灵活多样，主要有以下几种方式。

1. 对敲订单

对敲订单是指经纪人通过在自己的账户或者关联账户进行反向订单交易。当经纪人在通谋交易商的帮助下，与自己的客户进行反向交易，同时，又与串通人进行反向交易，那么"间接对敲"就出现了。例如，如果客户指定经纪人购买5份合约，该经纪人可以针对该交易从交易商手里为该客户购买5份合约，同时，经纪人从自己的账户中向同一交易商出售5份相同的合约。经纪人可以从对敲中获利，因为经纪人可以获得比公开竞价更好的价格，或者通过与该客户先前的交易，获取先前交易价格与客户预定价格之间的差额。

2. 洗售

洗售是一种没有真实、善意持有市场仓位意图的交易，如同时买进与卖出旨在相互抵销的合约，以便持有的金融仓位不发生变化。行为人主观上具有制造证券市场虚假繁荣，诱导投资者盲目跟进，从而达到操纵市场的目的。如果该交易是善意的，那么它们就不能称为"洗售"。

3. 破坏性做法

破坏性做法是指违反指定合约市场或互换执行机构的规则，从事任何交易、实践或行动，包括以下行为：违反约定出价或要价；证明故意或轻率地漠视闭市期间的成交规则，被称为"操纵收盘价"；具有"欺骗"特征或者俗称为"欺骗"的交易（即具有成交之前取消出价或要价目的的出价或要价）。❶

4. 囤积居奇

囤积居奇是指通过商品的买卖及期权和期货交易，压低商品的市场价格，大量买进并使之脱离市场一段时间，从而达到人为提高该种商品价格的目的。❷

（三）民事责任的承担

操纵市场行为造成虚假的供求关系，扭曲市场交易价格，诱导投资者发生误判，破坏金融衍生工具市场正常的价格形成机制和市场交易秩序，因此，该行为为各国立法所禁止。操纵市场行为人不仅要接受严厉的行政和刑事处罚，还要承担相应的民事赔偿责任。我国《禁止证券欺诈行为暂行办法》第 7 条、第 8 条以

---

❶ Gary E. Kalbaugh, Deviratives Law and Regulation, Wolters Kluwer Law & Business, 2014, p. 404.

❷ 薛波主编：《元照英美法词典》，法律出版社 2003 年版，324 页。

及《证券法》第 71 条分别规定禁止操纵市场行为，《证券法》第 203 条还规定了对操纵证券市场者给予没收违法所得和罚款等行政处罚措施。《期货和衍生品法》第 12 条也禁止操纵期货市场或衍生品市场，并对操纵市场的行为进行了列举。该法第 125 条第 2 款规定："操纵市场行为给交易者造成损失的，应当依法承担赔偿责任。"

遗憾的是，操纵期货或衍生品市场的行为给交易者造成的损失如何计算，归责原则如何则语焉不详。笔者建议我国应通过修改《证券法》和《期货和衍生品法》等方式，明确规定，操纵期货或衍生品市场民事赔偿的归责原则应采取过错推定原则，如果违法者不能证明自己有可以免责的情形，只要有操纵行为事实，即可推定其有过错，要承担赔偿责任。损失可采取买卖差价法确定。

三、金融衍生工具市场虚假陈述的民事责任

（一）金融衍生工具市场虚假陈述的概念

虚假陈述是指信息披露义务人在金融衍生工具的发行和交易过程中对影响金融衍生产品交易价格的重大事件作出不实、严重误导或者含有重大遗漏的披露，致使投资者在不明真相的情况下作出投资决定的行为。虚假陈述干扰了投资者的投资判断，违背了信息披露真实、准确、全面、及时的原则，是赤裸裸地扰乱市场秩序的行为，损害了投资者利益，必须予以严厉打击。

（二）金融衍生工具市场虚假陈述的特征

虚假陈述的主体是信息披露义务人，包括发起人，上市公司及其工作人员，证券期货业协会、金融衍生工具监管部门及其国家工作人员，新闻传播媒介从业人员，金融衍生工具经纪交易商、期货交易所、证券交易所、期货公司、证券公司、证券期货登记结算机构、证券期货交易服务机构、社会中介机构及其从业人员。

虚假陈述的客观表现包括虚假记载、误导性陈述和重大遗漏三种行为。

虚假陈述人的主观状态是故意或重大过失，故意是指故意编造或隐瞒重要事实，以达到影响金融衍生产品价格并从中获利的意图；重大过失主要是指负有审查义务的主体，比如监管部门、审计机构或公司高管履行审批手续时，不调查核实，把关不严，对信息披露材料公开采取不作为的放任态度。

虚假陈述的客观后果是导致不明真相的投资者作出了投资决定，损害了投资者利益。

（三）民事责任的承担

1. 赔偿依据

关于虚假陈述民事责任如何承担的问题，2022 年最高人民法院对 2003 年实施的虚假陈述民事赔偿司法解释进行了修改和完善，制定并颁布了《最高人民法院关于审理证券市场虚假陈述侵权民事赔偿案件的若干规定》（以下简称《规定》），《规定》对证券虚假陈述民事赔偿的构成要件进行了细化。根据《证券法》第 85 条的规定，信息披露义务人应当对其虚假陈述给投资人造成的损失承担无过错民事赔偿责任。发行人的控股股东、实际控制人，董事、监事、高级管理人员和其他直接责任人员以及保荐人，承销的证券公司及其直接责任人员，应当与发行人承担连带赔偿责任，但是能够证明自己没有过错的除外。

2. 实际损失的确定方法

根据《规定》第 25 条的规定：信息披露义务人在证券交易市场承担民事赔偿责任的范围，以原告因虚假陈述而实际发生的损失为限。原告实际损失包括投资差额损失、投资差额损失部分的佣金和印花税。

　　根据《规定》第 26 条、第 27 条的规定，如果投资者在基准日或基准日之前出售证券，则其投资差额损失应通过购买证券的平均价格与实际出售证券的平均价格之间的差额乘以投资者持有的证券数量来计算。如果投资者在基准日后出售或仍持有证券，投资差额损失的计算方法为：购买证券的平均价格与披露或更正虚假陈述之日至基准日的每个交易日收盘价的平均价格之间的差额乘以投资者持有的证券数量。计算投资差额损失的基准日，是指虚假陈述揭露或更正后为将投资者的赔偿限制在虚假陈述造成的损失范围内，确定计算损失的合理期限而设定的截止日期。确定基准日的目的是确认虚假陈述被揭露后对股价产生影响的时间，即投资者应获得的赔偿仅限于虚假陈述造成的损失。基准日是确定投资者损失与虚假陈述之间因果关系的时间节点。基准日根据下列情况确定：采用集中竞价的市场交易中，自揭露或更正之日起，至受虚假陈述影响的证券累计成交量达到其可流通部分 100% 之日（通过大宗交易协议转让的证券不计算在内）；自揭露日或更正日起，集中交易累计换手率在 10 个交易日内达到可流通部分 100% 的，以第 10 个交易日为基准日；在 30 个交易日内未达到可流通部分 100% 的，以第 30 个交易日为基准日。

四、金融衍生工具市场内幕交易的民事责任

（一）金融衍生工具市场内幕交易概述

　　金融衍生工具市场内幕交易是指内幕信息的知情人员利用内幕信息进行金融衍生产品交易活动。内幕信息是指尚未公开的、能够影响金融衍生产品市场价格的重要信息，包括发起人、发行人、交易者的重要合同、财务信息、人事变动、资产处置、涉诉事项等信息。内幕人员是指因职务便利或通过其他途径掌握了内

幕信息的人员，包括发起人、发行人、监管机构、中介机构等参与金融衍生产品发行、承销、监管、咨询、评估等业务的机构及其人员，也包括通过上述人员获知内幕信息的其他人员。

内幕交易主要表现为知悉金融衍生产品交易内幕信息的知情人员或者非法获取内幕信息的其他人员，利用重大信息延迟披露而营造出的时间差，买入或者卖出所持有的金融衍生工具合约，或者泄露该信息或者建议他人买卖该金融衍生工具合约，从而牟取暴利。内幕交易是一种非法掠夺行为，它扰乱了金融衍生工具市场交易秩序，挫伤了投资者的信心，必须坚决予以打击。

（二）民事责任的承担

关于金融衍生产品内幕交易的民事责任问题，依照《期货和衍生品法》第 126 条第 2 款的规定，"内幕交易行为给交易者造成损失的，应当依法承担赔偿责任"。但该条只是原则性与概括性规定，至于具体应该如何认定损失以及如何进行民事赔偿，法律上还没有明确规定。从内幕交易的认定来看，股指期货推出以后，认定会更加困难。过去，证券市场的内幕交易行为都是利用个股的相关信息，但股指期货推出后，内幕交易多为政府的宏观调控、财政、金融、税收和行业政策等信息，内幕消息范围可能更为广泛，内幕信息的传播途径更为多元，内幕信息来源的追查更为困难，查处难度更大。在非面对面的金融衍生工具合约交易中，很难确定谁是受害人以及其所受到的损失，也很难确定行为与损害之间的因果关系，尤其宏观政策和公司内幕信息交织在一起时，很难确定各个不同因素对受害人造成损失的影响权重。实际上，受害人依据《民法典》侵权行为理论很难获得赔偿。❶

---

❶ 耿家财："内幕交易中民事损害的认定——从投资者角度进行研究"，载《南京财经大学学报》2004 年第 2 期。

　　笔者建议，可以借鉴我国台湾地区的所谓"立法"经验，以立法的形式明确金融衍生工具内幕交易的民事赔偿责任，具体条款可设计为：在金融衍生产品市场上违法进行内幕交易者，应就消息未公开前，买入或卖出该金融衍生产品之价格，与消息公开后十个营业日平均价格之差额限度内，对善意从事反向买卖的人承担损害赔偿责任。赔偿金额为受害者进行交易时的价格与内幕交易公开后该金融衍生产品的十个营业日平均价格之差额。提供消息的人与利用消息交易的人应对善意相对买卖人所受损害负连带责任。但提供消息的人有正当理由相信消息已公开者，不负赔偿责任。内幕交易者只对其行为所造成的金融衍生产品价格波动负责，对其他外来因素，诸如系统风险所导致的投资者损失不负赔偿责任。

五、金融衍生工具市场欺诈客户的民事责任

（一）金融衍生工具市场欺诈客户概述

　　"欺诈如同人的智慧一样善变"。❶ 规范金融衍生工具市场的大部分动机是预防欺诈。金融衍生工具市场欺诈客户是指行为人在金融衍生工具发行、交易及相关活动中，利用职务之便，违背委托人、被代理人的真实意思从事金融衍生工具交易，以及诱导客户委托其代理进行衍生工具交易，并从中牟利的不法行为。在金融衍生工具市场中，经纪商、交易商、结算公司、交易所、投资咨询公司及这些机构的工作人员，往往利用其作为客户代理人或顾问的身份，实施损害投资者利益的行为。与其他金融衍生工具欺诈行为略有不同，欺诈客户多发生于金融衍生工具经纪交易商

---

❶　All Service Life Ins. Corp. v. Catling, 171 F. Supp. 686 (S. D. Cal. 1959).

与其客户之间，因此多为侵权行为和违约行为的竞合。欺诈客户违背了诚实信用原则，直接侵害客户的利益，必须严厉禁止并予以处罚。

（二）欺诈客户的行为表现

根据《禁止证券欺诈行为暂行办法》的规定，欺诈客户行为可以分为以下几类：金融中介机构将自营业务与代理业务混合操作；金融中介机构违背被代理人指令处理买卖委托；不按规定提供成交确认书、招募说明书等文书，不按规定办理清算、交割、过户手续等；擅自挪用客户的资金和金融衍生工具权利凭证；诱导客户进行不必要的买卖以获取佣金；金融中介机构向客户作保证收益和赔偿损失的允诺。

（三）我国欺诈客户的民事责任承担方式

中国在防止欺诈问题上正在采取严厉的披露措施。1995 年全国人大常委会关于惩治违反公司法的犯罪的决定设立了违反公司法的犯罪标准，包括出具虚假的招股说明书、认股申请书或者公司债券募集办法，数额巨大、后果严重的行为。为了改进上市公司的披露标准，2022 年中国证监会发布了《上市公司现场检查规则》规定，中国证监会能够或者指派代表对上市公司进行定期检查。另外，我国《公司法》第 123 条规定："上市公司设董事会秘书，负责公司股东大会和董事会会议的筹备、文件保管以及公司股东资料的管理，办理信息披露事务等事宜。"上海证券交易所颁布的《上海证券交易所上市公司董事会秘书管理办法》要求，上市公司的秘书被指定作为信息披露官员，并对其公司的信息披露直接承担个人责任。

但是，我国当前立法对欺诈客户的民事责任的规定仍过于笼统，《证券法》第 79 条规定，欺诈客户行为给客户造成损失的，行为人应当依法承担赔偿责任。《期货和衍生品法》第 135 条第 2款也规定，期货经营机构有该法第 78 条❶规定的欺诈行为，给交易者造成损失的，应当依法承担赔偿责任。但究竟如何赔偿，举证责任如何分配、因果关系怎么确定，还有待于在今后的立法中进一步细化。

笔者认为，关于金融衍生工具欺诈客户的民事责任，受欺诈行为损害的客户以及受损的交易相对人均有权要求损失赔偿。由于金融衍生工具交易的特殊性，在追究行为人的民事责任时，应以赔偿损失作为主要救济途径，一般不考虑撤销欺诈、恢复原状的处理方式。

第二节　金融衍生工具市场主体的行政及刑事责任

一、金融衍生工具市场主体的行政责任

（一）金融衍生工具市场主体行政责任概述

金融衍生工具市场主体行政责任是指金融衍生工具市场主体违反了金融衍生工具法律法规依法应承担的行政法律后果，包括

---

❶ 《期货和衍生品法》第 78 条规定，禁止期货经营机构从事下列损害交易者利益的行为：（一）向交易者作出保证其资产本金不受损失或者取得最低收益承诺；（二）与交易者约定分享利益、共担风险；（三）违背交易者委托进行期货交易；（四）隐瞒重要事项或者使用其他不正当手段，诱骗交易者交易；（五）以虚假或者不确定的重大信息为依据向交易者提供交易建议；（六）向交易者提供虚假成交回报；（七）未将交易者交易指令下达到期货交易场所；（八）挪用交易者保证金；（九）未依照规定在期货保证金存管机构开立保证金账户，或者违规划转交易者保证金；（十）利用为交易者提供服务的便利，获取不正当利益或者转嫁风险；（十一）其他损害交易者权益的行为。

行政处分和行政处罚。行政处分是指国家机关、企事业单位对所属的国家工作人员和本单位职工的违法失职行为尚不构成犯罪的，依据相关法律法规及内部管理规定赋予的权限而给予的一种惩戒。行政处分的种类包括警告、记过、记大过、降级、降职、撤职、开除等。行政处分属于内部行政行为，依据行政隶属关系，由管理机关对被管理人员作出。行政处分不接受司法审查，所以被处分人不服，只能申请复核或者申诉。复核、申诉期间不停止处分的执行。

行政处罚是指国家行政机关及其他依法可以实施行政处罚权的组织，对违反行政法律、法规、规章，尚不构成犯罪的行政相对人依法定职权和程序实施的一种行政制裁。❶ 根据《中华人民共和国行政处罚法》和其他法律、法规的规定，中国的行政处罚可以分为以下四种。

1. 人身罚

人身罚也称自由罚，是指特定行政主体限制和剥夺违法行为人的人身自由的行政处罚。这是最严厉的行政处罚。人身罚主要是指行政拘留，也称治安拘留，是特定的行政主体依法作出的在短期内剥夺或限制违法行为人人身自由的行政处罚。

2. 能力罚

能力罚是指金融监管机构限制或剥夺违法行为人特定的行为能力的制裁形式。它是仅次于人身罚的一种较为严厉的行政处罚措施。

（1）暂停或终止金融机构从事衍生产品交易的资格。金融监管机构发现金融机构未能有效执行从事衍生产品交易所需的风险

---

❶ 高志雪：“内部行政责任理论的实证分析”，载《前沿》2011 年第 6 期。

管理制度和内部控制制度，可暂停或终止其从事衍生产品交易的资格。❶

（2）责令金融机构停业整顿或者吊销经营金融业务许可证。根据《金融违法行为处罚办法》的规定，金融机构违反国家规定从事证券、期货或者其他衍生产品交易，为证券、期货或者其他衍生产品交易提供信贷资金或者担保，情节严重的，金融监管机构可以责令该金融机构停业整顿或者吊销经营金融业务许可证。

3. 财产罚

财产罚是指金融监管机构依法对违法行为人给予的剥夺财产权利和利益的处罚形式。它是适用范围最广的一种行政处罚。

（1）罚款，是指金融监管机构强令违法行为人在指定期限内缴纳一定数量金钱的处罚。在美国，商品期货交易委员会有权根据《美国商品交易法》的规定，对市场操纵行为处以最高 14 万美元（某些市场操纵犯罪为 100 万美元）或者违法所得 3 倍这二者之间金额较大者之罚款。

（2）没收违法所得、没收非法财物，是指金融监管机构依法将违法行为人的部分或全部违法所得、非法财物（包括违禁品或违法工具）收归国有的处罚形式。

4. 申诫罚

申诫罚又称精神罚、声誉罚，是指金融监管机构对违法行为人的名誉、荣誉、信誉或精神上的利益造成一定损害以示谴责和警戒的处罚方式。

（1）警告，是指金融监管机构对违法行为人提出书面的告诫或谴责，它是行政处罚中最轻的一种。

---

❶ 《金融机构衍生产品交易业务管理暂行办法》第 41 条。

（2）通报批评，是指金融监管机构以书面形式作出，并在一定范围内公开地对违法行为人在荣誉上或信誉上进行惩戒的措施。

（二）我国金融衍生工具市场主体行政责任立法

金融衍生工具市场主体的违法行为，不仅要承担民事责任和刑事责任，因为其违反了行政法规，所以还要承担罚款、没收非法所得、责令停业整顿或吊销营业执照等行政责任。《期货和衍生品法》对违反该法强制性规定的各种行为都给予相应的行政处罚。1999年1月国务院颁布了《金融违法行为处罚办法》，对有关法律、行政法规未作处罚规定或者有关行政法规的处罚规定与该办法不一致的，依照该办法给予处罚。根据上述规范性文件的规定，我国金融衍生工具市场主体承担的行政责任也包括行政处分和行政处罚两种形式。

1. 行政处分

行政处分由所在金融机构或者上级金融机构决定，包括警告、记过、记大过、降级、撤职、留用察看、开除七种形式。金融机构的工作人员受到开除的纪律处分的，终身不得在金融机构工作，由中国人民银行通知各金融机构不得任用，并在全国性报纸上公告。金融机构的高级管理人员受到撤职的纪律处分的，由中国人民银行决定在一定期限内甚至终身不得在任何金融机构担任高级管理职务或者与原职务相当的职务，通知各金融机构不得任用，并在全国性报纸上公告。

2. 行政处罚

根据《证券法》《期货和衍生品法》和《金融违法行为处罚办法》的规定，对金融衍生工具市场主体的违法行为可给予罚款、停业整顿、吊销经营业务许可证等行政处罚。下面介绍金融衍生工具市场主体几种主要违法行为的行政处罚责任。

（1）金融机构虚假陈述。金融机构虚假陈述是指金融机构提供虚假的或者隐瞒重要事实的财务会计报告、统计报告，编造虚假或者误导性信息，扰乱证券市场的行为。根据《证券法》第193条的规定，对虚假陈述行为人除没收违法所得外，应并处1倍以上10倍以下罚款；没有违法所得或者违法所得不足20万元的，处20万元以上200万元以下罚款。

《期货和衍生品法》对期货经营机构、期货交易所、期货结算机构、期货服务机构及其从业人员、任何单位与个人在期货交易和衍生品交易中的虚假陈述行为，有违法所得的，没收违法所得，并处以违法所得1倍以上10倍以下的罚款；没有违法所得，或者违法所得不足20万元的，处以20万元以上200万元以下的罚款。应该说，《证券法》与《期货和衍生品法》在行政处罚的幅度上保持了高度一致，这也是我国法治进步的体现。

（2）内幕交易。证券内幕交易是指证券交易内幕信息的知情人或者非法获取内幕信息的人，在内幕信息公开前，买卖公司证券或者泄露信息或者建议他人买卖证券的行为。根据《证券法》和《期货和衍生品法》的规定，对内幕交易行为人除没收违法所得外，还应并处违法所得1倍以上10倍以下的罚款；没有违法所得或者违法所得不足50万元的，处以50万元以上500万元以下罚款。单位从事内幕交易的，实行双罚制，对直接负责的主管人员除警告外，并处20万元以上200万元以下罚款。❶

（3）操纵市场。操纵市场是指操纵人利用资金、信息等优势，人为制造证券市场行情，影响证券市场价格，以牟取利益或者转嫁风险的行为。《证券法》第192条和《期货和衍生品法》第125

---

❶ 《中华人民共和国证券法》第191条和《中华人民共和国期货与衍生品法》第126条对内幕交易的处罚幅度完全一致。

条均规定，对操纵证券市场的行为人，除没收违法所得外，应并处以违法所得 1 倍以上 10 倍以下的罚款；没有违法所得或者违法所得不足 100 万元的，处以 100 万元以上 1000 万元以下的罚款。单位操纵证券市场的，实行双罚，对直接负责的主管人员和其他直接责任人员除警告外，还应处以 50 万元以上 500 万元以下的罚款。

（4）欺诈客户。欺诈客户是指证券、期货公司违背客户的委托买卖证券、办理交易事项，或者违背客户真实意思表示，办理交易以外的其他事项，损害客户利益的行为。我国《证券法》第 209 条规定，对欺诈客户的证券公司，除警告、没收违法所得外，还应并处 1 倍以上 10 倍以下罚款；没有违法所得或者违法所得不足 50 万元的，处以 50 万元以上 500 万元以下的罚款。对直接负责的主管人员和其他责任人员给予警告，并处以 20 万元以上 200 万元以下的罚款。

必须指出，根据《期货和衍生品法》第 135 条的规定，对期货经营机构欺诈客户（违反《期货和衍生品法》第 78 条规定）的行为，《期货和衍生品法》与《证券法》的行政处罚幅度保持了高度的一致性，即对单位处以 50 万元以上 500 万元以下罚款，对个人处以 20 万元以上 200 万元以下的罚款。

二、金融衍生工具市场主体的刑事责任

（一）金融衍生工具市场主体刑事责任概述

金融衍生工具市场主体刑事责任是指行为人违反了金融衍生工具法律、法规和规章的规定，情节严重，构成犯罪而应承担的后果。刑事责任是最严厉的一种法律责任，只有在该行为具有严重的社会危害性时才适用。金融衍生工具市场主体的刑事责任具

有以下特征。

行为人主观上一般是出于故意，即行为人明知自己的行为违反了金融衍生工具法律法规的规定，会产生危害社会的结果，并且希望或者放任这种结果发生。

行为人既可以是自然人，也可以是机构；既可以是一般主体，也可以是特殊主体。如内幕交易犯罪的主体只能是知悉内幕信息的知情人。

侵犯的客体是金融衍生工具市场的管理秩序和广大投资者的权利。

客观表现为违反金融衍生工具法律法规的行为，如内幕交易、欺诈客户等。

（二）美国的刑事制裁

在美国，衍生工具市场主体故意违反《美国商品交易法》或者商品期货交易委员会规则，根据《美国商品交易法》第9（a）（5）条的规定，这种违犯行为属于重罪，可判处100万美元罚金，另加上检控费用以及最高10年监禁。（仅仅监禁存在例外，如果违反该条者能够证明他不知道有这些规则或条例，那么可以不判处监禁。）

以下明知行为也属重罪：根据《美国商品交易法》或者任何商品期货交易委员会规则的规定，在必需提交的申请书、报告或文件中就相关重要事实作出或者安排作出虚假或者引人误解的陈述，或者故意删除其中必须陈述或者不得作出误导性陈述的重要事实，或者故意伪造、隐瞒或通过任何诡计、阴谋或技巧掩盖重要事实、作出任何虚假、虚构或欺骗性陈述或表示，或者制作或者使用明知其中包含任何虚假、虚构或欺骗性陈述内容的任何虚假的书面材料或文件或进入……交易所、互换执行设施、衍生品

清算组织、互换数据存储库或全国期货协会。❶

（三）我国涉及金融衍生工具刑事责任的立法

《中华人民共和国刑法》（以下简称《刑法》）规定的涉及金融衍生工具犯罪的罪名主要有擅自设立金融机构罪，内幕交易、泄露内幕信息罪，编造并传播证券、期货交易虚假信息罪，操纵证券、期货市场罪，吸收客户资金不入账罪。

擅自设立金融机构罪，是指未经国家有关主管部门批准，擅自设立商业银行、证券交易所、期货交易所、证券公司、期货经纪公司、保险公司或者其他金融机构的行为。该罪的犯罪主体为一般主体，侵犯的客体是国家的金融管理秩序，主观方面必须为故意。若单位犯本罪的，对单位和有关人员实行双罚。犯本罪的，最高可处3年以上10年以下有期徒刑，并处5万元以上50万元以下罚金。

内幕交易、泄露内幕信息罪，是指证券、期货交易内幕信息的知情人员或者非法获取证券、期货交易内幕信息的人员，在涉及证券的发行，证券、期货交易或者其他对证券、期货交易价格有重大影响的信息尚未公开前，买入或者卖出该证券，或者从事与该内幕信息有关的期货交易，或者泄露该信息，或者明示、暗示他人从事上述交易活动，情节严重的行为。❷ 本罪的主体是特殊主体，即知悉内幕信息的人员，单位也可以成为该罪的主体。本罪侵犯的客体是证券、期货市场的正常管理秩序，违背了证券交易公开、公平、公正的基本原则，侵害了证券、期货信息不对称投资人的合法利益。犯本罪的，最高可处5年以上10年以下有期

---

❶ Gary E. Kalbaugh, Deviratives Law and Regulation, Wolters Kluwer Law & Business, 2014, p. 376.

❷ 《中华人民共和国刑法》第 179 条。

徒刑，并处违法所得 1 倍以上 5 倍以下罚金。

编造并传播证券、期货交易虚假信息罪，是指编造并且传播影响证券、期货交易的虚假信息，扰乱证券、期货交易市场，造成严重后果的行为。该罪的客观方面必须实施编造虚假信息并予以传播两个行为。根据《最高人民检察院、公安部关于公安机关管辖的刑事案件立案追诉标准的规定（二）》（以下简称《立案追诉标准》）的规定，"造成严重后果"是指获利累计 5 万元以上或者造成投资者直接经济损失 5 万元以上；致使交易价格和交易量异常波动的；多次编造并传播虚假信息的行为。犯本罪的，最高可处 5 年以下有期徒刑并处或者单处 1 万元以上 10 万元以下罚金。单位可以成为本罪犯罪主体。❶

操纵证券、期货市场罪，是指以获取不正当利益或者转嫁风险为目的，集中资金优势、持股或者持仓优势或者利用信息优势联合或者连续买卖，与他人串通相互进行证券、期货交易，自买自卖期货合约，操纵证券、期货市场交易量、交易价格，制造证券、期货市场假象，诱导或者致使投资者在不了解事实真相的情况下作出投资决定，扰乱证券、期货市场秩序的行为。本罪主观方面为故意，以获取不正当利益或转嫁风险为目的。侵害的客体是证券、期货正常交易秩序以及其他投资者的合法权益。犯本罪的，最高可处 5 年以上 10 年以下有期徒刑，并处罚金。单位犯本罪的，实行双罚制。❷

吸收客户资金不入账罪，是指银行或者其他金融机构的工作人员吸收客户资金不入账，数额巨大或者造成重大损失的行为。本罪侵犯的客体是国家信贷资金管理秩序和客户合法的财产权益。

---

❶ 《中华人民共和国刑法》第 180 条。
❷ 《中华人民共和国刑法》第 182 条。

本罪的犯罪主体为特殊主体，只能由银行或者其他金融机构及其工作人员构成。主观方面只能是故意。根据《立案追诉标准》的规定，所谓数额巨大或者重大损失是指数额在 100 万元以上或者造成直接经济损失 20 万元以上。犯本罪的，最高可处 5 年以上有期徒刑，并处 5 万元以上 50 万元以下罚金。单位犯本罪的，实行双罚制。❶

第三节　我国金融衍生工具法律责任制度之缺陷与完善

一、我国金融衍生工具法律责任制度缺陷剖析

（一）民事赔偿责任缺乏具体的操作性规定

我国《证券法》和《期货和衍生品法》对内幕交易、操纵证券交易价格、欺诈客户等违法行为造成投资者损失的，仅原则性规定"应当承担赔偿责任"，但对如何确定实际损失以及违法行为与损害后果之间的因果关系如何确定缺乏具体的操作性规定，导致司法实践中适用较困难。由于衍生品内幕交易、操纵市场、虚假陈述的损害类型的特殊性以及确认受害方和因果关系的困难性，我国的《民法典》实际上并不能担负起追究衍生品内幕交易、虚假陈述等行为的民事赔偿责任的任务。

（二）我国金融衍生品领域缺乏惩罚性赔偿制度

我国《民法典》在"侵权责任编"中明确规定了对于故意侵

---

❶ 《中华人民共和国刑法》第 187 条。

犯知识产权，故意生产销售明知具有缺陷产品，故意污染环境破坏生态的三种侵权行为可以适用惩罚性赔偿原则。但是，对证券欺诈发行和金融衍生品市场发生的严重违法违规行为，我国法律尚没有规定惩罚性赔偿制度。

二、完善我国金融衍生工具法律责任制度之构想

（一）解决取证难问题

为了避免投资者滥诉或取证难度大的问题，我国应在相关配套制度方面作出有利于受害人的制度设计。

1. 举证责任分配

根据《证券法》的规定，需要承担民事赔偿责任的证券市场欺诈行为主要包括虚假陈述、内幕交易、操纵市场等类型。这些类型的违法行为都具有隐蔽性强、行为构成复杂等特征，一般投资者取证难度较大，要求其提供证据形成证据链很困难。为了使投资者在无行政处罚和刑事处罚的情况下仍能主张其民事权利，可以考虑适当降低投资者的证明责任和证明标准，由被告承担一定程度的举证责任。如投资者在证明被告存在内幕交易行为时，只需要证明被告属于内幕信息知情人员且在信息敏感期内从事了证券交易，就完成了其证明责任，被告应当就其行为不构成内幕交易承担证明责任。❶

2. 设立专业调查机构

由于证券市场违法违规行为的隐蔽性和专业技术性强，对于

---

❶ 谭婧、卢文道："证券侵权赔偿配套制度完善中的三个问题"，载应勇主编：《金融法治前沿（2011 年卷）：金融发展与金融法治环境》，法律出版社 2011 年版，第 841 页。

此类行为的认定和举证需要专业机构和人士才能进行，因此，取消行政前置程序后，如何解决受害人的举证不能问题，必须设置相应的专业调查机构，根据当事人的委托从事相应的调查取证工作。具体来讲，可以在中国证监会内部设置一个专业性的证券违法调查机构，根据当事人的委托或法院的指令从事专业的证券违法调查取证工作。

（二）详细规定金融衍生工具市场操纵行为者的民事赔偿责任

鉴于金融衍生工具市场投资人权益频繁被侵害的现状，设置追究侵权人民事责任的诉讼程序，是保证我国金融衍生工具民事责任制度的实现，完善金融衍生工具法治建设的必要举措。笔者建议在未来修订《期货和衍生品法》时，进一步完善金融衍生工具民事赔偿责任追究机制，详细规定内幕交易、操纵市场、虚假陈述和欺诈客户等违法者如何对投资者承担民事赔偿责任，明确归责原则、违法行为与损害后果因果关系的认定、举证责任分配等具体操作性问题。同时，通过实施细则和司法解释，详细规定内幕交易、操纵市场等行为造成交易者的损失如何计算等实操性问题，使我国金融衍生工具民事责任制度尽快落地。对于故意违反金融衍生工具法律法规的违法行为，如内幕交易、虚假陈述、欺诈客户等行为，建议法律明确规定，法院可以判决给予受害人实际损失二倍以下的惩罚性赔偿金。

（三）建立金融机构高管的连带责任制度

金融危机的发生往往是金融机构高管们的决策失误和贪婪所致，金融机构高管们在金融衍生工具交易中没有尽到自己的管理和注意义务，置公司利益和投资者利益于不顾。他们的种种投机行为给自己带来了高额收益，却给整个金融市场和投资者带来了灾难。他们的行为明显违反了合理注意义务和主观善意原则，所以应当要求他们承担连带责任，让他们拿出从公司获得的高额薪金，补偿投资者的损失。如果公司由于发行某种金融衍生工具创造了高额利润，当这种金融衍生产品日后造成了投资者重大损失时，应当特别计算出公司高管因这种产品获得的收益，从中拿出部分承担连带责任。❶ 这种连带责任的适用，对于提高金融机构高管层的决策质量，防止高管们推卸责任十分有效，应当写入立法。

（四）建立金融衍生工具民事损害赔偿集团诉讼制度

由于金融衍生工具违法行为往往涉及众多权利人，在美国，原告往往根据美国联邦民事诉讼法的规定采用集团诉讼的方式。该法规定，集团诉讼需满足以下条件：集团人数众多以致所有成员参加诉讼已不现实；所争议的事实或法律问题与整个集团是共同的；代表人所提出的权利请求代表了集团的权利请求；代表人能公正、充分捍卫集团利益。❷ 在金融衍生工具领域的操纵市场、虚假陈述案件中，受影响的当事人范围极大，单个损失额有大有小，若独立提起一般民事诉讼，将面临巨大的诉讼成本，这将使许多受害人排除于法律的保护之外，而集团诉讼有效地填补了这一缺陷。按国际惯例，官司败诉，由律师团承担法院的诉讼费和律师费；官司胜诉，律师团和当事人商定一个收费比例；法院的诉讼费将由律师事务所代垫。

从我国证券司法情况来看，集团诉讼的前景并不明朗。我国《民事诉讼法》规定，当事人一方或者双方为二人以上，其诉讼标的是共同的，或者诉讼标的是同一种类、人民法院认为可以合并

---

❶ 冯博：《金融衍生品定价的法律规制》，法律出版社 2013 年版，第 203－204 页。

❷ Article 23 of the U. S. Code of Civil Procedure.

审理并经当事人同意的，为共同诉讼。❶ 根据《民事诉讼法》的规定，诉讼标的是同一种类、当事人一方人数众多在起诉时人数尚未确定的，人民法院可以发出公告，说明案件情况和诉讼请求，通知权利人在一定期间向人民法院登记。❷ 人民法院作出的判决、裁定，对参加登记的全体权利人发生效力。未参加登记的权利人在诉讼时效期间提起诉讼的，适用该判决、裁定。《期货和衍生品法》第 57 条规定："交易者提起操纵市场、内幕交易等期货民事赔偿诉讼时，诉讼标的是同一种类，且当事人一方人数众多的，可以依法推选代表人进行诉讼。"但是，一般认为，代表人诉讼要求当事人进行权利登记以后才能加入诉讼中，如果不登记只能在诉讼时效内另行起诉，诉讼的范围较为狭窄；集团诉讼为"选择退出机制"规则，如果没有明确向法院表明自己退出诉讼，就视为参加诉讼，诉讼法律后果对其有法律约束力。显然，我国诉讼法中对共同诉讼的设计并不能完整地解决群体性纠纷问题。为此，《最高人民法院关于适用〈中华人民共和国民事诉讼法〉若干问题的意见》第 129 条规定，凡是依照集团诉讼审理的案件不预交案件受理费，而在结案后按照诉讼标的额由败诉方交纳。但至今仍无一例以集团诉讼方式提起操纵证券民事赔偿的案件。

2002 年《最高人民法院关于受理证券市场因虚假陈述引发的民事侵权纠纷案件有关问题的通知》第 4 条规定："对于虚假陈述民事赔偿案件，人民法院应当采取单独或者共同诉讼的形式予以

---

❶ 《民事诉讼法》第 53 条第 1 款。
❷ 曹明哲："证券虚假陈述责任纠纷中被告逐案提出管辖权异议的现象研究——兼议集团诉讼的适用困境与变革方向"，载《司法改革论评》2018 年 6 月 30 日，第 94 页。

受理，不宜以集团诉讼的形式受理"。❶ 无异于给近几年来不遗余力地推动集团诉讼在中国证券领域实施的实践人士浇了一瓢冷水，也使集团诉讼还未出世就遭遇胎死腹中的厄运。因此，为了有效地保护投资者的合法权益，我国建立金融衍生工具民事损害赔偿集团诉讼制度乃当务之急。

❶ 最高人民法院《关于受理证券市场因虚假陈述引发的民事侵权纠纷案件有关问题的通知》第 4 条。

第十二章

金融衍生工具监管之国际条约

在金融衍生工具领域，国际政策协调的主要焦点一直是巴塞尔的国际清算银行（BIS）。在它的支持下，成立了许多工作组，包括十国集团❶（G10）中央银行的代表，已经进行了金融衍生工具市场的分析，并提出改进其功能的各种建议。与这项工作同时进行的，有关金融机构的监管建议，以及他们认为管理和控制风险的方法，由巴塞尔银行法规与事务监管委员会（后更名为"巴塞尔银行监管委员会"）提出和制定。相应地，巴塞尔委员会已开始寻求与证券委员会国际组织（IOSCO）的技术委员会密切合作，以确保为银行和证券公司制定的监管政策在一定程度上与他们正在从事的金融衍生品活动和产生的类似风险保持一致。金融衍生工具监管的目的是改善市场本身的功能（如通过数据收集提高透明度），同时，加强衍生工具市场主要参与者银行

---

❶ 十国集团（G10）是由一群共同参与一般借款协定（GAB）的国家所组成的团体。

和证券公司等金融机构的审慎稳健基础。金融衍生工具监管的国际化至少可以追溯至 20 世纪 70 年代中期的第一巴塞尔协议。

必须指出的是，巴塞尔委员会和证券委员会国际组织（IOSCO）技术委员会达成的各种协议和协定不能直接约束被监管企业。相反，它们代表监管当局在监管过程中适用的相关标准协议，对单个企业适用这些标准应当根据各国的国内法进行处理。

第一节　金融衍生工具风险管理指南

银行业监管机构和证券业监管机构试图建立系统与控制的通用标准，它们包含在《金融衍生工具风险管理指南》之中，该指南由巴塞尔委员会和证券委员会国际组织（IOSCO）技术委员会于 1994 年 7 月联合发布。虽然该指南特别用于解决衍生工具市场业务，但是，它同样适用于任何活跃的交易业务。此外，该指南强调，并不存在完全新的或者与衍生产品风险根本不同的风险。例如，巴塞尔委员会在它发布的指南中指出：无论是衍生工具本身，还是它们固有的单个风险都不是新的。人们发现，一个时期在远期、互换和期权领域活跃的机构和衍生工具业务产生的风险类型（如信用、市场、流动性、操作或法律风险）与那些更传统的业务是相同的，虽然不一定在同一维度。

换句话说，衍生工具的特点就是它们用新的方式（当然，风险组合也可能产生一个新的、本身就是风险源的复杂金融工具）将熟悉的风险类型包装与组合在一起。因此，机构主要的问题是确保它们理解传统风险与这些新的金融产品相结合以及相互作用的方式，同时，拥有适当的监管制度来监督它们。正如巴塞尔委员会的继续观察，"技术和通信的快速进步，推动了衍生产品向复杂化、多样化和规模化方向发展，同时，也给管理这些风险提出了越来越多的挑战"。合理的风险管理做法是迎接这些挑战的重要因素。

该指南旨在为风险管理提供最佳实践大纲，它们将责任分配给董事会，它应该批准整个机构有关风险管理的重要政策，定期向自己通报该机构的风险敞口，以及定期重新评估风险管理政策和程序。金融机构高管应该负责设计、执行和监督风险控制程序，包括分配明确的风险管理责任、制定适当的结构性限制，以及确保有效的内部控制。该指南也强调了独立的风险管理功能的重要性。

该指南还包括涉及风险管理方法本身和内部控制与审计方面的建议，它们为每一种风险管理类型（市场、信用、流动性等）制定了合理的风险管理措施。例如，关于风险管理方法，指南强调了综合管理信息的重要性，它们强调经销商的持仓操作必须准确、及时地按市值计价。它们建议在最糟糕的情况下进行压力测试和投资组合评估。该指南强调，风险管理措施应该定期接受审查，考虑诸如风险管理模型中使用的假定和过去交易业绩和目前资金状况下的合理限制等问题。内部和外部审计以及可能的外部顾问应该参与审查过程。

包含在巴塞尔委员会/证券委员会国际组织（IOSCO）风险管理指南中的建议，试图概括国际领先的银行和证券公司采取的措施，妥善地处理了许多私人部门机构报告中发现的系统与控制建议，包括三十人集团和衍生工具政策集团。然而，该指南在一定程度上不同于这些私人部门机构的报告，它们的目的是协助监管机构重新评估自己现有的方法和程序，以监控金融机构是如何控制衍生工具风险的，而不是直接针对企业本身。然而，该指南也出借给金融中介机构管理使用，以评估它们自己的风险控制系统。

第二节　资本充足率标准的国际协议

虽然适当的系统和控制必不可少，因为企业需要能够充分地识别、监控和控制交易风险。确保金融机构审慎稳健的重要因素是，要求它们拥有充足的资本以支持它们正常营业过程中产生的风险。然而，开发捕捉交易风险的风险测量方法——特别是市场风险——远没那么简单，而且在20世纪90年代前期已引起广泛的监管关注。

一、制定资本充足率标准的作用

对金融机构的营业规定资本金要求。其中最主要的目标是：提供一个具体的内部缓冲机构以吸收意外损失；保护各种利害关系人（存款人、存款保险公司、股东、银行服务客户、表外债务人等）；通过降低金融机构潜在和实际破产的可能性，管理系统风险；管理全国市场内的竞争；控制新信贷总额。

简言之，资本要求的作用相当于对可允许的财务杠杆施加限制。例如，美国继续对银行规定3%的最低资本要求。因此，拥有30亿美元资本的银行不可能持有超过1000亿美元的资产，这间接地将优先债权（存款和负债）的数额限制在不超过970亿美元。❶请注意，金融机构的杠杆作用一般都远远超过了工业企业。当然，

---

❶ 阳东辉："论我国金融监管制度的改革与完善——兼评巴塞尔协议Ⅲ之不足"，载《湖南师范大学社会科学学报》2016年第1期。

银行不同于商业企业，它的杠杆作用很大程度上来自存款人和其他临时债权人。强制性规定监管资本最低额的目的是保护银行（和它们的股东）的整体偿债能力。

复杂的资本充足率计划，如早期的《巴塞尔协议》，用一系列不同的资本义务取代了单一的资本措施（如前述美国方案）。这些不同的义务反映了各类银行资产或其组合的不同风险，如贷款、证券和商业票据。《巴塞尔协议Ⅰ》赋予它们的权重分别是 100、50、20 和 0（上述组合的权重）。● 例如，《巴塞尔协议Ⅰ》赋予无担保商业贷款的权重为 100%。为了持有特定类型的资产，银行必须保持其资本等于资产总值（100%）乘以相应的资本充足率（根据《巴塞尔协议Ⅰ》的规定一般为 8%）。《巴塞尔协议Ⅰ》赋予住房抵押贷款的权重为 50%。为了持有这些资产，银行只能将这些资产价值的 50% 乘以相应的资本充足率。因此，相同数量的监管资本一般允许住房按揭贷款总额为商业贷款总额的两倍。❷ 要求银行维持最低限额的监管资本还能减少本国财政部、中央银行或存款保险公司提供的安全网成本。"安全网"这一术语描述了金融机构偿付不能（或者如上所述的危机、流动性不足）时，国家所做的拯救存款人和其他债权人的正式与非正式承诺。存款保险是常见的安全网组成部分之一。存款人最终可以寄希望于存款保险基金，它是一种典型的国家工具，而不是在发生财务紧张时，银行自己的还款行为。

8% 的正常水平并不是由于在保护水平上达成了任何共识，相

● Bank for Int'l Settlements, International Convergence of Capital Measurement and Capital Standards, 30 I. L. M. 967, 992 (1991).

❷ 阳东辉："论我国金融监管制度的改革与完善——兼评巴塞尔协议Ⅲ之不足"，载《湖南师范大学社会科学学报》2016 年第 1 期。

反，8% 只是当时的平均资本水平。《巴塞尔协议Ⅰ》并没有提高或降低平均资本水平，而是采用的平均水平。❶ 银行的资本充足标准越低，就越具有发展的竞争优势——相同的资本基础允许更大的扩张。经营利润成为银行资本的一部分（除非是给股东分配股利或者给银行管理人员支付报酬），允许银行规模进一步扩张。所需资本越低，银行发展越快。

二、《巴塞尔协议Ⅰ》

国际活跃银行资本充足率标准的最初协议，1988 年巴塞尔协定，只涉及信用风险。然而，表外项目的信用风险因素，包括场外衍生工具，在该框架中没有被忽视。一般来说，通过将风险敞口名义金额乘以信用转换系数（CCF）（依据金融工具的性质，其范围从 100% 到 0%）的方式，把表外项目列入《巴塞尔协议Ⅰ》的资本充足率框架。例如，作为金融担保的备用信用证的信用转换系数是 100%，而票据发行设施或循环承销设施的信用转换系数只有 50%。名义金额乘以相关转换系数的乘积，然后根据交易对手的风险类别（公司客户 100%，经合组织银行 20% 等）进行风险加权，计入风险加权资产总额以计算银行风险资产比率。

在有关外汇与利率合约的情况下，使用了一种类似的两阶段方法，虽然在计算信用额度时存在一种方法选择。最初的风险敞口方法只是将名义本金额乘以转换系数（例如，最初到期日为一至两年的利率合约的转换系数为 1.0%）。鼓励更成熟的机构选择"重置成本法"，该方法把正数合约市值加入反映合约剩余期限未来信用风险敞口值当中（按名义本金额的一定百分比计算）。

---

❶ 阳东辉："论我国金融监管制度的改革与完善——兼评巴塞尔协议Ⅲ之不足"，载《湖南师范大学社会科学学报》2016 年第 1 期。

直到 1993 年 4 月，巴塞尔委员会将市场风险纳入《巴塞尔协议 I》调整范围的建议（以下简称巴塞尔建议）才公布。实际上，这个建议在许多方面类似于欧共体《资本充足率指令》（CAD），特别是采用了模块分析法。它把每个银行分为一个银行账户和一个交易账户，在后者的情况下，要求针对不同的资产类别（债券、股票、期货、互换等）持有资本，它既适用于发行人或交易对手的特定风险，也适用于一般的市场波动风险。巴塞尔建议与欧共体《资本充足率指令》的一般原则具有相似性，但在建议的细节方面，存在许多重大区别。例如，使用第三层资本更严格，虽然根据欧共体《资本充足率指令》的规定，适用于特定股票风险的资本金是它们的双倍；巴塞尔建议一般的资本充足率规定为 8%，流动的多元化头寸的资本充足率为 4%，对应于欧共体《资本充足率指令》分别规定的 4% 和 2%。这些区别对于在欧洲设立的银行非常重要，因为要求它们的监管机构更严格地适用任何一种处理措施。

在该建议谈判期间，市场对巴塞尔建议的最初反应是强调在风险管理技术方面存在一定程度的阶段性变化。模块分析法的实质是它把风险作为添加剂，即市场风险资本充足率代表银行在同时面临各种市场的不利变化时，所有不同类型资产的总和。然而，现在更成熟的金融机构使用的风险管理系统承认，所有的市场不可能同时朝相同的方向移动，因此，存在很大的对冲风险空间，即在一个市场或金融工具上持有的头寸被另一个市场或金融工具所对冲。这些风险管理模型的工作原理是，过去市场波动统计的相关性被用于评估投资组合整体所面临的风险程度，这种评估通常被称为"风险值"（AVR）。

风险值（AVR）是一个源自投资组合可能经历的损失或收益的统计评估概念，由于在一个特定的持有期和一个特定的置信区间标的价格会发生变化。"持有期"是指评估投资组合价值变化的时间间隔。(例如，较大的价格波动可能经历一段较长的时期。因此，假设为期两周的时间内投资组合的构成没有任何变化，那么肯定比仅一天没有变化的风险更高。) 置信区间是指投资组合价值可能发生变化的一段时间比例估计。因此，99% 的置信区间意味着只有 1% 的概率银行持有的头寸组合产生的损失大于风险计算值。然而，应该强调的是，这种评估市场风险的方法只产生对投资组合价值可能发生变化的估计。它不应该被解释为一种规划或预测。

在承认风险管理技术的这些发展方面，为了进一步完善银行的风险管理措施，巴塞尔委员会在 1995 年 3 月发布了一个修订建议。它原则上同意银行基于监管目的使用自己的内部风险值模型作为标准的模块分析法的替代方法。然而，每个银行内部模型的构造不同，采用的假设也不同。在持有期和该模型假定的置信区间价格会发生偏差，采用的统计数据周期和市场或金融工具假定之间的相关性程度也会发生变化。这些因素意味着风险值计算在企业之间没有严格的可比性，如果企业之间的平等待遇是必不可少的，这会给基于监管目的使用它们产生很大的困难。

为了减少模型之间的差异，《巴塞尔协议》随后的修订案规定了许多参数，定性和定量的，那些选择风险值方法的银行需要满足这些条件。定量标准为该模型设定了一些标准参数，包括：(a) 标准持有期 (10 个营业日)；(b) 一年的最短历史观察期 (要求企业使用长期和短期观察期计算风险值，巴塞尔委员会考虑选择两者中较高的一个，但在与产业界协商之后，拒绝了该建议)；(c) 标准置信区间 (99%)；(d) 在风险种类内部，银行通过观察相关性有权作出它认为合理的任何假定，但是，在模型中只能使用交叉风险因素的相关性，如果监管机构对银行测量相关性的系统感到满意，那就是合理的，并能完整地实施。

另外，为了反映风险值模型假定的历史相关性在极端市场压力期间不可能有效的事实，巴塞尔委员会还建议资本金以风险值乘以一个3的系数为基础。还必须增加一个有利的因素到该数字中，以反映该模型的事后性能（例如，以后台测试为基础，使用历史数据评估该模型对投资组合实际价值的变化予以估值的方法）。该建议旨在为提高该模型的精确性而提供激励，以及在后台测试中取得了满意性能的企业将被允许一个零加因子。

巴塞尔委员会还规定了一些定性标准，包括：它要求银行有一个负责设计和实施风险管理系统的独立风险控制单元，这个单元应该直接向高级管理人员报告；高级管理人员必须密切参与风险控制过程；该模型必须与风险管理和内部交易与限制紧密结合；该模型必须遵守常规和严格的测试制度（压力测试、后台测试等）；风险测量系统必须通过内部审计进行定期独立审查。

巴塞尔委员会对《巴塞尔协议》的修订案于1997年年底实施。

在采用风险值方法方面，至少在原则上，巴塞尔委员会走在了证券委员会国际组织（IOSCO）的前面。最初，银行业监管机构和证券业监管机构试图联合开发市场风险建议，但是，1992年谈判破裂，因为证券交易委员会不愿意采用英国证券监管机构（随后在欧共体《资本充足率指令》中被奉为圭臬）使用的投资组合方法，该方法允许以比证券交易委员会的综合方法更宽容的方式对待多元化与对冲的投资组合。从那时起，银行业监管机构一直或多或少地演变成了独立的证券业监管机构，调整银行与证券公司资本充足率的共同国际框架在短期内似乎还很遥远。虽然现在有一些美国证券公司在将使用风险值模型的结果向证券交易委员会报告，但是，它以自愿为前提，尚没有迹象表明证券交易委员会准备接受一种可媲美巴塞尔委员会的方法。

三、《巴塞尔协议Ⅱ》

作为对 20 世纪 90 年代发生的金融危机的反应，为了建立一种适用范围更广、更精确的资本充足制度，2004 年巴塞尔银行监督委员会通过了《巴塞尔协议Ⅱ》。《巴塞尔协议Ⅱ》建立在《巴塞尔协议Ⅰ》的基础之上，它建立了一种由三个相互补充的支柱组成的、更具灵活性的资本充足制度。支柱 1 修改了目前计算总资本充足率的方法，支柱 2 加强了监管审查，支柱 3 要求增加信息披露。

（一）支柱 1：修改计算总资本充足率的方法

《巴塞尔协议Ⅱ》提供了更灵敏的方法确定资产及证券化的信贷风险，另外，增加单独计算与市场风险和信用风险有关的资本之方法。因此，要求银行的资本等于经营风险储备金、市场风险储备金和 8% 的加权风险资产之和。

1. 信贷风险

《巴塞尔协议Ⅱ》提出了两种主要的衡量信贷风险的方法：标准法和内部评级（IRB）法。内部评级法存在两种方法：初级法和高级法。

（1）标准法。根据《巴塞尔协议Ⅰ》的规定，银行将所有资产和表外项目分成不同类型，并赋予它们不同的固定风险权数。财产划入哪种风险加权类型，取决于评级机构所作的外部信用评级。这种评级首先考虑交易对方当事人的类型（例如，主权国家或者银行），然后，适用信用评级机构（例如，S＆P）的分类法，评估交易相对人的信用风险。因此，并不是同等对待所有经合组织（OECD）的主权债务，主权债务的风险权数是 0～100%，究竟适用何种风险权数取决于主权债务的信用评级。银行债务的风险权数要么比银行主权债务低一个档次，要么再进行一次外部信用评估。公司债务适用与银行债务相同的风险权数，但是，对未评级的债务要分配一个更高的风险权数，而且所有低于 BB 级的债务——要分配 150% 的权数。

在评估信贷风险缓释（如担保或者金融衍生工具）对资本要求的效果时，已经制定了一些复杂的规则。例如，担保作为信贷风险缓释工具的效果，取决于特定银行实现担保权的确定性。银行必须要么用交易相对人的风险权数来替换担保物的风险权数（简单方法），要么对担保物的价值和信贷风险暴露进行动态评估（综合法）。

（2）内部评级法。遵守某些方法和信息披露标准，内部评级法允许银行使用内部方法评估信贷风险。对特定资产适用何种风险权数取决于资产的类型和以下因素：违约的概率；违约损失率；违约风险暴露；剩余期限（统称为"影响因子"）。[1] 根据初级内部评级法的规定，银行要评估所有资产的违约概率，与此同时，银行监管机构评估另外三种影响因子。根据有关规定，高级内部评级法必须经过银行监管机构的批准，而且只能对最复杂的银行适用，银行可以使用该方法对大部分或所有的影响因子（取决于该资产）进行评估。随后，银行监管机构对评估结果进行审查，并确定其效力。内部评级法也创设了特殊的信贷风险缓释规则，

---

[1] Constantinos Stephanou & Juan Carlos Mendoza, Credit Risk Measurement Under Basel Ⅱ: An Overview for Developing Countries, Int'l Fin. Corp., 19（Apr. 2005）, http: //www. ifc. org/ifcext/rbcgp. nsf/ attachmentsbytitle/creditriskbasel2. pdf/ $ file/ creditriskbasel2. pdf.

在评估违约率损失时，也涉及这些规则。

（3）证券化。《巴塞尔协议Ⅱ》对传统型与合成型资产证券化的风险引入了独立的资本要求。证券化的风险权数取决于使用基础资产的方法（如果银行对基础资产适用标准方法，那么就必须对它们证券化的风险加权适用标准方法）。根据标准法的要求，每一种证券化资产的风险加权范围在20%～50%；如果基础资产是表外项目，银行首先必须适用信用转换系数将它转化为信贷等值，然后进行风险加权，产生最终的信贷等值。❶为未评级资产和信用风险缓释提供具体的计算。根据内部评级法的要求，对评级资产、资产支持商业票据和其他类型的资产适用不同的方法确定资本要求。

2. 市场风险

《1996年巴塞尔协议修正案》对市场风险暴露提出了独立的资本要求。市场风险被定义为债务和股票价格的不利变动。它在银行的交易账户上反映出来，包括为短期销售、交易履行或者基于对冲目的持有的金融工具。为了抵御市场风险，银行持有的所谓第三层资本，除了第一层资本和第二层资本之外，可以达到第一层资本的250%。《巴塞尔协议Ⅱ》提供了两种方法计算市场风险储备：模块构筑法和内部模型法。

模块构筑法要求银行持有资本抵御发行人风险（特定仓位风险）和宏观风险（一般仓位风险）。针对特定仓位风险，要求银行持有的资本充足率等于交易账户上总股本的8%。在流动性或者多元化的投资组合情况下，只要求4%。针对一般仓位风险，要求银行持有8%的资本充足率。

满足一定条件的银行可以使用内部模型计算股票、货币或者商品市场风险，并且规定，它们使用的内部模型必须以巴塞尔银行监管委员会规定的许多参数为依据。内部模型必须以风险值（VAR）为依据，风险值是银行交易账户在某个特定时期，基于历史观察数据得出的具有可信度的最大损失估计。采用内部模型的银行，必须持有等于以前最大风险值那天的资本，或者持有前60个营业日日平均风险值3倍的资本。[1]

3. 经营风险

《巴塞尔协议Ⅱ》为操作风险制定了单独的资本储备金计算规则，操作风险是指因不正确的或失败的内部方法、人员和系统或外部事件导致的直接或间接风险。制定了三种方法，究竟采用哪一种方法取决于银行的复杂性。基本指标法建议，银行持有的资本等于它们过去三年平均总收入的15%。标准法要求银行将其总收入分成最多八个不同的业务线（如零售银行业务或企业融资）。标准化的损失因素（范围在12%～18%，具体适用哪个比例取决于每种业务线的感知风险）适用于总收入的所有部分。所需的资本总额是八个数值的总和。最后，高级衡量法允许银行创建自己的储备金计算方法，只要该计算满足一定的定性和定量标准。[2]

（二）支柱2：加强监管审查

为了补充和加强第一支柱下的资本要求计算，巴塞尔银行监管委员会通过了监督审查的几个建议。首先，该委员会建议监督

---

[1] Gabriel David & Christopher Sidler, The New Basel Capital Accord – An Overview and Initial Comments, Securitization. net, 13 （Apr. 2001）, http: //www. securitization. net/pdf/eds 0401. pdf.

[2] Hal S. Scott, Int'l Finance – Transactions, Policy and Regulation 378 – 79. （Foundation Press, 15th ed. 2008）.

审查内部模型，并监督它们遵守新巴塞尔协议。其次，它建议监管机构要求银行持有的资本超过最低资本储备，并进行早期干预以确保该资金不低于最低水平。此外，监管机构有权改变银行内部风险评估制度，只要它们认为必要。再次，第二支柱依赖所谓的"内部资本充足率评估程序"（ICAAP），以确保银行持有足够的资本抵御没有被第一支柱涵盖的风险（如流动性、集中度和信誉风险）。银行的内部资本充足评估程序必须接受银行监管机构的审查，并遵守最低准则。

（三）支柱3：增加信息披露要求

支柱3建立了定性和定量信息披露要求，以加强前两个支柱。这些信息披露要求无论是一般的，还是具体的（取决于银行的风险加权方法），都是由以下基本事实构成：银行资本结构、风险暴露和该银行适用新巴塞尔协议框架的程度。因此，支柱3为监管机构和市场参与者提供了必要的信息，以评估银行资本充足水平和鼓励市场纪律，因为它提供了一种将某家银行的资本充足率与另一家银行进行比较的方法。

四、金融危机对巴塞尔协议的影响

2008年国际金融危机以几种方式对巴塞尔资本要求产生影响。首先，金融危机削弱了计算信贷风险和市场风险资本储备模式的有效性。其次，作为对这场危机的反应，巴塞尔银行监管委员会修改了《巴塞尔协议Ⅱ》确定资本充足率的方法。最后，金融危机冷却了巴塞尔银行监管委员会实施《巴塞尔协议Ⅱ》资本要求框架的行动。

（一）弱化资本要求模型

虽然很难确定金融危机对资本充足率框架产生多大程度的影

响，但是很可能金融危机削弱了资本充足率的效果。更确切地说，它破坏了标准法的可靠性和有效性。因为评级具有不合理的拔高现象，银行过分依赖标准化方法不足以抵御信贷风险。考虑到缺乏有关风险、资产价格与流动性以及最新市场波动的可靠信息，存在争议的问题是，银行适用内部模型是否能够正确地确定其资产的风险。由于同样的原因，监管机构审查银行资本充足率和风险管理过程的能力已经削弱了。此外，虽然看起来风险值（VAR）的市场模型低估了必要的资本要求，但是，如果很少发生违约行为，银行交易账户的压力不会那么严重。信贷危机导致了前所未有的大量违约，从而降低了市场风险计算的信誉，甚至在一夜之间，以前的高评级资产突然变成了垃圾投资。最后，由于信贷紧缩，银行获得贷款更加困难，因此，存在一种通过证券化的方式释放资本进行投资的动机。这破坏了《巴塞尔协议Ⅱ》一个关键的准则，即通过赋予银行在决定自己资本要求方面的更大责任，实现更灵活的风险加权目标。

（二）信贷危机是一种改变资本要求的催化剂

2009 年 7 月，作为对金融危机的反应，巴塞尔银行监管委员会公布了修改《巴塞尔协议Ⅱ》的三个文件。修改的重点放在：增加证券化的资本要求；修改市场风险框架以更准确地反映市场风险；增加累积风险收费以更好地捕获交易账户风险；为支柱 2 和支柱 3 提供进一步的建议以加强风险管理流程。❶

1. 提高证券化的资本要求

在 2009 年 7 月的修订中，巴塞尔银行监管委员会区分了证券

---

❶ Basel Comm. on Banking Supervision, Amendment Enhancements to the Basel Ⅱ Framework, Bank for Int'l Settlements, 1 （July 2009）, http: //www. bis. org/publ/ bcbs157. pdf.

化和再度证券化［如担保债权凭证（CDOs）或者资产支持证券（ABS）］，并使后者承受更高的资本要求。再度证券化是指已经证券化的资产组成资产池交易，以及对与基础证券化产品有关的风险进行分级。此外，这次修订要求银行依赖外部评级，以确保评级只依据资产的风险，而不是依据担保银行的实力，因为这常常导致评级的扭曲。最后，在银行可以运用标准法或者内部评级法之前，《巴塞尔协议Ⅱ》要求它们能够获得有关基本资产池的信息以及理解证券化交易的结构特点。银行不能满足这些要求的，必须从第一层资本和第二层资本中各减去50%的证券。❶

2. 修改市场风险框架

因为巴塞尔银行监管委员会承认，风险值（VAR）被用来确定资本的市场风险，没有预测到2008年银行最坏情况下遭受的损失，这次修订包括证券化产品的压力测试要求。压力风险值调整模型的输入，以便考虑银行的投资组合可能面临巨大的财务压力。然后，将压力风险值（以一年为观察期，而不是常规风险值以10天为一个周期）添加到常规风险值之中。

3. 增加累积风险收费

巴塞尔银行监管委员会承认，银行交易账户持续遭受巨大亏损，因为银行不能捕捉流动性差的产品风险。作为回应，巴塞尔银行监管委员会为银行设立了额外的资本要求，要求银行使用内部模型评估特定产品的风险。现在，要求这些银行计算并持有资本，以抵御超出按风险值模型计算的违约风险。这种额外的资本被称为累积风险收费（IRC）。它评估没有证券化的信贷产品一年

---

❶ Basel Comm. on Banking Supervision, Amendment Enhancements to the Basel Ⅱ Framework, Bank for Int'l Settlements, 5 (July 2009), http: //www. bis. org/publ/ bcbs157. pdf.

之内（99.9%置信水平）的违约风险。鼓励银行自己开发计算累积风险收费的模型，只要该模型遵守一定的规定，并考虑资产流动性的潜在差异。

4. 对支柱 2 和支柱 3 的进一步建议

此外，巴塞尔银行监管委员会还加强了《巴塞尔协议 II》支柱 2，通过为银行和监管机构更好地确定和管理信贷与市场风险提供指导的方式，能够更好地解决在这次金融危机中暴露出来的银行内部风险管理方法存在的缺陷。这些建议能够全面解决公司的风险管理问题，其目的在于捕捉证券化与资产负债表外的风险，促进合理的补偿制度。

（三）延迟实施《巴塞尔协议 II》

虽然大多数的 G10 成员和欧盟，从 2007 年已开始实施《巴塞尔协议 II》的资本要求，但是，其他国家和地区却有更多的时间来反思该框架。这种延迟实施在某种程度上是金融危机造成的。根据最初的时间表，美国银行机构应该在 2006 年年底前，公布最终规则和采用《巴塞尔协议 II》的指南，并于 2007 年，鼓励并行制度，从《巴塞尔协议 I》过渡到《巴塞尔协议 II》。《巴塞尔协议 II》本应于 2008 年 1 月前完全生效。但是，美国全面实施《巴塞尔协议 II》的时间确定为 2012 年 12 月。其他国家也推迟了《巴塞尔协议 II》的实施。《巴塞尔协议 II》在印度完全生效的时间是 2009 年，而在阿根廷和中国（所选定的银行），已于 2010 年年底开始实施。❶

---

❶ See generally Victoria Pennington, China Makes a Move on Basel II Implementation, OPRisk & Compliance, http：//www. risk. net/operational – risk – and – regulation/ news/1499335/china – makes – basel – ii – implementation（last updated Aug. 7, 2008）.

五、《巴塞尔协议Ⅱ》的改进措施

如上所述，金融危机暴露了《巴塞尔协议Ⅰ》和《巴塞尔协议Ⅱ》的弱点。为了解决这些问题，《巴塞尔协议Ⅱ》A 部分的重点应放在：减少《巴塞尔协议Ⅱ》的顺周期性；加强市场风险框架；要求银行持有额外的资本抵御交易账户中暴露出来的风险；实施支柱 2；提高监管部门的监管。

（一）降低《巴塞尔协议Ⅱ》的顺周期性

《巴塞尔协议Ⅱ》A 部分需要解决《巴塞尔协议Ⅱ》的顺周期性问题。通过要求银行在经济繁荣期为未来的经济衰退期建立资本缓冲机制，可以实现这个目的。然而，这会减少银行用于投资的资本数额，银行将面临竞争优势的减弱。内部评级法本质上是顺周期性的，因为它只考虑借款人当前的违约风险。但是，在经济衰退期要求增加资本，而在经济繁荣期却要求减少资本。为了避免这种波动，《巴塞尔协议Ⅱ》A 部分鼓励银行走向"通过周期评级"，将商业周期的变化与借款人信誉的变化分离。如果借款人的评级以宏观经济压力最坏的情况下借款人的违约概率为基础，那么这个目的就能实现。

另外，《巴塞尔协议Ⅱ》A 部分可以解决经济低迷时期风险变现，经济上涨期风险累积的现象。通过要求银行在经济上涨期作出信贷价值调整，《巴塞尔协议Ⅱ》A 部分要求银行要为目前尚未发生，但预计在经济衰退期会实际发生的损失做好准备。最后，《巴塞尔协议Ⅱ》A 部分还可以解决系统性危机。然而，这将要求银行持有过多的资本，这会导致它们效率低下。巴塞尔委员会可以考虑采用一种类似保险的方法，允许银行发行可转换债券，一旦发生系统性危机事件，就可以将债券转换成股票。

（二）提高市场风险框架

金融危机期间，银行交易账户资产遭受的严重损失，暴露了市场风险框架的弱点。具体来说，结构性交易［如担保债权凭证（CDOs）或者资产支持证券（ABS）］的评级被证明存在缺陷，而且市场风险模型没有考虑最坏情况下的损失，从而不能捕捉流动性差的产品风险。《巴塞尔协议Ⅱ》A 部分拟在 2009 年进行修订和补充，使用更好的定义以及增加信息披露要求。

第一，《巴塞尔协议Ⅱ》A 部分修改了"传统证券化"与"合成证券化"的定义，以便对这些产品创新作出反应，同时，减少银行通过利用模糊概念从事监管套利的可能性。巴塞尔银行监管委员会拟重新定义"再度证券化"，因为目前的定义过于宽泛，可能将目前没有涵盖的一些证券化产品的重组包括进来。定义"再度证券化"的前提是：是否一定比例的证券化基础风险是物化的（如 10% 的物化标准）？

第二，《巴塞尔协议Ⅱ》A 部分加强了第三支柱的定性披露，以使市场更好地评估证券化产品的风险。这将给银行提供更多准确的信息，不论是使用建筑模块法，还是内部模式法输入信息。虽然 2009 年的修订要求增加交易账户风险的披露，但是他们没有意识到，银行业务和交易账户风险的披露要求一定是不同的。正如欧洲储蓄银行集团强调的那样，信贷风险（银行账户）与市场风险（交易账户）之间的区别应该在两种单独的信息披露程序上得到反映。

（三）强加抵御市场风险的额外资本要求

《巴塞尔协议Ⅱ》在计算资本要求时，交易账户风险的计算以该交易账户 10 天内的日平均盈亏历史风险值为依据。金融危机表明，这种计算过于乐观。[1] 因此，不应使用历史平均市场条件，《巴塞尔协议Ⅱ》A 部分下风险值的计算应该以推定的萧条市场条件为基础，也就是在违约率高于平均水平的基础上计算风险值。此外，《巴塞尔协议Ⅱ》A 部分应该要求银行将它们持有的远期利益项目作为表内资产对待，而不是作为表外项目，同时，要求向监管机构披露（根据支柱 3 的规定）。这可以防止银行利用表外项目的低资本要求。[2] 具体来说，如果银行明示/默示地担保特殊目的工具，那么要求银行持有额外的资本。

（四）重点实施支柱 2

针对支柱 1 没有解释的流动性、信誉和集中风险，金融危机强调持有资本的重要性。例如，由于《巴塞尔协议Ⅰ》和《巴塞尔协议Ⅱ》只解决了银行的资本要求，以解决它们的信用和市场风险，所以，它们没有考虑银行因缺乏流动资金不能满足储户的取款需求而存在破产的可能性。[3] 因此，《巴塞尔协议Ⅱ》A 部分应该引入一个类似于爱尔兰在 2008 年为流动性风险推出的资本比率。在这种模式下，应该要求银行持有与某个特定期间的平均存款取款金额成一定比例的资本储备金，即要求银行持有的流动资产等于 7 天的平均流出资金的 100%，以及等于 14 天平均流出资金的 50%。[4]

---

[1] 阳东辉：“论我国金融监管制度的改革与完善——兼评巴塞尔协议Ⅲ之不足”，载《湖南师范大学社会科学学报》2016 年第 1 期。

[2] Sandra Rutova, Tim Volkheimer, Revisiting the Basel Accords: Lessons Learned from the Credit Crisis, University of Miami Business Law Review, Winter, 2011, p. 106.

[3] 阳东辉：“论我国金融监管制度的改革与完善——兼评巴塞尔协议Ⅲ之不足”，载《湖南师范大学社会科学学报》2016 年第 1 期。

[4] Conor Griffin, Basel Ⅱ Capital Adequacy Regulations & The Credit Crisis Cause or Cure?, Chartered Acct. Ir. (Jul. 8, 2008), http://www.charteredaccountants.ie/Members/Technical1/Financial – Services/Accountancy – Ireland – Articles/BASEL – Ⅱ – CAPITAL – ADEQUACY – REGULATIONS – THE – CREDIT – CRISIS – C AUSE – OR – CURE/.

然而，某些风险不容易量化为流动性风险，应该通过修订支柱 2 进行处理。决定是否应该持有抵御不易量化风险的额外资本储备的程序，应该在内部资本充足评估程序（ICAAP）中予以明确规定。内部资本充足评估程序（ICAAP）本应受到更严密的监督，而且监管机构应该有权对不进行配合的银行实施处罚。总之，这些变化将加强支柱 2。

（五）改善监管部门的监管

《巴塞尔协议Ⅱ》鼓励使用内部模型，允许更灵活的风险加权。为了确保这些模型受到积极的和充分的审查，《巴塞尔协议Ⅱ》A 部分需要给监管机构提供额外的指南。特别是，监管机构应该重点监督表外风险和证券化以及压力测试与风险管理做法。为了有效地实施监督，监管机构必须能够获得更多的信息。虽然 2009 年的修订鼓励更大的透明度，但是，存在信息披露要求过于广泛以及可能导致信息超载的风险。对于此类问题缺乏明确的准则，银行提供信息的数量和质量都存在偏差。因此，巴塞尔银行监管委员会应该重新修改第三支柱，以提供更具体和相关的信息披露要求。

为了有效监管，还有必要提出一种"宏观谨慎方法"。通过修改第二支柱，指导监管机构考虑金融部门的发展、成长和系统风险，而不仅仅是集中关注单个银行的稳健情况。最后，这场金融危机强调了国际层面监管合作的重要性。《巴塞尔协议Ⅱ》A 部分应该加强跨境解决金融危机的进程和监管实践，例如，增加各国的解决权力或者扩大巴塞尔银行监管委员会的成员。

综上，《巴塞尔协议》试图通过风险加权系统量化损失，并要求银行持有最低资本抵御加权平均信贷风险，以保护银行免受意外损失。《巴塞尔协议Ⅱ》建立在《巴塞尔协议Ⅰ》的基础之上，通过资本要求多元化的方式考虑经营和市场风险。另外，根据支柱 2 和支柱 3 的要求，《巴塞尔协议Ⅱ》尝试建立国际监管和信息披露标准。虽然《巴塞尔协议Ⅱ》显著改善了《巴塞尔协议Ⅰ》的框架，但目前的金融危机表明，它并没有完全根除《巴塞尔协议Ⅰ》的缺陷。根据《巴塞尔协议Ⅱ》规定，使用标准化方法的银行，严重依赖评级机构所作的金融评级的可信度，最近的金融危机显示了其固有缺陷。《巴塞尔协议Ⅱ》的强顺周期性使这个问题更加恶化。一方面，金融工具的评级在经济繁荣时期比经济衰退时期更加慷慨，因此，在经济繁荣时期，允许银行对高评级资产持有少量资本，却忽视了在经济衰退期时期，相同的资产价值大大降低的事实；另一方面，通过要求银行持有它们风险加权资产 8% 的资本，不考虑经济周期因素，银行可以在经济繁荣时期，极大地扩张其资产负债表，而不要求它们建立缓冲机制以应对经济的突然衰退。同样，《巴塞尔协议Ⅱ》不能为日益增多的复杂证券化和再度证券化产品提供资本缓冲机制，这使银行能够在账面上持有低风险资产，而事实上，它们已在账外暴露出了高信贷风险。最后，最近的金融危机已表明，支柱 2 的监管审查方法不能正确解决各国在银行监管方面的缺陷。

第三节　《巴塞尔协议Ⅲ》及后续发展

一、《巴塞尔协议Ⅲ》的制度创新与不足

（一）《巴塞尔协议Ⅲ》的制度创新

2008 年的国际金融危机直接催生了 2013 年《巴塞尔协议Ⅲ》的出炉。《巴塞尔协议Ⅲ》有三个核心内容：一是提高最低资本金

充足率，核心一级资本充足率从目前的 2% 提高到 4.5%，一级资本充足率从 4% 上调到 6%。二是建立资本缓冲规则，该规则要求建立 2.5% 的资本留存缓冲和 0～2.5% 的逆周期缓冲，而且各银行可以把更大范围的流动资产计入缓冲范畴，其中包括一些股票和优质抵押贷款支持证券。❶ 一旦银行的资本留存缓冲比率达不到这一要求，监管机构将限制银行拍卖、回购股份和分配股息。这一机制可以防止一些银行在经营状况恶化时肆意发放奖金和高额分红，使银行有更多的资本来应对经济衰退带来的困难。❷ 三是建立了流动性覆盖率规则，该规则要求未来金融机构须持有足量的现金和易于变现的资产，以便度过 30 天的短期危机。根据新规，各成员国需要在 2015 年前达到最低资本充足率要求，缓冲资本要求则必须于 2016 年 1 月至 2019 年 1 月分阶段落实。❸

（二）《巴塞尔协议Ⅲ》之不足

《巴塞尔协议Ⅲ》并非完美无缺，它很可能让人产生一种虚假的安全幻觉。事实上，《巴塞尔协议Ⅲ》虽然提高了银行抵御金融风险的能力，但是，由于资本留存要求，也减少了商业银行用于发放贷款的资金数额，缩小了利润空间。更重要的是，它在某些制度设计方面存在缺陷，无法完全抵御金融风险的发生。

1. 没有改变风险加权方法，无法准确反映金融产品的真实风险

《巴塞尔协议Ⅲ》没有改变早期《巴塞尔协议Ⅰ》的风险加权方法，即赋予各类银行资产或其组合的不同风险权重，例如，《巴

---

❶ 阳东辉："论我国金融监管制度的改革与完善——兼评巴塞尔协议Ⅲ之不足"，载《湖南师范大学社会科学学报》2016 年第 1 期。

❷ 严婷："巴塞尔协议Ⅲ尘埃落定 全球银行业整装待发"，载《第一财经日报》2010 年 9 月 14 日。

❸ 阳东辉："论我国金融监管制度的改革与完善——兼评巴塞尔协议Ⅲ之不足"，载《湖南师范大学社会科学学报》2016 年第 1 期。

塞尔协议Ⅰ》赋予贷款、证券、商业票据及其组合的权重分别为100%、50%、20%和0。❶另外，《巴塞尔协议Ⅰ》赋予无担保商业贷款的权重为100%，赋予住房按揭贷款的权重为50%，这样，相同数量的监管资本一般允许住房按揭贷款的总额可以是商业贷款总额的两倍，而事实上，金融危机证明房地产次级贷款的风险可能比商业贷款更高。尤其是，市场风险模型没有考虑市场最糟糕情况下的损失，从而不能捕捉流动性差的产品风险。因此，《巴塞尔协议Ⅰ》的风险加权方法并不能准确反映金融产品的真实风险。

2. 评级机构虚假评级引发道德风险

由于《巴塞尔协议Ⅲ》仍然依赖信用评级机构评定的信用等级来分配风险权重，信用等级越高，分配到组合中所需的资产越少，因而许多金融机构都有追求高信用评级的动机和冲动，信用评级机构很容易被评估对象收买。金融危机期间，AAA信用等级（最高信用等级）像糖果一样分发的事实充分证明了这一点。加之对某些复杂的金融创新产品进行风险评估时，存在能力不足的问题。因此，《巴塞尔协议》对评级机构的过分依赖，容易引发严重的道德风险，降低相关金融资产的风险加权数，产生资本缓冲不足的后果。

3. 鼓励发行金融衍生品放大了金融风险后果

《巴塞尔协议Ⅲ》同样激励银行缓释信贷风险的做法，比如通过信贷违约掉期（CDSs）和资产证券化来转嫁和分散风险，但是，这种做法放大了金融风险的后果。因为信贷违约掉期

---

❶ Bank for Int'l Settlements, International Convergence of Capital Measurement and Capital Standards, 30 I. L. M. 967, 992 (1991).

（CDSs）不需要实际的担保品，常常被评为 AAA 级，并且属于表外业务，当交易对手的风险真正发生时，银行缺乏资本进行危机应对。另外，资产证券化虽然有助于提供流动性并转嫁和分散风险，但是，证券化也可能引发多米诺骨牌效应。因为机器越复杂，其被毁坏的可能性就越大。如果在金融机构借款人和贷款人之间的链条上创建更多的节点，那么一个"节点"的失败可能导致其他谨慎放贷"节点"跟着失败。总之，金融机构可能会降低贷款人的部分风险，但是也会给投资者和整体经济造成新的风险。❶ 因此，金融衍生工具的杠杆效应放大了金融风险发生的后果，容易引起系统性金融危机。

4. 忽视投资组合多样化对风险的影响

《巴塞尔协议 I》和《巴塞尔协议 III》都坚持"任何贷款的资本要求只应取决于该贷款的风险，而不取决于增加的投资组合"的假设，虽然这一假设有利于资本充足率的计算，但是，它没有考虑到把某一具体资产增加到投资组合中或者改变投资组合的资产构成时，可能会增加或者降低该投资组合的总体风险。❷ 因此，银行可以利用这一规则进行风险规避，譬如，不论是优质住房抵押贷款，还是次级住房抵押贷款，其风险权重都是相同的，因此，银行可以通过选择出售优质住房抵押贷款和购买次级住房抵押贷款的方式，释放资本，尽管承担的资本风险要求可能一样，但实际风险迥然不同。简言之，《巴塞尔协议 III》忽视了投资组合多样化对风险的影响，这可能催生信贷危机。

---

❶ ［美］塔玛·弗兰科：《证券化：美国结构融资的法律制度》，潘攀译，法律出版社 2009 年版，第 93－94 页。

❷ Sandra Rutova, Tim Volkheimer, Revisiting the Basel Accords: Lessons Learned from the Credit Crisis, University of Miami Business Law Review, Winter, 2011.

二、监管机构之间的国际合作与信息共享

考虑到衍生工具能够快速地改变企业的风险状况，因此需要比目前为止更严密和更频繁的国际监管合作。巴林银行倒闭之后宣布的《温莎声明》表明在这个方向上迈出了重要一步，16 个主要的证券与期货监管当局致力于：改进与重大风险和其他监管问题有关的信息沟通工作；审查保护客户持仓、资金和资产的现有协议的妥当性；制定合适的法律规则和市场程序以促进清算或转移头寸；支持加强应急程序和现有的国际监管合作机制的措施。

金融衍生工具监管工作方面需要采取进一步的措施，包括评估市场成员和呈现实质关联公司风险所需的信息类型。然而，巴林银行事件说明，信息共享的最大障碍不在场外市场，而在于交易所交易的衍生工具，因为交易所可能面临作为监管机构角色和商业组织角色之间的利益冲突。当与监管机构信息共享时，这种冲突特别明显，监管机构可能被看作潜在的竞争对手，这是加强国际合作不容易克服的一个障碍。

《巴塞尔协议》的目的是协调全球各国的银行监管规则。不同国家有不同的监管要求，一些国家，如印度，拥有比《巴塞尔协议Ⅲ》更好的监管框架。[1] 印度储备银行早在 2001 年 3 月就要求所有银行的最低资本充足率从 8% 提高到 9%。印度在风险管理方面也很严格，实行外部审计制度，这些要求都比《巴塞尔协议Ⅲ》的规定更为严格。[2] 事实上，一些研究结论表明，当监管的目的是

---

[1]　Saul Perez, Why the Basel Committee on Banking Supervision Came to be, http://marketrealist. com/2014/09/overview - basel - committee - banking - supervision - came/.

[2]　李阳、童旭红："中国、印度两国银行监管制度比较及启示"，载《海南金融》2009 年第 4 期。

寻求全球的协调统一时，它们往往具有走向最宽松监管的趋势。因此，我国在进行金融监管制度设计时，不能仅仅以满足《巴塞尔协议Ⅲ》的要求为目的，而且应着眼于更宏伟的目标，即在防范金融风险的基础上，努力提高我国银行和其他金融机构的全球竞争力。❶

三、2017 年《巴塞尔协议Ⅲ》的新发展

2017 年 12 月，巴塞尔银行监管委员会发布了《巴塞尔协议Ⅲ：完成金融危机后改革》，该文件的颁布标志着国际金融监管模式从鼓励内部模型使用阶段到限制内部模型使用阶段的重大转变。其主要目的是通过内部模型法的改革降低风险加权资产（RWA）的过大差异性，充分利用风险加权资产（RWA）计量的简单性、可比性和风险敏感性，减少银行套利的空间，从而提高银行监管资本的可比性，恢复巴塞尔资本监管的公信力。❷

其主要措施包括：一是改善各类风险，尤其是信用风险和操作风险的标准法，增强其稳健性和对风险的敏感性；二是大范围限制内部模型法的使用，甚至对操作风险和交易对手风险禁止使用内部模型法计量监管资本；三是用杠杆率与标准法挂钩的资本底线来共同补充和限制风险资本比例，尤其是使用内部模型法计量的监管资本比例的应用，规定使用高级计量法算出的监管资本不得低于标准法下计量资本的 72.5% 。但是，2017 年《巴塞尔协

---

❶ 阳东辉："论我国金融监管制度的改革与完善——兼评巴塞尔协议Ⅲ之不足"，载《湖南师范大学社会科学学报》2016 年第 1 期。
❷ 陈忠阳："巴塞尔协议Ⅲ改革、风险管理挑战和中国应对策略"，载《国际金融研究》2018 年第 8 期。

议Ⅲ》并没有像 2010 年那样大幅提高银行业的整体资本要求水平。❶

　　鼓励银行采用内部模型法，以提升监管资本的风险敏感性，促进银行现代风险管理，但是，内部模型"黑箱效应"产生道德风险，为银行产生新的监管资本套利提供了机会和空间。如何确保"好银行"和"好模型"，防范道德风险，是一个棘手的难题。

---

❶　陈忠阳："巴塞尔协议Ⅲ改革、风险管理挑战和中国应对策略"，载《国际金融研究》2018 年第 8 期。

第十三章

我国金融衍生工具法律监管制度之反思与优化建议

第一节　我国金融衍生工具监管之立法现状

我国调整金融衍生品的法律规范主要是少量的法律、行政法规和大量的最高人民法院的司法解释、原中国银保监会和中国证监会制定的部门规章、行业协会制定的自律规则以及交易所制定的交易细则。

一、法律

（一）《中华人民共和国期货和衍生品法》出台的背景与主要内容

长期以来，中国期货行业主要依托《期货管理条例》这一行政法规运行，场外衍生品市场则通过有关部门规章进行规范。这与行业和市场的发展不够匹配。党的十八大以来，我国期货市场进入创新发展阶段，全社会对期货立法的呼声也越来越高，期货立法的时机更趋成熟。2021 年 10 月 20 日，全国人大常委会第三十一次会议进行第二次审议，正式将《期货法（草案）》改名为《期货和衍生品法（草案）》。经过近三十年的艰难起草，期货和衍生品机构、行业、市场、监管部门翘首企盼的《中华人民共和国期货和衍生品法》终于出炉，中国期货和衍生品市场也将进入一个新的历史发展阶段。

关于期货与衍生品是否应一体立法，学界存在不同看法。一种意见认为，期货是小概念，衍生品是大概念。我国期货与衍生品市场发展程度不一，期货市场已经稳定运行多年，监管制度比较成熟，而衍生品市场尚处于探索发展阶段，在法律里统一规定可能会限制衍生品市场发展，最好等待条件成熟时再单独立法。另一种意见认为，期货交易与衍生品交易没有本质区别，市场法律性质、基本属性总体相同。期货市场适用的法律关系、监管逻辑很多可借鉴于衍生品市场。目前我国还没有关于场外衍生品的法律和行政法规。2019 年我国修订证券法，删除了有关证券衍生品的规定，留给期货法。期货和衍生品最好纳入同一部法律中。❶最后，立法机关采纳了第二种意见。

《中华人民共和国期货和衍生品法》对期货交易、期货结算与交割、期货交易者、期货经营机构、期货交易所、监督管理等方面作出了较为详细的规定，将期货品种上市由审批制改为注册制。期货市场实践探索出来的账户实名制度、一户一码制度、保证金存管监控制度、"五位一体"监管体系制度也在法律层面予以认可。另外，该法还将衍生品纳入调整范围，将单一协议原则、终止净额结算、履约保障、交易报告库等衍生品交易的基础法律制

---

❶ 曲德辉："三十年磨一剑：期货与衍生品法的前世今生"，载《期货日报》2022年 4 月 22 日。

度通过法律形式确定下来，将衍生品场内和场外交易一体纳入法治化轨道。❶

（二）其他相关法律

除《中华人民共和国期货和衍生品法》这部调整金融衍生工具的基本法律外，证券衍生产品可以适用《证券法》的规定，证券基金类衍生产品可以适用《中华人民共和国证券投资基金法》的规定，衍生产品本质上属于两个主体之间的协议，因此，原则上可以适用《民法典》合同编的规定。

二、行政法规

行政法规是指国务院依照法定程序制定的规范性文件的总称。1999 年 1 月，国务院发布《金融违法行为处罚办法》对金融机构违规从事证券、期货或者其他衍生金融工具交易的行为，规定了严格的行政责任，除警告，没收违法所得外，并处违法所得 1 倍以上 5 倍以下的罚款，没有违法所得的，处 10 万元以上 50 万元以下的罚款。

2007 年国务院公布《期货交易管理条例》（2017 年第四次修订），对期货交易所、期货公司的设立条件和业务范围、期货交易基本规则、期货业协会的职责作了明确规定。

三、司法解释

2003 年 6 月，《最高人民法院关于审理期货纠纷案件若干问题的规定》发布，就期货纠纷案件的管辖、承担责任的主体、无效

---

❶ 王宁："期货和衍生品法今起实施 期货市场服务实体经济的能力将增强"，载《证券日报》2022 年 8 月 1 日。

合同责任、交易行为责任、透支交易责任、强行平仓责任、实物交割责任、保证合约履行责任、侵权行为责任、举证责任、保全和执行等问题作出了明确规定，为法院正确审理期货纠纷案件提供了依据。

四、部门规章

（一）中国证监会

2016 年中国证监会发布了《关于进一步规范证券基金经营机构参与场外衍生品交易的通知》，同年，中国证监会还发布《证券期货投资者适当性管理办法》《期货投资者保障基金管理办法》（与财政部联合发布）《证券期货业信息系统审计指南》。2018 年，中国证监会发布了《关于进一步加强证券公司场外期权业务监管的通知》，对证券公司参与场外期权交易实施分层管理。

（二）原中国银保监会

2005 年 9 月原中国银监会发布《金融机构信贷资产证券化试点监督管理办法》对金融机构信贷资产证券化的市场准入管理、业务规则和风险管理、资本要求、监督管理、法律责任作出了全面规定。

2011 年 1 月中国原银监会发布了《银行业金融机构衍生产品交易业务管理办法》对银行业金融机构衍生品业务的市场准入管理、风险管理、产品营销和后续服务、罚则作出了详细而具体的规定。

（三）中国人民银行

2005 年中国人民银行发布《全国银行间债券市场债券远期交易管理规定》，2007 年中国人民银行发布《远期利率协议业务管理规定》，2008 年中国人民银行发布《关于开展人民币利率互换业务有关事宜的通知》，2007 年中国人民银行发布了《关于在银行间外汇市场开办人民币外汇货币掉期业务有关问题的通知》，上述文件涉及金融衍生产品相关主协议的制定、签署和备案等规定。

（四）国家外汇管理局

2011 年国家外汇管理局发布了《关于人民币对外汇期权交易有关问题的通知》，明确规定了银行开办对客户期权业务应具备的条件，并对银行开办期权业务实行备案制度。

五、行业自律规则

2009 年 3 月，银行间市场交易商协会制定了《中国银行间市场金融衍生产品交易主协议》，它是统一场外金融衍生品市场的基础性合同文本。2018 年 12 月，中国证券业协会、中国期货业协会、中国证券投资基金协会联合发布《中国证券期货市场衍生品交易主协议》，就协议构成、支付与交易义务、净额结算、违约事件、终止事件及其处理、利息、赔偿和费用、陈述与保证、法律适用及争议解决等条款提供了示范文本。同年，《中国证券业协会关于进一步加强证券公司场外期权业务自律管理的通知》，对交易商管理、标的管理、投资者适当性管理、数据报送、监测监控、自律管理作出了系统规范。

六、交易所交易规则

我国各大商品和金融期货交易所制定的交易细则是金融衍生产品交易必须遵循的重要准则。2007 年 6 月中国金融期货交易所发布了《结算细则》和《违规违约处理办法》。2010 年 2 月，中国金融期货交易所还制定了《交易所交易规则》，对品种与合约、会员管理、交易业务、结算业务、交割业务、风险控制、信息管理、监督管理、争议解决等问题作出了详细规定。2019 年 12 月中国金融期货交易所还发布了《股指期权合约交易细则》。2020 年上海期货交易所发布《期权交易管理办法》，对期权合约、交易业务、行权与履约、结算业务、风险管理、信息管理作了全面的可操作性规定。2020 年 9 月上海黄金交易所制定了《风险控制管理办法》，就保证金制度、涨跌停板制度、延期补偿费制度与超期费制度、限仓制度、交易限额制度、大户报告制度、强行平仓制度、风险警示制度与异常交易监控制度作出了明确规定。

2008 年 1 月，《郑州商品交易所违规处理办法》发布，对违规行为的稽查、取证、处罚作出了明确规定，有利于打击衍生品交易过程中的违法违规行为。2017 年 2 月，郑州商品交易所发布《期权投资者适当性管理办法》，就适当性管理的标准、适当性管理的实施、适当性管理的监督作出了系统性规定。2011 年 10 月，郑州商品交易所发布《套期保值管理办法》，就套期保值的审批流程、交易、监督管理等问题作出了具体规定。2017 年 2 月，郑州商品交易所发布《期权做市商管理办法》，就做市商的资格管理、做市业务、权利与义务、监督管理作出了详细规定。2019 年 10 月郑州商品交易所发布了《期货交易风险控制管理办法》，对保证金制度、涨跌停板制度、限仓制度、交易限额制度、大户报告制度、强行平仓制度、风险警示制度作出了详细而具体的规定。2020 年 8 月，郑州商品交易所发布《期权交易管理办法》就期权合约、交易业务、行权与履约、结算业务、风险管理、信息管理作出了详细可操作性规定。

大连商品交易所也先后制定了《大连商品交易所风险管理办法》《大连商品交易所期权交易管理办法》《大连商品交易所期权投资者适当性管理办法》。

第二节　我国金融衍生工具法律监管制度之反思

我国目前的金融衍生品市场虽然有所发展，但立法者并没有仔细思考金融衍生品市场的监管框架。对于金融衍生品的发展，监管者一直采取谨慎的态度，抑制金融创新，使得金融衍生品市场并不发达，企业对冲风险的需求不能得到充分满足，金融衍生品对社会的积极作用没有得到充分发挥。为了避免与前面分论各部分内容重复，本节主要从宏观角度反思我国金融衍生工具法律监管制度存在的缺陷与不足。

一、场外交易法律地位不明确

从法律角度而言，目前我国金融衍生品场外市场监管中存在的核心问题是场外交易市场的法律地位问题。尽管金融衍生品的场外市场已经在银行间市场和银行与客户之间的柜台市场上发展起来，但其在中国发展的法律基础是什么，仍然值得讨论。西方发达国家过去二三十年以来面临的银行资本问题主要是量的问题，包括资本的数量、质量和计量三个方面，其本质是资本监管框架失效，尤其是风险和资本计量失准导致的资本数量不足和风险管理传导机制不畅的问题。而我国银行业的资本问题却明显不同，不是量的问题，而是资本作用的问题。例如，在场外交易法律地位不明确、资本国有和破产机制缺位的情况下，资本作用受到很大的抑制。场外衍生品的一个特点是衍生品杠杆水平甚至高于交易所市场，因为场外交易市场不使用中央交易对手，因此没有保证金要求。衍生品杠杆效应明显增加了市场上相同数量权益的未

平仓头寸金额。衍生工具杠杆效应和最低资本要求（如果有的话）的协同作用会增加市场波动性和系统性风险水平。❶

目前我国规范金融衍生品的基本法是《中华人民共和国期货和衍生品法》，该法第 2 条明确了适用范围：在中华人民共和国境内，期货交易和衍生品交易及相关活动，适用本法。第 11 条则规定了期货交易只能在依法设立的期货交易所或者国务院期货监督管理机构依法批准组织开展期货交易的其他期货交易场所（以下统称期货交易场所），采用公开的集中交易方式或者国务院期货监督管理机构批准的其他方式进行。禁止在期货交易场所之外进行期货交易。衍生品交易只能在经国务院授权的部门或者国务院期货监督管理机构审批的合法场所进行。

从我国场外衍生品的发展现状来看，目前发展水平仍然很低。一是品种不齐全，尤其是我国农产品期权品种的数量明显偏少，而且多数农产品期货品种无对应的期权与之匹配。二是我国目前没有专门法律对场外期权或场外衍生品进行监管，各部门监管标准不统一，场外衍生品交易法律规范严重缺失。三是场外衍生品市场流动性低，日均成交量较小。

二、金融衍生品的定义含糊

按照《中华人民共和国期货和衍生品法》第 3 条有关期货交易、期货合约和期权合约的定义，期货交易是指以期货合约或者标准化期权合约为交易标的的交易活动。期货合约是指由期货交易所统一制定的、规定在将来某一特定的时间和地点交割一定数

---

❶ Levon Garslian, Towards a Universal Model Regulatory Framework for Derivatives: Post-Crisis Conclusions from the United States and the European Union, 37 U. Pa. J. Int'l L. 941, 945 (2016).

量标的物的标准化合约。根据合约标的物不同，期货合约分为商品期货合约、金融期货合约及其他期货合约。期权合约，是指约定买方有权在将来某一时间以特定价格买入或者卖出约定标的物（包括期货合约）的标准化或非标准化合约。与我国一贯的立法风格类似，该定义仅是对现实的描述，却不具有任何实用性，无法适用于区分期货合约与一般的远期合约、合法的期权交易与不合法的期权交易。

上述概念中凸显了三个要素：交易所统一制定、标准化、合约内容。换句话说，如果一个合约即使在内容上符合一般的期货或期权合约的条件，但如果不是由交易所统一制定的，或者不具有标准化的特征，则不能被视为《中华人民共和国期货和衍生品法》所定义的期货合约或者期权合约。这种定义方式显然有助于违法者规避法律要求。标准化看起来好像很重要，但也是比较容易规避的条款。实践中银行间市场上的多数金融衍生品都以非标准化作为自己区别于期货交易的理由，从而逃避《中华人民共和国期货和衍生品法》的管辖。正如上文所介绍，在银行间市场交易的多数金融衍生品都以远期合约自诩，因为习惯上都认为远期合约与期货合约的区别在于前者的非标准化。此外，多数的互换合约或者掉期合约也都因为不具有标准化条件而被排除在《中华人民共和国期货和衍生品法》监管范围之外。即使银行间市场中有一类金融衍生品命名为"人民币外汇期权"，显然也以其非标准化而不会被认定为《中华人民共和国期货和衍生品法》所定义的"期权合约"。

银行间市场由于仍然在中国人民银行的监管之下，参与该市场的诸多商业银行又处于原中国银保监会的严格监管之中，因此，即使其勉强脱离了《中华人民共和国期货和衍生品法》管辖，似

乎风险也不会太大——即使在美国这样的地方，某些金融衍生品
交易如果存在其他监管机构的监管，也会豁免于商品期货交易委
员会（CFTC）的监管。但对于那些存心逃脱《中华人民共和国期
货和衍生品法》监管的违法者来说，这种逻辑的适用只会带来避
法的广阔空间，而给强制交易所交易条款的适用带来巨大的麻烦。
实践中普遍存在的非法期货交易或者变相期货交易就充分说明了
这一问题。

三、大量金融衍生工具等影子银行处于监管真空地带

一般认为，影子银行是指经营类似于传统银行业务，游离于
银行监管体系之外，容易引发系统性风险的非银行金融机构的总
称。在美国，影子银行主要包括证券化工具、资产支持商业票据、
货币市场共同基金、回购协议市场、投资银行与抵押贷款公司。❶
在我国，根据 2014 年《国务院办公厅关于加强影子银行监管有关
问题的通知》，我国影子银行主要包括三类：一是不持有金融牌
照、完全无监督的信用中介机构，包括新型网络金融公司、第三
方理财机构、民间借贷等；二是不持有金融牌照，存在监管不足
的信用中介机构，包括融资性担保公司、小额贷款公司、P2P 等；
三是持有金融牌照，但存在监管不足或规避监管的业务，包括货
币市场基金、资产证券化、部分理财业务等。❷ 根据穆迪最新出炉
的《中国影子银行季度监测报告》显示，2017 年年末，中国影子

---

❶ Bryan Noeth, Rajdeep Sengupta, Is Shadow Banking Really Banking? The Regional Economist, Federal Reserve Bank of St. Louis, October, 2011, p. 8.

❷ 阳东辉："论我国金融监管制度的改革与完善——兼评巴塞尔协议Ⅲ之不足"，载《湖南师范大学社会科学学报》2016 年第 1 期。

银行资产规模达到 65.6 万亿元，增速为 1.7% 。❶ 至于我国游离于银行监管体系之外的金融衍生产品主要包括资产证券化、私募股权投资基金、利率和外汇互换等。

《巴塞尔协议Ⅲ》虽然扩大了风险覆盖的范围，将市场风险的信用估值调整（CVA）、交易对手风险、资产证券化以及资产负债表外工具等纳入资本监管，有利于避免银行规避资本要求，但我国目前仍然没有将资产证券化、私募股权基金和场外衍生品交易等影子银行业务纳入传统银行的监管框架。由于影子银行属于表外业务，不用交纳存款准备金，不计资本充足率，不受利率管制和贷款规模的限制，因此，隐含着巨大的系统性风险。2008 年的国际金融危机就是因美国的次级贷款和资产证券化引起。近年来，我国许多投资担保公司、P2P 网贷（已全部取缔）、私募股权基金不断爆雷，老板跑路，投资者血本无归的现象层出不穷。❷

四、市场准入条件严格，难以满足广大投资者的投资需要

2007 年，原中国银监会颁布了修改后的《金融机构衍生产品交易业务管理暂行办法》（以下简称《办法》），允许境内依法设立的银行（不包括城市商业银行、农村商业银行和农村合作银行）、信托公司、财务公司、金融租赁公司、汽车金融公司法人，以及外国银行在中国境内的分行参与人民币衍生品的交易。虽然《办法》放宽了交易主体的资格，但是一些中小金融机构和部分企业

---

❶ 穆迪："2017 年末中国影子银行规模 65.6 万亿增速 1.7%"，载澎湃新闻 2018 年 5 月 16 日。

❷ 阳东辉："论我国金融监管制度的改革与完善——兼评巴塞尔协议Ⅲ之不足"，载《湖南师范大学社会科学学报》2016 年第 1 期。

由于自身规模和水平的限制，难以达到《办法》第 7 条❶规定的条件，仍然被拒之门外，对外币的投资需求不能及时满足。

五、我国的利率和汇率没有完全市场化

我国发展人民币利率互换市场面临的主要问题是，利率互换的合理定价问题。利率互换交易要求交易双方进行数次现金流的交换，而被交换的现金流取决于合约中商定的互换利率。如何确定互换交易中的固定利率和浮动利率，是利率互换交易的关键环节。❷ 在我国，固定利率和浮动利率都面临着选择上的困难。就固定利率来说，债券市场即期利率曲线的绘制问题仍然没有得到根本解决。我国目前没有一条市场公认的国债到期收益率曲线和即期利率曲线基准，数家机构各自为政。就浮动利率基础的选择而言，我国只有 7 天回购利率和 1 年期存款利率两个基准，可供投资

---

❶ 《金融机构衍生品交易业务管理暂行办法》第七条规定，金融机构申请开办衍生产品交易业务应具备下列条件：

（一）有健全的衍生产品交易风险管理制度和内部控制制度；

（二）具备完善的衍生产品交易前、中、后台自动联接的业务处理系统和实时的风险管理系统；

（三）衍生产品交易业务主管人员应当具备 5 年以上直接参与衍生交易活动和风险管理的资历，且无不良记录；

（四）应具有从事衍生产品或相关交易 2 年以上、接受相关衍生产品交易技能专门培训半年以上的交易人员至少 2 名，相关风险管理人员至少 1 名，风险模型研究人员或风险分析人员至少 1 名；以上人员均需专岗人员，相互不得兼任，且无不良记录；

（五）有适当的交易场所和设备；

（六）外国银行分行申请开办衍生产品交易业务，必须获得其总行（地区总部）的正式授权，且其母国应具备对衍生产品交易业务进行监管的法律框架，其母国监管当局应具备相应的监管能力；

（七）中国银行业监督管理委员会规定的其他条件。

❷ 符浩勇、符浩、叶盛："关于推进人民币利率互换交易市场发展的对策建议"，载《海南金融》2007 年第 9 期。

者选择的范围很小，同时，由于我国的银行基准利率没有实现市场化，因此，它们不能代表市场融资或投资的成本与收益，若将其作为利率互换的参考利率，不能达到完全规避利率风险的目的。相反，7 天期回购利率与债券市场的平均收益率没有呈现出强烈正相关性，同时，也远不如央行票据的发行利率对影响债券市场行情走势的基本面和预期变化的反应灵敏。❶

从汇率层面讲，控制远期结售汇头寸风险有两种途径：一是直接在银行间远期市场平仓；二是现货市场逆向操作。而目前，这两方面都不能完全满足银行风险控制的需要。因为我国现货市场和远期市场尚未完全打通。根据利率平价理论，银行在进行外汇远期交易的同时，需要拆借一笔本币或外币并在外汇现货市场结售汇，以维持二者均衡。但是由于我国资本项目受到严格管制，各商业银行都有外债指标限制，只能在规定的项目下拆借外币，并且拆进来的本外币也不能在外汇现货市场上随意结售汇。❷

另外，我国的人民币汇率实行单一的有管理的浮动汇率制，中国人民银行根据银行间外汇市场形成的价格，公布人民币对主要外币的汇率。实际上，我国的人民币汇率是人民银行根据公式计算出来，并非完全由市场供求关系决定。但经济学家相信，从长期来看，汇率基本上是由各国商品的相对价格来决定的。一个重要的理论是汇率的购买力平价理论（purchasing‑power parity，PPP）。这个理论认为，一国的汇率将倾向于使在国内购买贸易品的成本等于在国外购买这些商品的成本。也就是说，在没有运

---

❶ 符浩勇、符浩、叶盛："关于推进人民币利率互换交易市场发展的对策建议"，载《海南金融》2007 年第 9 期。

❷ 王伟明："汇率形成机制改革后的远期汇率问题研究"，载《中国外汇管理》2005 年第 12 期。

输成本和贸易壁垒的情况下，相同的商品在所有市场上的价格一定相同。在我国金融市场上，大多数金融价格都不是完全的市场均衡价格，与均衡价格之间的价差，即游资和投机者的争夺之战，这将加剧金融风险，削弱其规避风险、发现价格的功能。再者，我国目前对银行存贷款利率、国债发行利率还实行管制，利率市场化的空间极为有限。[1] 由于我国目前正处于由利率管制向利率市场化的转型阶段，金融衍生品市场投资者对利率波动风险的预期并不强烈。因此，我国金融衍生品的市场需求尚未完全被激发。

六、信用评级体系不健全

金融衍生工具的交易期限一般较长，如利率互换交易合约的期限从 3 年到 10 年不等。在这漫长的合约过程中，交易双方必须根据市场利率的变化和合同的规定，每年结算一次甚至几次现金流。[2] 这就要求交易双方对彼此的信用度有一定的了解以避免潜在的违约风险。但目前，国内金融市场的信用风险评级体系不完善，各类金融机构的信息和报表披露制度不透明，金融机构开展业务时面临的各种风险更是难以度量。这使得交易双方会面临比较严重的违约风险，为了有效地杜绝这类风险，保证交易双方的合法权益，亟须建立健全市场资信评级和信息披露制度。

我国目前信用评级业的现状是：评级机构小而杂，信息分散，总体水平不高，难以形成权威；一些市场运作不规范的评级机构

---

[1]　王国治："后危机时代我国金融衍生品市场发展现状与对策"，载《商业时代》2011 年第 28 期。

[2]　符浩勇、符浩、叶盛："关于推进人民币利率互换交易市场发展的对策建议"，载《海南金融》2007 年第 9 期。

采取不正当手段抢夺市场，使评级结果成为一种可以交易的商品；我国信用评级机构尚不具有独立地位，评级结果往往受到行政主管部门的人为操纵，有些评级机构存在通过行政手段垄断经营的现象，既限制了竞争，又不利于评级指标的改进和评级行业的发展，同时也容易滋生腐败。这些问题导致我国信用评级的质量和公信力均不够。另外，由于目前资产证券化产品一般都要求有银行担保，产品的信用被视为银行的信用，这就导致虚假的信用评级。❶

七、金融衍生工具的税收和会计处理制度不完善

没有相关的税收和会计规定可以遵循是许多机构未开展互换交易的主要原因。税收问题将直接影响当事人之间互换交易的定价和策略。衍生产品会计处理制度的不完善是各类机构开展利率互换等衍生产品交易的又一障碍。缔约时利率互换合约能给当事人带来的未来现金流是不确定的，此时，互换合约仅仅带给双方当事人未来将要发生的权利和义务，同时，不存在当前的成本，无法满足会计要素的定义和确认标准，只能作为"表外项目"处理。在传统的会计制度披露方法下，利率互换合约不能满足会计要素的要求，无法强制进行信息披露，因此，不能为会计信息的使用者提供有用的决策信息。❷

---

❶ 葛培健主编：《企业资产证券化操作实务》，复旦大学出版社 2011 年版，第 45 – 46 页。

❷ 符浩勇、符浩、叶盛："关于推进人民币利率互换交易市场发展的对策建议"，载《海南金融》2007 年第 9 期。

第三节　我国金融衍生工具法律
监管制度之优化路径

我国金融衍生品市场并不发达，受到严格限制的场外金融衍生品交易也没有给我国金融体制带来严重的风险。但金融衍生品也具有风险管理的功能，不能一味禁止和压抑。借鉴国外经验，在一个安全的金融衍生品监管框架下发展我国的金融衍生品市场，特别是场外市场，才是合理的选择。

一、制定和完善金融衍生工具市场监管的法律法规体系

为了加快立法步伐，我国立法机关应该在《中华人民共和国期货和衍生品法》颁布后，尽快制定与之相配套的实施细则，尤其是要制定期权、互换、远期合约、资产证券化等衍生品的场外交易与结算规则，加强金融衍生工具的基础设施建设，以保证金融监管框架的稳定性、持续性和可操作性。除此之外，立法机关和监管机构还要针对不同种类的金融衍生产品分别制定相应的法律法规，强化各类规范的协调性和可操作性，使交易做到有法可依，有法必依。

在监管体系建设方面，考虑到衍生品具有跨市场、跨行业的特点，我国应发展与之相配套的监管体系。首先，有效的做法是借鉴当前欧美的监管变革经验，建立一个统一的监管机构，对银行、证券、保险、衍生品交易实行全面监管，提高整个市场的稳定性。其次，鉴于场内交易和场外交易的不同，需要采取不同的方式予以监管。就场内交易而言，要重视交易所的制度建设，保

证交易的公开、公平、公正。就场外交易而言，我国市场参与者应该积极与国际惯例接轨，加强国际监管合作。笔者认为，我国可以通过国内立法的形式，完全采纳二十国集团（G20）的两项衍生品改革建议：对非中央清算的衍生品交易实行最低保证金要求；要求向政府授权的交易存储库报告场外衍生品交易的数据。❶ 再次，必须将所有的银行和非银行金融机构，尤其是将影子银行纳入监管，在我国建立起全覆盖的金融监管体系。对包括影子银行在内的所有金融机构实行统一监管，建立规范的注册资本登记制度、信息公开和查询制度、资本充足率制度、杠杆率制度和金融机构存款保险制度。❷ 最后，监管机构应加强对市场准入的监管。市场准入是防范整个金融衍生品市场风险的第一道屏障。必须制定衍生品市场参与者严格的市场准入条件和审批程序，对市场参与主体进行严格的资格审查，这样严把入口关，有利于提高市场参与者的理性，有效防范信用风险。❸

二、推动利率和汇率市场化

积极推进利率市场化一直是我国利率改革的一项重要任务，我国的利率市场化采取的是渐进式改革模式。我国利率市场化改革的目标是建立以中央银行利率为基础的，以货币市场利率为中介，由市场供求决定金融机构存贷款利率水平的利率形成机制。经过 40 多年的改革，我国的利率形成机制实现了一定程度的市场化，但远远不如我国商品和劳务价格的市场化所导致的竞争力提

---

❶ Steven L. Schwarcz, Regulating Derivatives: A Fundamental Rethinking, 70 Duke L. J. 545, 588 (2020).

❷ 阳东辉："论我国金融监管制度的改革与完善——兼评巴塞尔协议Ⅲ之不足"，载《湖南师范大学社会科学学报》2016 年第 1 期。

❸ 徐英："发展金融衍生产品要做到监管先行"，载《华北金融》2005 年第 9 期。

升，利率管制逐渐成为我国经济发展的"瓶颈"。我国利率市场化改革目前已取得重大进展，具体表现如下：一是构建了货币市场基准利率，2007 年上海银行间市场拆放利率（SHIBOR）正式运行，逐步成为货币市场、票据市场、债券市场以及衍生产品市场的定价基准。二是全面放开了金融机构贷款利率上限和存款利率下限，2013 年 7 月，全面放开金融机构贷款利率；2015 年 10 月，不再对商业银行和农村合作金融机构设置存款利率浮动上限。但存贷款利率市场化尚未完全实现。❶ 为了培育完善的金融市场，降低企业融资成本，优化资金资源配置，我国应加快利率市场化步伐，真正建立一种以央行基准利率为指引，以市场利率为主体的宏观调控与市场自我调节相结合的利率形成机制。

在汇率方面，长远目标应是实现资本项目可自由兑换，使人民币成为国际货币。在当前过渡阶段，当务之急是积极引导中国企业进入国际衍生品市场，进行外币与外币互换、外币融资利率互换，有效化解外汇汇率和利率变动风险，降低国际融资成本。在不久的将来，当人民币完全实现自由兑换，我国银行利率实现市场化时，将是我国大力发展人民币与外汇互换、人民币利率互换市场的良机，届时，中国将成为国际衍生品市场的中心。

三、完善逆景气循环资本缓冲机制

为了解决《巴塞尔协议 Ⅱ》的顺周期性问题，《巴塞尔协议 Ⅲ》要求建立 2.5% 的资本留存缓冲和 0 ~ 2.5% 的逆周期缓冲。我国 2013 年制定的《商业银行资本管理办法（试行）》要求对所有银行设置抵御经济周期波动的超额资本 2.5%，反周期超额资本

---

❶ 胡晓炼："'十一五'时期中国货币政策调控的成就"，载《中国金融家》2011年第 1 期。

0～2.5%。表面看起来我国已与国际接轨，建立了逆景气循环的资本缓冲机制，但实际上只有在出现系统性贷款高额增长的情况下才需计提反周期超额资本，大多数时间，反周期超额资本为 0。❶因此，还需要进一步完善我国的逆景气循环资本缓冲机制。具体来说，包含以下措施。

第一，为了避免出现银行在经济衰退期增加资本，在经济繁荣期减少资本的现象，应该鼓励银行进行"周期评级"，将商业周期的变动与借款人信誉的变化相分离。如果对借款人的评级以宏观经济压力最糟糕情况下借款人的违约概率为基础，那么这个目的就能实现。通过创设一种损失补偿基金，一旦进入不可避免的商业萧条期，可以对这些"损失"给予财务保障，最终实现消除这些损失的目的。在经济繁荣时期，顺周期性特征可以使金融机构积累资本，以备经济困难时期提取使用。因此，一家银行必须持有的资本数量既是开展营业活动的保障，也是经历各种商业周期的更广泛的商业气候指示器。

第二，逆景气循环资本缓冲机制还应该解决经济低迷时期风险变现，经济上涨期风险累积的现象。具体措施是要求银行在经济上涨期作出信贷价值调整，也就是要求银行对目前尚未发生，但预计在经济衰退期会实际发生的损失做好准备。即使在经济正常时期，也应该提取一定比例的反周期资本，但是，为了不增加银行的资本负担，可以考虑按照反周期资本最高比例 2.5% 减半计提。因为银行风险模型中隐含的有关相关性、波动性和市场流动性的背景假设，在极端压力下并不成立。历史关系也不一定是预测未来风险变化的良好基础。

---

❶ 阳东辉："论我国金融监管制度的改革与完善——兼评巴塞尔协议 III 之不足"，载《湖南师范大学社会科学学报》2016 年第 1 期。

第三，对风险产品和表外活动应该实施更高的资本要求。它要求银行针对表外项目制定资本缓冲机制。例如，银行必须建立或有负债的缓冲机制。根据《巴塞尔协议》的规定，应该适用"信贷换算因子"，将每种表外项目的账面价值"换算"成信贷等值。信贷换算因子旨在反映表外或有负债转变为表内资产的可能性。相应的转换系数取决于表外项目与信贷的类似程度。一旦所有的表外项目转换完毕，就像正常资产一样计算它们的风险权数。

第四，为了解决系统性危机，可以考虑采用一种类似保险的方法，允许银行发行可转换债券，一旦发生系统性危机事件，就可以将债券转换成股票。

四、规范信用评级业务

要规范金融衍生品市场，必须加强对评级机构的监管。具体设想如下：首先，要禁止评级机构的以权谋私行为。在评级机构的选择上，应充分引入市场竞争机制，禁止被评级主体自行"招揽评级机构"。为了解决评级机构的利益冲突问题，笔者建议，应由金融监管机构设立一个独立中介机构，专门负责安排由哪个信用评级机构承担金融机构发行的结构性产品（主要是证券化产品）的信用评级工作。该独立机构可以采取抽签或轮转等方式，或根据评级机构以往的表现，向评级机构分派工作。为了规范评级业务，克服被评价主体付费模式的弊端，我国应通过立法明确规定：任何被评级主体向评级机构支付的评级费用占评级机构总收入5%以上的，必须向社会进行公开披露。评级机构不得聘用与相关客户有利害关系的人员参与评级活动。对参与评级的分析师和其他人员实行轮岗制度，为同一被评级主体提供评级服务的时间不超过5年，且重新服务的隔离期不少于2年。任何评级人员一旦从原评级机构离职，就必须对其过去评定的评级报告进行复核。其次，要建立科学、严谨的金融衍生品评级标准和评级模型。最后，要建立全面、充分和及时的金融衍生品评级信息披露制度，应当披露的信息包括从基础产品到最终缔结衍生品合约的全过程的综合信息。❶

五、改革薪酬实务以支持金融市场稳定

不合理的薪酬激励安排下金融机构高管容易利用高额风险承担来为个人谋取高额回报，而将银行置于高风险境地。为了建立公平、合理的薪酬分配机制，调动银行高管的工作积极性，应当改革银行业的薪酬实务。要求将相当百分比的浮动薪酬递延支付，并将薪酬与业绩挂钩，还需遵守收回条款。如果高管薪酬产生的激励作用能与创造的长远价值挂钩，那么应以股份或类似股份的工具作为薪酬支付，真正将薪酬分配与公司业绩和风险挂钩。披露薪酬实务以增加透明度。废除实施多年的保底奖金制度；当浮动薪酬与维持稳健的资本基础相矛盾时，将浮动薪酬限制在净收入一定比例内。另外，必须确保薪酬委员会的行为独立。

2010 年 7 月美国最终签署实施了《美国多德—弗兰克法》，该法案实施薪酬和公司治理改革。要求美联储将对银行高管薪酬进行监管，确保高管薪酬制度不会引发金融机构对风险的过度追求，一旦发现高管薪酬制度导致企业过度追求高风险业务，则美联储有权加以干预和制止。

尽管银行等金融机构可以通过"黄金降落伞"条款给予离职、退休高管高额离职金和退休金待遇，但是，美联储可以委派代理

---

❶ 阳东辉："论我国金融监管制度的改革与完善——兼评巴塞尔协议Ⅲ之不足"，载《湖南师范大学社会科学学报》2016 年第 1 期。

人参与董事选举、并拥有不受约束的投票权；要求薪酬委员会由
完全具有的独立性的委员组成；同样，证券交易委员会也可以对
公司的薪酬披露进行检查，并要求金融机构披露薪酬结构中的所
有激励因素，全面审查金融机构的薪酬制度是否合理，对不合理、
粗心的薪酬方案可以强行废止，美国证监会（SEC）对错误发放
的薪酬有权予以追回。❶

　　因此，笔者认为，我国应当建立金融机构高管薪酬与业绩挂
钩机制，废除目前的金融机构高管高薪保底规则，同时，赋予金
融监管机构在危机时期对金融机构的决策享有干预权，以实现社
会财富的公平分享，真正将金融改革的成果惠及全体国民。

六、建立完善的金融风险应急处理机制

　　首先，我们需要对复杂的信用衍生产品和资产证券化等风险
转移活动开展积极探索，加强审慎监管，确保金融衍生产品用于
对冲风险，同时加强风险对冲转移对系统关联性和系统性风险的
影响监测和控制。在金融衍生品基本法中明确重大金融风险的内
涵和外延，明确中央与地方政府及其各部门，尤其是中国人民银
行、原中国银保监会、中国证监会和地方政府金融办在处理各种
不同金融衍生品业务中的职责，明确规定金融风险的处置的原则、
程序和方法，建立完善的信息披露制度，以提高金融风险事件处
置的透明度和效率。

　　其次，要完善信息网络，对突发性金融风险进行及时、准确
的预测、预报和预警。在衍生品市场金融风险出现以前，往往会
有一些金融指标出现异常的表现，比如，进出口额、经济增长率、

---

❶　李扬、胡滨主编：《金融危机背景下的全球金融监管改革》，社会科学文献出版
　社 2010 年版，第 45－46 页。

国际借款利差、外汇汇率、物价指数、通货膨胀率以及失业人数与经济稳健时期相比，均可能发生很大的偏离。如果金融风险由隐性转向显性，贸易条件将迅速恶化，资本流动将发生逆转，国际借款借贷显著增加。一旦金融风险警报拉响，中央银行就应及时采取干预措施，启动货币政策工具，同时，配合中央政府的财政政策、产业政策、投资政策、科技政策等共同发力，将金融风险扼杀于摇篮之中。❶

再次，要建立有效的金融安全网络。在当前互联互通的数字化时代，加强金融网络安全建设，特别是银行网络安全体系至关重要。一般而言，银行业安全网络是一个综合系统，包括作为最后贷款人的央行、各种金融机构、监管当局内网及各种数据库系统的安全保障，也包括内控机制的健全。在整个金融安全网络体系中，特别应强调金融机构内控制度的健全，让银行等金融机构建立一种自我约束、自我风险防范的机制。同时，金融监管机构要注意发挥领导、指导和监督作用，进一步加强对金融风险应急机制的研究，不断提高处置各类金融风险的水平和效率。

最后，要加强金融透明度建设。我国央行、原中国银保监会、中国证监会、国家外汇管理局等金融监管机构应顺应国际潮流，逐渐实现监管理念和手段的现代化。尤其是要加强金融透明度工作，及时向社会公布货币政策目标、汇率调整目标的措施和实施情况；充分利用互联网公布与衍生品交易有关的数据、政策。❷另外，商业银行、证券与期货交易所、商品交易所等金融机构和衍生品交易所也应充分利用互联网向投资者和公众发布相关数据和信息，从而实现重要衍生品信息的全面、及时共享。

---

❶ 魏革军："建立金融突发事件应急处理机制"，载《西部论丛》2003 年第 8 期。
❷ 同上。

后 记

自 2008 年国际金融危机发生以后，笔者一直想撰写一本有关金融衍生工具法律监管制度的专著，希望将金融领域的最新发展成果在法学领域作出回应和提升。尽管这个想法在作者头脑中萦绕多年，但因写作的难度和资料准备的不足，一直处于写写停停、难以圆满脱稿的状态。

可喜的是，从 2015 年 2 月至 2016 年 2 月，笔者有幸到美国华盛顿大学做为期一年的访问学者。在此期间，笔者浸泡于华盛顿大学法学院图书馆，经过长时间的查找、翻阅、复制和扫描等工作，收集了数百万字有关金融衍生工具的专业文献和资料，使我坚定了尽快将本书脱稿出版的信心和决心，同时，也加快了写作进度。

本书脱稿之际，既有如释重负的轻松感，也有惴惴不安的恐惧感。轻松的是十五年磨一剑，终于"梅花香自苦寒来"；不安的是，本书的脱稿不是研究的终结，而仅仅是研究新阶段的开始。如何构建一个透明的、可靠的、持久和富有整体弹性的金融衍生工具市场法律监管框架？如何提高衍生工具的运行效率？这既是金融市场繁荣的本质，也是值得我们付出毕生精力进行研究的重大课题。学之愈深，惑之愈多，安能穷尽乎！

感谢家人对我从事学术研究的支持，感谢华盛顿大学法学院 Jane K. Winn 教授对我的指点和关照。

合上本卷，一刻也不敢停歇。路漫漫其修远兮，吾将继续在学术的道路上下求索。

阳东辉

2023 年 6 月 22 日